中小学名师指导系列丛书

初为人师
——新教师专业发展指导

潘海燕 ◆ 主　编

王　文　何　晶　檀中世 ◆ 副主编

北京师范大学出版集团
BEIJING NORMAL UNIVERSITY PUBLISHING GROUP
北京师范大学出版社

图书在版编目（CIP）数据

初为人师——新教师专业发展指导 /潘海燕主编 . —北京：北京师范大学出版社，2014.9（2018.8重印）

ISBN 978-7-303-17678-6

Ⅰ.①初… Ⅱ.①潘… Ⅲ.①师资培养－研究 Ⅳ.①G451.2

中国版本图书馆 CIP 数据核字（2014）第 155380 号

营 销 中 心 电 话　010-58802181　58805532
北 师 大 出 版 社 高 等 教 育 分 社 网　http://gaojiao.bnup.com
电 子 信 箱　gaojiao@bnupg.com

出版发行：北京师范大学出版社 www.bnup.com
　　　　　北京新街口外大街 19 号
　　　　　邮政编码：100875

印　　刷：北京东方圣雅印刷有限公司
经　　销：全国新华书店
开　　本：787 mm×1092 mm　1/16
印　　张：15
字　　数：230 千字
版　　次：2014 年 9 月第 1 版
印　　次：2018 年 8 月第 3 次印刷
定　　价：30.00 元

策划编辑：倪　花　　　　责任编辑：王一涵
美术编辑：焦　丽　　　　装帧设计：焦　丽
责任校对：李　菡　　　　责任印制：陈　涛

引　言

新教师是指从师范院校或其他高等院校毕业后走上工作岗位，尚未完全适应和胜任教育教学工作的教师，一般是教龄在 3 年以下的教师。新教师的教育介于教师职前培养与职后培训之间，包括新教师上岗前的培训和从教初始阶段的帮助、支持、指导与培训。

称为新教师的时段虽然不长，但这段时间是新教师适应与胜任教师工作的关键，代表着教育的希望与未来，新教师的生存状态直接影响其后的留存率与专业发展。据统计，美国有超过三分之一的新教师在其职业生涯的头五年离开教学岗位，而且选择离开的往往是最有才华、最有创造力的教师。这种"脑力流失"现象加剧了教师短缺，也造成了教师个体职业训练的无用和公共的教师教育资源的浪费。因此，新教师入职教育的一个关键目标在于通过对新教师的支持和帮助，提高教师的留存率，其意义非常重大。不少国家早就将职前、入职、职后作为三个在空间上并行的系统，并研发了切实有效的新教师入职教育计划，新教师的入职教育问题已与职前师范生的培养、在职教师的培养呈鼎足而立之势。

在教育职场，新教师的优势与劣势都非常明显，新教师专业发展的目标、内容、途径与策略具有特殊性，其发展的任务与实施方式是师范教育阶段与职后培训阶段无法关照的，新教师的专业发展活动只有遵循新教师成长的规律，才能有效地促进新教师健康成长，这已引起人们越来越多的关注。

目　　录

第一章　新教师专业发展的目标

第一节　转变角色

一、新教师应有的角色

从做了教师的那一刻起，人们立刻感到像被装进一个由许多有形或无形的规范编织成的套子里，很受拘束。学校领导见到那些年纪轻轻、昨天还是学生的新教师时，叮嘱得最多的往往是，"当老师就应该有老师的样子"。于是，新教师们就按照各自所理解的"教师的样子"，在校园里认真、吃力甚至别扭地工作着。在校园之外的社会生活中，公众对教师也有不少特别的期待，有些大众行为，一般人那样做没有什么问题，但如果当教师的做了，便会招来非议。由职业身份所带来的束缚感，其他行业很少有教师这样强烈的感受。难道真如一些教师感叹的，"都是教师角色惹的祸吗?"

角色是个人在社会关系中的特定位置和与之相关联的行为模式。它反映了社会赋予人们不同的个人身份。每个社会成员在某一时刻都处于某种社会位置上，这时他便充当着某一社会角色，如"上级"与"下级"、"家长"与"子女"等。由于社会关系的丰富性，人们在不同的社会情境中会有不同的身份，一个人在社会生活中就需要扮演多种角色，如孩子的父亲、妻子的丈夫、单位的领导、剧院的观众、医院的患者等。

每个角色都有其角色规范。社会按照各类社会角色所规定的行为模式去要求每个社会成员，这被称之为角色期望。符合角色期望的个体行为会受到社会的认可和赞许。如人们评价某人"像个领导的样子""像个父亲的样子"。反之，人们可能会质问，"你以为你是谁?"或"你以为这是你家?"每个人都应当弄清自己在某一时刻所担当的社会角色，知晓这一角色的社会期望，形成正确的角色意识，调控自身行为，使之符合角色规范。

职业角色是个人十分重要的社会角色。它是个人贡献社会、实现自身价值的重要载体。这一角色扮演得好坏，直接关系到个体的生命质量。教师角色就是职业角色。

社会对教师寄予了怎样的角色期望? 美国人曾调查了教师在国人心目中扮演的角色，结果发现，教师角色是个"复合型角色"，即"角色丛"。具体说来，教师角色包含了以下 8 种不同的"角色单元"。

1. 学生学习的指导者

教师是一座知识宝库，一本活的教科书，一个有学问的人。在此基础上，教师还必须是一个高效的学习指导者。他能激发学生的学习兴趣，帮助学生掌握基础知识，形成基本技能和学习方法，发展各种能力，养成在未来的社会生活中不断学习的习惯。教师既面向全体学生，促进整体学生的学习优化，又因材施教，挖掘每个学生的学习潜能。

2. 学生团队的领导者

教师是学生团队的组织者、管理者和领导者。无论是班级管理还是课堂教学，都能使学生团体目标明确，心力凝聚，并然有序，意气风发。

3. 学生心理的辅导者

教师有足够的心理辅导知识和技能，来调节学生的情绪和发展他们的人格，营造一种理解和宽容的氛围，把学生从惧怕权威、缺乏自信中解脱出来。解决学生的心理问题，促进学生心理健康发展。

4. 学生的朋友与知己

教师与学生关系平等，相互信任。教师能赢得学生的喜爱，成为学生困难和问题的重要"倾诉对象"和"求助对象"。

5. 学生家长的代理人

家长把孩子送到学校，教师就要像对待自己的孩子一样，去关爱他的学生，使学生把教师当作自己父母的化身，他们对待教师如同对待自己的父母一样。

6. 警察与法官

教师要维护校园纪律，使学生守秩序，判断学生行为是正确的还是错误的，并且施用奖励或惩罚手段。有时教师还要侦破"案件"（如学生钱物被盗），制止冲突和调解纠纷。

7. 模范公民

教师不仅是学生崇拜和模仿的对象，在公众心目中，教师还必须是极富教养的人，是从纪守法、遵循道德的楷模。

8. 替罪羊

虽然人们并不希望这样，但教师实际上经常充当"替罪羊"的角色。社会甚至家庭对孩子的要求通常是由老师提出并督促实施的，孩子容易把教师视为自己的对立面。有的老师对学生说："不是我要逼你学习，是社会在逼你，你现在不好好学，将来如何在社会生存。"话虽不假，但在学生眼里，就是你在逼着他。而且，学生容易把在家庭、社会和学校里累积下来的对成人的埋怨转移、发泄到教师身上。

虽然时代在发展，国情也不一样，但上述观点对我国当今教师仍然适用。甚至现今的中国教师，还得扮演除此之外更多的角色。例如，学生升学率的责任者，要求教师对学生的升学负责，并与教师的经济待遇、评优晋级直接挂钩。教育科研工作者，要求教师申报课题，发表论文。再如，收费员，要求教师负责催收学杂费、服装费、伙食费、补习费、资料费等多项费用。还如，安全员，教师对学生的校园安全承担了较为苛刻的责任，给教师带来严重的学生安全焦虑。

【讨论一】

当教师累吗?

鸡鸣即起,一日开始。检查卫生,辅导自习;哪个缺课,谁又晚起?何人生病,身体不适?仔细询问,调查清楚。三十分钟,早餐即毕。锅先不刷,碗亦不洗。急急忙忙,就上班去。先去打水,再来扫地。N摞作业,等你去批。对的打√,写上评语。还得表扬,以资鼓励。错的打×,误在哪里?来龙去脉,一一指出。分析到位,讲清道理。一丝一毫,不能马虎。阅完作业,再出试题。单元过关,章节测试。昨天月考,今日摸底。期中期末,不计其数。题量适中,难易有度。查查网页,翻翻题库。今天出完,明日印出。抓紧考完,加班阅毕。统计成绩,写出分析。谁得第二,哪个第一?张三李四,王五赵七。两次比较,名次何异?课上讲评,面向全体。下课以后,单独找你。排名后退,是何道理?知识水平,心理因素?思想根源,刻苦程度?动之以情,晓之以理。老师期盼,父母嘱咐!展望未来,充满荆棘。事关前程,怎能儿戏?张三痛哭,李四流涕。痛改前非,看我下次。不听音乐,不看电视。刮风不管,下雨不顾。一心一意,专心致志。多背单词,多做习题。下次月考,找回位置。老师听罢,始露笑意。期中考试,就看你的!谈话已毕,铃声将起。拿起教案,奔向教室。师生礼毕,一课即始。先评作业,昨天做的。普遍问题,大家注意。个别错误,单独处理。今天学习,中国历史。文革部分,不出考题。这块内容,我们删去。半个课时,很快过去。现在来做,巩固练习。选择答案,ABCD。回答不错,学得可以。布置作业,课后练习。复习巩固,课前预习。再找时间,做张卷子。两节课下,已近中午。口干舌燥,四肢乏力。热点剩饭,聊以充饥。床头一歪,权作休息。刚入梦乡,铃声又起。抖擞精神,再上班去!昨日开会,头发脾气。要当教师,先做傻子。拼命干活,莫要索取。比上不足,比下有余。撑不着你,饿不死你。若不想干,可以退出。若干不好,我不聘你。博士难找,学士遍地!明天上课,观摩学习。校长也听，教师都去。精心准备，小心应付。制作课件，打印练习。幻灯电脑，现代工具。全体观摩，怎能缺一。上述各项，准备完毕。电话铃声，骤然响起。政教主任，叫你快去。有位同学，是你班的。一夜未归，在网吧里。找其谈话，通知父母。写出检查，等候处理。不知不觉，西山日暮。吃罢晚饭，辅导自习。学法指导，疑难解释。有何疑问，尽管提出。但对高考，必须有益。辅导完毕，正要离去。突然想起，还有一事。有人反映，学生小纪。最近时间，不思学习。跟女同学，眉来眼去。关键时期，这还了得？叫上小纪，到没人处。把你找来，可知何事？从实招来，不得回避。学生小纪，支支吾吾：我殊不知，老师明示。青春少年，阳光沐浴。情窦初开，本不为奇。但要清楚，学习目的。一切围绕，学习成绩。有碍升学，必须放弃。他日登榜，出人头地。男子丈夫，何患无妻？学校规章，利害得失。一条一条，分析清楚。小纪听罢，满面泪涕。痛改前非，回心转意。从今以后，专心学习。若是再犯，我是白痴！转眼放学，学生离去。喝一口水，喘一口气。十点过后，再查夜去。水管已关，廊灯已闭。夜深人静，呼噜声起。一天工作，终告结束。轻手轻脚，回到家里。两眼一合，已然梦里。不是上课，就是考试。和在醒时，并无二致。忽见眼前，众人攒聚。通知栏中，贴一告示：教师老吕，四十有七。疾病突发，撒手西去！明日医院，告别仪式。没有课者，务必前去。看罢唏嘘，悲哉老吕！辛劳一生，英年早逝。房小无车，更无积蓄。妻儿无靠，父母无依。高风亮节，名扬千里。今日一别，后会何期？悲上心头，心痛如斯。蓦然惊醒，泪面如洗。天已微明，铃声又起。新的一天，又要开始。

【讨论二】

当老师难吗？

教师面临的困境：师德，一顶光彩夺目的高帽；课堂，行走在爱与痛的边缘；作业，勾叉间细数着无奈；评价，无法拒绝的教育之重；家长，期望厚重如山；职称，疼痛的阶梯；培训，花钱买罪受；假期，读你千遍没味道；福利，多多益善梦难成；科研，想起来总是那么遥远……

的确，今天做教师的都有一个共同的感受：当老师真难！

教师除了课堂教学、备课、作业批改、后进生转化、课外辅导等教学工作之外，还有兴趣小组、指导课外活动、节假日的各种补课、竞赛辅导、公开课与优质课评选、科研论文撰写，还需要学微机、评职称，可以说任务繁重。而班主任工作更让人难以想象：学生的健康医生、收费会计、安全第一责任人、学生衣食住行的父母……如此超负荷工作，教师又有多少时间进行学科研究与提高教学艺术呢？

新课标的出台，初衷在于解放教师，焕发学生自主学习的生命力。而现行评价体制并未与新课改接轨，高考依旧是指挥棒，部分学校本着"一张试卷定终身"来评定老师，把教师成绩捆绑在学生的分数上，给教师巨大的精神压力。可怜的教师只能既精心准备一盘素质大餐，又必须保证应试排名不能落后，教师的身心怎么能承受？

以上困境，让教师以"蜡烛精神"要求自己，姑且承受，可让教师难以忍受的是现在孩子及社会的期望值。

应试教育禁锢学生的思想，侵犯学生的权利，于是，进行应试教育的教师成为千夫所指。学生对教师的教学行为开始质疑、不满，甚至谩骂，仔细一想，是教师乐于搞应试教育吗？老师为了学生的"应试"不输于人几乎焦头烂额！

现在的孩子，法律意识越来越强，已学会随时随地用法律武器保护自己。学生不能吵，不能骂，不能打，不能罚站，不能……诸多的不能，让教师对犯错误的学生无可奈何，出现了教育的尴尬！而且教师训斥学生时脸上要尽量带点笑容，语气要尽量温柔一些，不能越雷池半步，否则，将成为被投诉对象，甚至成为新闻媒体焦点！

教师工作，如果家长不理解，社会不认可，更是教育的悲哀。学校为了让学生学会做人，要开展许多活动，可一些家长不仅不配合，反而认为老师在"作秀"、在玩"花头"、在浪费学生读书时间！家长、社会怎么不明白学校的教育从来都不是孤立的，必须有家长、社会的大力配合？

诚然，教师队伍中出现了一些不和谐现象，这只是个别，可凭什么要让兢兢业业没日没夜浇灌着祖国花朵的教师们承担一些骂名？塑造灵魂的工作是世界上最艰苦的工作，大家少一点挑剔、指责吧，教师也是人，也是普普通通的人！

二、新教师履行角色时的特点

总的来说，教师角色具有"完人"特点，新教师且极容易陷入"吃力不讨好"的境地。这也是人们感慨"教师难当"、"当教师累"的原因之一。具体说来，新教师履行角色时呈现以下特点。

1. 复杂性

新教师角色包含多个角色单元，每个角色单元又有其特有的角色规范。各个角色单元既相互制约，又难免内在冲突。把它们统合成一个和谐统一的教师角色，是一项艰巨复杂的工作。

2. 制约性

新教师角色的各个角色单元之间是相互联系、相互支持的。任何一个单元角色扮演的欠缺，都会影响其他单元角色功能的有效发挥，从而妨碍整个教师角色功能的实现。例如，不能成为学生的朋友和知己，就难以胜任学生的心理辅导者角色；不能很好地领导、管理课堂，就难以成为出色的学生学习指导者；不能妥当处置学生中的各种问题，就难以成为合格的学生团队领导者。即便是"替罪羊"的角色，也不能成为教师怪罪学生、自我开脱的借口，反倒是提醒教师对此要有充分的心理准备，对学生转移、发泄到自己身上的不良情绪，要冷静分析，理性引导，合理消解，而不是再发泄到学生身上。

3. 冲突性

新教师的多个角色单元之间既有一致性，又有冲突性。例如，学生心理的辅导者角色，要求教师充分相信学生，尊重学生个性，设身处地体验学生的心灵世界，蹲下来与学生交流，与学生同喜同悲，给学生以足够的安全感，使学生的心灵无阻碍地向教师开放，带有明显的"个人本位取向"；而学生团体的管理者和警察、法官等角色，则偏重于"集体本位取向"，强调学生对规则的无条件服从，与集体保持一致，有时还会刻意培养学生对权威和纪律的敬畏感，甚至有时还要与学生"斗智斗勇"，先用怀疑的眼光看学生，再通过调查研究逐个排除，找出真正的"肇事者"。

【阅读链接】

教师的角色间冲突

明庆华

教师在实际的教育教学活动中常常要扮演很多不同的角色。一名教师要将不同角色加以融合和组织，常常会遇到两个角色同时为他提出两种相反的角色期望，带来大量的行为上的、心理上的矛盾、冲突，有时不易在对立中找到统一，处理起来难度很大。如教师既要树立角色权威，又要成为学生的知心朋友；既要履行教员职责，又要如同学生父母；既要居于领导地位，又要尊重学生的主体地位、顺应学生的身心发展规律。

1. 权威与朋友

班级作为学校最主要的正式团体，也是教育的基层单位、在学校教育过程中，教师总是通过班级来管理、教育每个学生。不管教师对学生如何宽容、理解、尊重，不管教师如何允许学生个性充分自由地发展，但教师始终是班级的权威人物。无论是从知识的拥有量还是对班级的控制权来说，教师应处于绝对优势，且应成为学生们认可的权威，这样才能有效地影响学生、管理学生、教育学生。但为了教育工作的深入细致，并针对每一个学生的特点展开工作，教师还必须成为学生的知心朋友才行。为此，教师的"朋友角色"就表现为对学生的热情、同情、关心、爱心、真诚、平等，是一种感情的交往、心理的交流。

有研究表明，学生认为对自己帮助最大的教师是有合作的民主态度、亲切关怀学生、精通教学的人。事实上，教师热爱学生，平等相待，坦诚相见，坚持做耐心细致的思想工作，就有可能成为学生的知心朋友，学生就愿意同教师交心谈心，这样，教师就了解学生，教育就有针对性，也更有效。而在教育过程中，教师在努力成为学生的知己和朋友时，又不能有失教师身份，更不能失去理智和原则，即不能为了取悦学生、赢得信任而迁就学生，完全由感情支配。因为教师作为学生的朋友不是完整意义上的私人朋友，私人朋友是以个人感情为支配主线的。而师生之间的基本关系毕竟是一种制度化的支配和从属关系，是以公务情感为基础的朋友，爱是有原则的，因而，教师又不能过于热衷于扮演朋友的角色。如对待学生错误的过分容忍和不批评态度，实质是对错误的谅解和纵容。学校教育中常常出现这样一种情况，某些教师努力追求与学生的一种"高关系"，力求取得学生的好感而放弃与教师集体教育的一致，这是不应该的。

实践表明，任何没有职业权威，盲目追求学生友谊的教师，教育效果是不能保证的，最终也难以得到应有的尊重。教师的这种角色冲突，对教师提出了很高的要求。要求教师既不能摆绝对权威的架子，滥施权威，以致形成不良的师生关系；也不能成为学生的"铁哥们"、"铁姐们"，放弃应有的原则。教师很难同时既是一个具有权威的严厉的管理者，又是一个像朋友一般为学生所喜爱的人，这常常使教师陷入苦恼之中。

2. 教员与父母

教员的角色是教师所表现出来的首要的最突出的角色，它因具有较强的职业性、专业性而处于核心的地位。角色的履行主要表现为对学生进行传道、授业、解惑，要求教师具有较强的教学业务能力。随着社会的发展，知识量在迅猛增长，知识传播途径不断增多，教师在扮演教员这一角色时应更突出其指导功能，如指导学生学习，告诉学生怎样和在什么地方寻找答案，而不是直接教给他多少知识。

在教育教学过程中，如果教师仅仅扮演教员角色，这又是不够的，学生还要求教师如同父母一般的可亲，如父母一般地对待自己，尤其是低龄儿童，更是视教师如父母，要求更为强烈。事实上，教师的父母形象在教育过程中也是有积极意义的，它能促发一种对学生的父爱与母爱，强化教师的教育责任感和耐心、爱心。但是教员与父母的角色是有较大差异的，有时是冲突的。孩子对父母的主要期望是可亲，学生对教师的主要期望是可敬。而在学校中，学生要求教师既是教员又是父母，这就要求教师既可敬又可亲。一些教师因受"师徒如父子"等传统观念的影响，形成父辈化人格，行为拘谨、呆板，或摆家长架子，对学生过于严厉，易使学生感觉可畏而不可亲；而另一些教师则过分充当父母代理人角色，把注意力放在对学生的百般呵护而淡化了教员角色，造成学生在生活上把对父母的依赖转移到对教师的依赖上，既牵扯了教师的大量精力，影响教学，也不利于学生自理能力和独立能力的培养，使这种教师虽然可亲但难以赢得尊敬。这两种情况都是没能很好解决教员与父母这对角色的矛盾和冲突。

3. 领导者与顺应者

教师作为领导者，不仅仅只是意味着具有权势和特种知识，而是属于处于集体中特定位置的人，旨在控制、指导学生成长，督促学生努力学习，并影响班集体向希望的目标迈进。有效的教育教学是和教师有效的引导分不开的，良好班集体的形成，学生的健康成长都有赖于教师的有效领导。有效的领导者角色使教师在教育教学过程中应始终处于主导地位。但是，在教育教学过程中，学生又是受教育的主体，具有主观能动性和独立人格，教师必须充分尊重学生的主体地位，顺应学生的身心发展规律和合理要求。在学生身心发展遇到障碍时，教师不应摆领导者的架子，不应只是批评、训斥，让学生感到畏惧、胆怯，而应随时提供帮助、咨询，给予必要同情和理解，制造一种谅解和宽容的气氛，帮助学生减轻焦虑和紧张，帮助学生获得心理的需要，给学生以情感和心理方面的支持，这时则要求教师扮演学生的同情者、顺应者的角色。这说明教师作为领导者时，要严格管理学生、严格要求学生；而作为顺应者时，又要尊重学生、谅解和宽容学生。对于很多教师来说，很难同时扮演好两种角色，常常处于两难境地，从而带来角色冲突的困惑与不安。

当今中国的教师角色复杂程度更高，冲突更为激烈。要求教师承担许多本不该承担的任务，而且其中的某些角色单元甚至会毒害教师角色，严重威胁教师威望和声誉。即便是该由教师扮演的角色单元，往往也存在着要求过高、极端理想的倾向，令教师叫苦不迭。如果说"教师难当"，那么"现今中国的教师更难当"。

三、新教师角色适应的常见问题

由于教师角色的复杂性，教师角色的扮演是一项极富挑战性的任务。对新教师而言，其难度更高。在走上讲台之前，大多数新教师只扮演过"孩子"和"学生"角色，教师的每个单元角色对他们来讲都是陌生的。不仅要扮演好诸多单元角色，还要将它们整合成一个和谐的教师角色，其艰巨性是不言而喻的。

研究发现，新教师在教师角色适应方面常常出现以下问题：

1. 角色单一

角色单一指教师在教育活动中总是以单一单元角色应对不同的教育情境，不能随境变换。例如，有些新教师把自己的角色仅仅局限于学生的朋友，与学生角色混同，言语不注意，行为不检点，在学生中没有威信。有些新教师只是扮演一个纪律的监督执行者角色，对学生缺乏爱心，动辄批评、挖苦、嘲讽，造成严重的师生对立情绪；有些新教师固定充当知识的传授者角色，把学生视为装容知识的器皿，不顾学生的情绪体验、主观愿望，拼命往学生头脑填塞知识，并以考试成绩作为衡量学生的绝对尺度，弄得学生怨声载道，苦不堪言。

2. 角色分裂

教师的多重角色是协调统一于一体的，一种单元角色与其他单元角色相互联系、不可分割，虽然在某种情境中教师应重在扮演某一单元角色，但仍然受到其他单元角色规范的制约。教师多种单元角色的有机统一，往往能够给学生留下可亲、可信、可敬的形象。如果教师的角色扮演顾此失彼，支离破碎，就是角色分裂。角色分裂常常是由于教师缺乏对教师角色的整体把握能力而造成的，教师为扮演某一角色而扮演某一角色，因而给学生以变化无常、琢磨不透的感觉，缺乏教育力。例如，有些新教师在扮演学生的朋友这一角色时，实际上成了学生的同伴朋友，而不是学生的教师朋友，不讲原则，一味取悦学生；有些新教师在扮演学生的家长代理人角色时，温暖有余，严格不足；有些新教师在课堂教学中，对学生尊重不够，居高临下，发号施令。

3. 角色失范

每一种单元角色都有它的行为规范，扮演这一角色就得遵守其行为规范，否则就是角色失范。角色规范保证角色功能的顺利实现，教师的角色失范必然导致教师作用不能正常、全面发挥。例如，有些新教师对待学生的心理问题，不是遵循心理辅导工作者的角色规范，去专心聆听，去同感，去接纳，而是惊讶、责备，对学生的观点横加评判，妄下断语，这不仅无助于学生心理问题的解决，反而使之雪上加霜。

四、增进新教师角色适应的一般策略

教师的角色适应要经过一个长期的过程，本书后面的内容将对新教师的角色适应提供具体帮助，这里仅提出一般性的建议。

1. 接受挑战，视挑战为学习机会

由于教师角色的复杂性，对于每一位新教师而言，扮演教师角色都是一个严峻的挑战。新教师不要因此产生畏难情绪和排斥、逃避心理，要看到挑战中所蕴藏的发展机遇。正是教师角色的多重性，使一个人多方面的素质得到了培养。例如，在我国改革开放初期，百废待兴，人才断层，一批优秀教师被抽调到各行各业从事不同的工作，如行政干部、企业管理人员、科技工作者、翻译、文化工作者等，他们能很好地适应各自的岗位，并很快脱颖而出，成为其中的佼佼者，这实在是得益于当初教师角色的磨炼。正如有人所说，"能当好教师的人，还有什么干不好"。

2. 心态平和，从长计议

成为一名成熟的教师，需要一定的时间，需要大量的成败体验的累积，新教师对此应有充分的心理准备，不要急于求成。实际上，越重要的东西越是需要费时费力去学习。反过来看，这也正是教师职业的魅力所在，教师角色的高难度和无止境，它提供了这一职业的巨大发展空间，能让从事这一职

业的人产生巨大的成就感，避免单调倦怠感。

3. 突出重点，各个击破

心理学的研究告诉我们，复杂技能的掌握需要经过对技能构成要素的分解练习，并且突出关键要素的重点强化。对于新教师而言，教师角色适应不宜贪大求全，眉毛胡子一把抓，应以学生学习的指导者和学生团队的领导者为重点，即所谓"站好讲台"和"带好班级"。在此基础上，再有意识地分别融进其他单元角色。

4. 抓住关键，协调统合

时下经常听到这样的埋怨："现在的教师真难当，对学生要求严格了说这人没爱心，对学生宽容了说这人没责任心。"其实这种情绪早已有之，当年郑板桥就有诗云："自古教师多下流，傍人门户度春秋。课少父母嫌懒惰，功多弟子结冤仇。"解决教师角色冲突性的关键，是教师自身要拥有丰富而协调的教育特质。例如，既爱学生，又严格要求学生；既坚持对学生的期望，又有给学生改正错误时间的耐心；既有原则性，又有灵活性。教师的每一项特质都要有一个合适的度，例如，严格但不苛求，认真但不死板，原则但不机械。只有这样，才能较好地统合多个角色单元，实现教师角色的教育性功能。

【讨论】

教师角色与真实的我如何整合？

不担任班主任有一段时间了，常常会有同事和朋友问我："为什么不干了？干得好好的嘛。"我总是微笑着回答"太累了"，或者干脆开个玩笑说"让给别人过过瘾"。其实这个选择的无奈只有我自己明白。

……

有一次学校组织秋游，去一处很著名的风景点，有个孩子向我请假不去，我问她为什么不去？她说早跟父母去过了。我于是说希望她去。她说去过了再去没意思。当时在一旁的一位老师就挺不客气地说："什么没意思，集体活动必须参加！"我生怕学生有抵触，于是说："你今年去过了吗？和同学一起去过了吗？没有吧？那就去吧。"那孩子脸上一副无可奈何的表情，没说什么倒也参加了秋游。

我知道要求学生参加集体活动的好处，也知道在集体活动的问题上批准任何一个孩子不参加，对其他同学都会有不好的影响，我更知道大多数时候老师会用"必须参加"来要求学生。然而我心底里隐隐地感到不公，因为这毕竟只是一项活动，学生有权利选择，尤其是当他们有合理理由的时候。我总也忘不了那孩子的那种表情，她仿佛告诉我，我一边利用权力强迫她一边还强词夺理地可笑与可气。

这样的事情非常多，在做班主任的日子里我几乎每天都会遇到。几乎每一所学校都会有因为穿校服而引发的矛盾，在我的班上也不例外。有一次我的一个学生没穿校服来上学，结果被校门口值班的老师勒令回家，不准进门。这个男孩子向我解释：天天穿着，又打球又骑车又洗，裤子磨烂了，如果穿别的裤子又穿校服上衣，看上去不伦不类，所以干脆没穿。我很为难，穿校服是教育管理可行的方式，但是统一着装的必备条件我们并没有提供：样式落后、号码无法适应身材迅速变化的青少年，质地粗糙、颜色不合乎年轻人心理，这些问题就那么摆在那儿，要我毫不通融地去要求学生执行，我很难说服自己。那一次我批评了学生"找客观"，"还是从心里不能严格要求自己按校规做"等，但只有我自己知道，我当时有多么瞧不起自己；又一次用刻板教条的权威强迫了一个孩子。我们要培养的不是有审美能力、真诚、善良的人吗？强行要求孩子们穿着他们不认为美的衣服，还要做出真正喜欢的模样，多么违背我们的教育初衷啊。我曾经在班里做过调查，在没有任何约束的情况下，选择烫发或染发的男生比例仍小于 10%，选择穿暴露服装、戴首饰的女生比例仍小于 12%。那么我们为什么那么不相信孩子的审美眼光，一定要将自己并不高明的选择强加于他们呢？仅仅一句"这是纪律"就剥夺了别人鉴赏、选择甚至开口的权利吗？每当这种时候，我觉得自己像个蛮不讲理的人。

在做班主任的日子里，我明确地知道我虽然同样执行许多"执法"工作，但我一定不是最"严厉"的班主任。我亲眼看到我的同事中有人把迟到几分钟的学生训了十几分钟；有人把没交作业的孩子赶出课堂，赶回家去补或取作业；有人把学生的言行从头挑到脚，居然责难道："你的鞋为什么这么大？"有人直接跟学生讲："你别跟我解释，越解释我越要罚你。"

可怕的是，我的这些同事都是好人。真正意义上的好人：开朗、正直、敬业、朴实、有爱心。唯一令人迷惑的是，这些好人"不讲理"。迟到了，提醒批评一下是应该，长篇大论就未免小题大做；不交作业不对，但是连课也停了去补，又得不偿失；挑剔别人的鞋子大小简直令人难以理解，在"喇叭裤等于二流子"的时代早已过去的今天，我们对别人的服饰早没有那么大权力了，之所以敢于指责，只因为教师的权威作祟；不许学生解释，更是近乎野蛮，连法律也容许犯罪嫌疑人辩护，何况学生不一定就错。

……

有一次新接了一届学生，我在下课的时间走进教室，一个靠门坐着的学生迅速把一件东西塞进了桌屉里。我很惊讶，问她干什么，她拿出来，原来是一本流行杂志，我问她藏什么？她说她以前的班主任经常"突袭"，发现认为不应该带来的东西就没收，她就养成躲藏的习惯了。而每一次我课余走进教室，都会有几个学生快跑回座位坐好，我一打听，才知道他们从前的班主任要求只要老师进来就要回座位坐好，否则准挨批。还有个孩子在周记本里长篇累牍地给我写感谢信，原因是她有一次忘了带作业本，我没有逼她去取，她感到我信任她。

不会有学生知道，这种时候我心里多么难过。曾经有部外国电影，里面那些犹太人在集中营里听见吹哨就蹲下去高举双手，后来放出来，听见街上有人吹哨，下意识就蹲下去举手。我看到那习惯性藏东西的孩子，那习惯性坐好的孩子，不由就会想起那部电影，然后我想我都成了什么了！我不要做暴君，也不要做仁慈的君主——因为一点正常的举动被人感激不尽，我不要做君主！我希望自己和他们平等地生活学习在一起！

然而我不能，只要我做一天班主任，就一天不能。有些时候，这种无奈是我的职责造成的，比如我每天早晨必须像门神一样站在教室门口，不是道"早安"，而是来抓迟到者；比如我必须强迫不爱吃学校午餐的孩子在学校入伙，因为这是纪律；比如我必须"说服"男女保持距离，因为这是规矩；比如我必须训斥头发长了、裙子短了、没穿校服的男孩女孩们，因为这是校规的要求。有些时候，这种无奈是约定俗成的什么造成的，比如那些打球的孩子会畏惧我的注视，以为我会批评他们贪玩儿；比如那些无意间触犯了任课教师或校工的孩子必须在我的授意下去认错道歉，不管他们是否真的错了；比如每一个学生在我面前都习惯站立，三请四请才肯惴惴不安地坐下……在规章刻板的要求和合乎人性规律的做法之间，管理者的身份使我无奈；在习惯势力影响和平等真诚的理想之间，权威者的身份使我无奈。我坚信自己也是像我的同事一样的好人，只是不想像他们一样无奈地"不讲理"，于是我选择了离开。

我不可能不知道失去了我这样"开明"的班主任，孩子们会多么难过，那么原谅我吧。我想多一个快乐的，也使你们快乐的老师，总比多一个违心无奈的强权者对你们更好。我爱你们，我要给你们知识的美好、真理的光辉和科学精神的自由，我不要你们屈服在教条和权威之下；我爱你们，我要和你们平等和谐，互尊互敬，互相启发，交流和分享成长的喜怒哀乐，不要禁锢你们，压抑你们；我爱你们，要你们爱真理，爱自由，能创造，有个性。这一切当然不是辞掉一个班主任工作就可以解决的，这只是一种折中。我也当然明白一切折中都是自欺欺人，当真正平等尊重的教育没有来临之前，我们只有无奈。但是我也只能选择离开，因为爱使我不能继续强权，忽视平等和尊重。

就算只是逃避良知的诘责吧，为了我对孩子们的爱，我只有离开。

第二节 适应任职学校

教师的专业发展是一个长期的贯穿职业生涯始终的过程。这个过程既有连续性，又有阶段性。所谓连续性，是指它是一个逐渐地累积的过程。所谓阶段性，是指这一过程可以分为若干个不同阶段，每一阶段面临着各自的主要矛盾，要完成独特的发展任务。教师的专业发展究竟可以分为哪几个阶段，每个阶段的主要矛盾和发展任务分别是什么，这些问题众说纷纭，尚待进一步的研究。但以下观点却是学者们不约而同地共识：新教师是教师专业发展的起始阶段，其中一个发展目标是形成良好的学校适应。

适应指的是个人不断作出身心调整，在现实生活中维持一种良好、有效的生存、发展状态的过程。新教师的学校适应，是指根据教师角色规范和任教学校特点，新教师针对自身欠缺，主动进行有益改变，成为胜任学校工作的合格教师的过程。它包括教师角色适应和任教学校适应两个方面。良好的学校适应是教师专业发展的基础。学校适应不良，会严重制约此后专业发展的质量，甚至带来教师职业生命的终生痛苦。

教师总是工作在某个特定学校。教师们由于就职于不同的学校，其经济待遇、发展机会、学生状况、工作压力甚至社会地位可能会有较大的差异。新教师当初的求职理想通常是去"名校"，去"重点校"，去经济发达地区的学校，去能充分发挥自己作用的学校。但现实与理想常常有差距，许多新教师并未如心所愿。即便费了九牛二虎之力进了当初理想的学校，高兴劲儿还没缓过来，却已发现理想中太多的一厢情愿，不如人意的事情接踵而至。看来，抽象地谈论"当好一名教师"还是不够的，必须具体到当好某个学校的教师。

一、任职学校适应的意义

任职学校是教师专业发展的平台。新教师的任教学校适应状况，对其后的专业发展将产生至关重要的影响。

1. 影响教育动机

教育动机是教师从事教育工作的推动力，是教师专业发展的内在力量源泉，犹如汽车与发动机。一个教师纵然有缺陷，只要肯努力，也会发展到较高的境界。但如果缺失教育动机，即使有很高的悟性，其潜能的发挥也会大打折扣。新教师在入职之前，大多对教师工作有着美好的期待，有着较为强烈的教育动机。如果对任教学校适应良好，其教育动机便会得到进一步强化，反之则会弱化教育动机，甚至千方百计改行跳槽。

2. 影响自我完善

适应过程就是自我完善、自我发展的过程。就个体的人生和职业发展来看，适应良好总是一个暂时的状态，不适应则更经常地发生，人们普遍遵循着"不适应—适应—新的不适应……"这样一个发展路径。发展与适应是一体两面，不适应对个体提出了新的发展任务，从不适应到适应是个体自我完善和发展的结果。适应不良的新教师，习惯于对问题归于外部原因，一味谴责客观条件和他人，没有自省习惯，贻误发展良机。

3. 影响情绪生活

任教学校适应良好的新教师情绪积极愉快，而适应不良的新教师则充满着苦恼和焦虑，他们普遍感到郁闷，缺乏幸福感。这种消极情绪不仅会影响他们的工作态度，天长日久，还会影响到他们的生活乃至人生态度。

二、任职学校适应的内容

新教师的任教学校适应是指新教师善于通过自身的有益改变，适应任职学校的学生状况、经济待遇、人际关系、管理模式和文化传统等，能较好地胜任任职学校的教育工作。

需要强调的是，这里的适应是指积极的适应，而非消极的同化。任何学校都有其积极的一面，也有其消极的一面。任教学校适应既包括对学校积极面的适应，也包括对学校消极面的适应，但适应的结果必须是教师心理和行为的优化，而不是被消极面所腐蚀同化。后者看似"适应良好"，其实正是适应不良的表现，它严重破坏了自身的专业发展。

任教学校适应主要包括以下内容：

1. 适应学校的学生状况

教师都希望遇上好教的学生。但在现行教育体制下，不同学校的学生状况相差很大。有些学校云集着经过层层筛选的"学林高手"，他们热爱学习，善于学习，服从管理，有些学校则集中了大量的学习困难学生，他们厌恶学习，学习习惯不好，缺少学习方法，还有许多常年积习的不良行为。对于这些不好教育的学生，教师不仅不能简单地将其赶出教室，而应当尽自己所能让他们有所发展。因为时下这样的学生为数不少，且许多尚处于接受义务教育阶段的年龄，即便是处于非义务教育阶段的学生，当初都是学校想尽各种办法招进来的。

2. 适应学校的经济待遇

当初报考师范院校的学生大多家境不太富裕，多年的教育投入之后，希望自己的专业劳动报酬能回馈父母，并能在一定程度上缓解眼前谈婚论嫁、购买住房的经济压力，这种要求本在情理之中。但我国教师的经济待遇整体上还不是很高，各个学校之间又存在着较为悬殊的经济差异。尤其是新教师，尚在入职阶段，他们的经济收入处于教师群体的最低端。

3. 适应学校的人际关系

良好的人际关系是新教师专业发展和身心健康的重要条件。有的学校人际关系相对简单，有的则比较复杂；有的较为和谐，有的较为紧张。由于教师劳动的集体性，新教师要在适应学校现存的教师与学生、教师与教师、教师与家长、教师与领导的关系的基础上，构建起有利于自身专业发展的人际支持系统。

4. 适应学校的管理模式

不同学校对教师的管理有着各自的理念和特点。有的学校较为严格，有的相对宽容；有的注重结果评价，以成败论英雄，有的比较看重过程，强调态度和努力；有的注重细节，有的强调主流；有的强调制度的权威性和频繁的量化考核，有的注重情感的沟通和交流。对于新教师的使用和指导，各个学校之间的差异也很大。有的大胆使用，委以重任，有的谨慎使用，以观其效；有的对新教师的指导工作有详细的安排，有的则主要靠新教师自己主动学习，主动寻求帮助。

5. 适应学校的文化传统

学校在不同的办学经历中形成了各自的文化传统。就教师而言，有的学校教师上进心强，慕先进，赶先进，有的则甘居中游，满足现状；有的专注职业发展，有的谋求生财之道；有的纪律性强，有的连开个教师会都闹闹哄哄；有的同心同德共谋发展，有的会上不讲、会后小道消息满天飞；有的比贡献，有的比消费；有的健康休闲，有的玩风盛行。

三、新教师任教学校适应的常见问题及其调适

任教学校适应不良是新教师普遍存在的现象。笔者 2006 年对湖北省黄石市中小学抽样出的 184 名新教师调查显示，任教学校适应困难在新教师中较为突出。新教师大多埋怨教师不好当，埋怨同事不好相处，埋怨不受学校重用，埋怨学生不好教，埋怨家长不配合，埋怨条件太艰苦，埋怨报酬太微薄。下面列举新教师任教学校适应的常见问题，并提供相应的调适措施。

1. 学生难教

学生难教是事实。我们反对在所有的教育情境中，都不加分析地简单套用"没有教不好的学生，只有不会教的老师"这句话。但是，如果学生不难教，教师工作还有什么专业性可言。正是这些难教育的学生，给教师提供了更多的就业岗位，给教师提供了更多的锻炼和提高教育能力的机会。埋怨学生不好很容易，很解气，但埋怨就抵制了对自身问题的反省，在埋怨中就失去了自身发展的机遇。尤其是新教师，更不应该有这样的怨言，因为你还没有学会怎么教，有什么资格就责怪学生不好教。正确的做法应当是，以会教者为师，以不好教的学生为师，掌握科学的教育方法。坚持这样做下去，你会发现，学生都是发展中的人，学生都具有可教性，关键不是"你教什么样的学生"，而是"你如何教这些学生"。

2. 待遇太差

新教师的待遇的确不高。但想想在当初的求职过程中，通过我们的求职愿望和社会需求的"博弈"，通过众多求职者的竞争考量，我们签约了现在的任职学校，那也就算是对自身"身价"的一个较为客观的社会标定。再与所在学校的中老年老师比，如果他们的待遇同样不如人意，就我们的资历和能力而言，也不合适提出更高的要求；如果他们的待遇令我们向往，那说明眼前的待遇低只是暂时的，好好干下去，前途是光明的。实际上，新教师还处在"学艺"阶段，人生的路还很长，不宜把关注点放在学校的经济待遇上，而应放在是否有益于自身的专业发展上。很多人的人生经历告诉我们，年轻时的

艰难经历具有发展价值，而入职时的舒适通常无益甚至有害于后期的发展。

3. 新教师不受重视

新教师受学校重用当然是件幸事，但不受重用也是可以理解的。别人对你还缺乏了解就委以重任，不也显得有些轻率吗？实际上，绝大多数新教师还缺少担当重任的实力，真要被重视，恐怕又感到压力大，焦虑感强。对于每一位新教师来讲，初为人师，该做的事已经够多够难的了，大可不必再节外生枝。倒不如平心静气做好当下的事，积蓄力量，增强实力，功到自然成，有为位自来。

4. 什么事都喜欢使唤新教师

新人好使唤，因而领导和同行喜欢使唤新人，不独学校如此，各行各业皆然。有人叫你做事是好事，怕就怕没人叫你做事。别人使唤你是眼中有你，有些人想被使唤还没机会。不要怕做事，做事中学本领，做事中长智慧，做事中密切关系、建立感情。新教师不仅要乐于被使唤，而且要主动找事干，诸如端茶倒水、扫地抹桌、跑腿找人、打印资料等。

5. 对新教师和中老年教师两样对待

常听新教师倒这样的苦水：领导在自己面前居高临下，一脸严肃，而在中老年教师面前平易近人，谈笑风生，同样的错误，新教师犯了就受训，换了中老年教师就只是缓和的提醒，甚至不予理会，有好处的时候，多考虑中老年教师，新教师靠边站。新教师在工作目标和效果上要与中老年老师比，这样有利于发现自己与中老年教师的差距，但在被人怎样对待自己的问题上，不可与中老年教师攀比，这样容易败坏自己的情绪。新教师毕竟年轻，资历浅，别人对自己轻一点或重一点，都要承受得起，这也是修炼自身涵养的过程。想想那些中老年教师，他们也经历了新教师这个阶段。如果由此心中产生不快的话，要学会淡然释之，并要求自己今后注意用好的态度对待身边的每一个人，尤其是那些比自己年轻、资历浅的人，因为他们可能更敏感，更在乎这些。

6. 把不满和怨气发泄在工作中

心理学的研究发现，人在不满和有怨气的时候，习惯于通过攻击来宣泄。

攻击的方式通常有直接攻击和替代攻击，前者是对引起不满的刺激物本身进行攻击，后者是寻找"替罪羊"。有些新教师选择了替代攻击，把不满和怨气发泄在工作中，懈怠工作。这实在是一种典型的自我挫败的应对方式。把不满和怨气发泄在工作中，只会恶化环境，给别人落下更多的指责把柄，在工作中体验到无穷的烦恼，阻碍了自己教育能力的提高。正确的做法应该相反，越是不顺心时，越要潜心搞好工作，让别人对自己有新的认识，而付出得到的回报，又能增进自己的快乐和幸福感。

四、增进新教师任教学校适应的一般策略

从新教师学校适应常见问题的具体调节措施中，可以概括出增进学校适应的一般策略。

1. 不放弃理想，又脚踏实地

初入社会的年轻人对社会往往有着理想化的要求，这些要求虽然并不过分，但由于现实与理想总是存在差距，便常常给自己带来挫折感。新教师在入职之初，对任教学校的学生状况、经济待遇、人际关系、受人尊重、领导重视、校园文化等方面免不了有些高于现实的理想化预期，进入任职学校后，就要接受现实，调整自己的期望。因为现实是客观存在的，它是我们生存的既定环境，是我们发展的起点。只有适应现实，才能优化现实。一味地指责，无济于事，简单的对抗，反而伤及自身，这样做都只能使环境朝着更不如己意的方向发展。但接受现实不是放弃理想，更不是同流合污。年轻人没有经验不可怕，可怕的是没有理想。一些新教师用自己的理想来要求现实，一旦发现现实与理想落差较大时，便悲观失望，放弃追求，混同一般。工作几个月后，起初的劲头消失了，教学和班级管理没上路，吃喝玩乐学会了，自由散漫学会了，将来怎铸成大器。新教师如果只看到中老年教师现在的安逸，看不到他们年轻时的奋斗，只看到眼前的风平浪静，看不到未来激烈的职业竞争，只看到自己眼下大树底下好乘凉，看不到同龄人在辛苦地练内功，就让自己走上了一条危险的道路，注定了这辈子会碌碌无为。

2. 多改变自己，少埋怨环境

人的适应通常有两种途径：变换环境以适应自己；改变自己以适应环境。

对于新教师的任教学校适应而言，比较切实可行且有益的是后一种途径。不可否认，新教师的许多改善环境的要求并不过分，但如果一味埋怨环境，不检讨自己，不改变自己，必然使自己在人生的事业起点上出师不利。因为从根本上讲，只有改变自己，才能改变环境，环境的改变是通过自我的改变和完善实现的。拿破仑·希尔在《人人都能成功》中讲了这样一则故事：一个星期六的早晨，牧师在准备他的讲道，儿子在旁边吵闹不休。牧师便把一幅世界地图撕成碎片，要求儿子把这些碎片拼拢。他满以为这件事会占据儿子一上午的时间，不料，刚过十分钟，儿子就来敲他的房门，告诉他地图已拼好。儿子说："这非常容易。在另一面有一个人的照片，我就把这个人的照片拼到一起，然后把它翻转过来，我想如果这个人是正确的，那么，这个世界也就是正确的。"牧师高兴地说："你也替我准备好了明天的讲道——如果一个人是正确的，他的世界也就会是正确的。""你是对的，世界便是对的。"当一个教师总是感觉到处处看不顺眼，学生跟自己过不去，同事不好相处，领导爱找自己的碴儿，学生家长难以打交道时，请记住，那一定是自己出了问题！改变自己以适应所在学校通常是优秀教师的共同选择。

【阅读链接】

多改变自己　少埋怨环境

魏书生

1978 年 2 月 20 日，我经过 6 年的努力，终于实现了自己教书的夙愿。面对的环境，并不尽如人意。两栋平房之间一个低洼的大操场，四周连围墙都没有，这便算是盘山县第三中学。

平房内部还没有顶棚。这样，一位教师讲课的声音便会穿过顶部的人字架，到达第二、第三乃至第四个教室，大家就这样互相干扰着上课。那时房顶还没有扣瓦，上课时抬头，透过木板缝可以直接看到白云蓝天；冬天下雪，有的雪花碰巧可以直接飘到室内来。除了教室，没有一个实验室。

刚到校，领导便分配我做班主任并教两个班的语文课。学生呢？也不尽如人愿，初二（六）班还不错，初二（八）班可就难了，56位同学全是男生，是从各个班选出来的学习后进生。他们爱玩，怕上课，有几位同学填学生登记表，连父母的名字都写不对，问他，他却埋怨："都怪我爸的名字太难写！"

面对这样的环境，我埋怨过，灰心过，也等待过，想等待环境好，自己再好好教，自己再搞改革。

埋怨、灰心、等待的结果，是学生越来越难教，自己的脾气也变得更糟糕。一事当前，不是千方百计想办法战胜困难，而是先指责埋怨一番，用黄金般宝贵的光阴，换来一大堆无用的指责埋怨，这真是人生最悲哀的事情。

想等办学条件标准化了再改革；想等教师地位提高了，自己再安心教育；想等社会上厌学风改变了以后，自己再认真教书；想等所有的人都努力工作之后，自己再努力。这样坐等空想的结果，不仅没有改变的希望，还可能因为自身的弱点使外界更不如意。

我体会到：比较有效、比较实际的做法，还是先从改变自己做起。用七分力量于埋怨、指责环境，可能一丝一毫也不见效果，有时甚至适得其反，助长别人的愚昧和自己的野蛮。但只要省下七分力气中的一分，用来改变自己，就能使自己发生变化。

埋怨环境不好，常常是我们自己不好；埋怨别人太狭隘，常常是我们自己不豁达；埋怨天气太恶劣，常常是我们抵抗力太弱；埋怨学生难教育，常常是我们方法太少。

人不能要求环境适应自己，只能让自己适应环境。适应环境，才能改变环境。从这样的认识出发，我面对现实，千方百计改变自己的教育教学方法。不长时间，我任班主任的班级，班风有了明显的变化，那个全是男同学组成的班级的学生们也和我成了朋友，他们也帮我搞教学改革，帮我设计公开课，学生们的学习热情出乎意料地高。

教书不到半年，组织上便非要让我做教导处副主任，推辞不掉，我只好改变自己教书当班主任的方法，边研究负责1500多名学生的思想教育，边兼班主任教语文课的方法。1986年3月14日，市委组织部任命我做学校的校长兼党支部书记。学校被特殊批准为辽宁省重点中学，并更名为盘锦实验中学。这几年，在国家教委及省市主管部门的支持下，学校办公条件有了明显的变化，新建了教学楼、实验楼和办公美育楼等三座楼房。不仅有了标准的理化生实验室，还有了体、音、美专用教室，设备先进的电子计算机操作室、语音实验室。有了四通打字机、摄像机、复印机等设备。校园内还建了假山、喷泉、植物园……

可见，人总要面对一个不尽如人意的环境，总要从改变自己做起，才能适应环境，进而使环境朝着如人意的方面改变一丝，改变一毫。

3. 受得住委屈，经得起挫折

新教师缺乏承受挫折的心理准备，而又时常产生挫折感。造成这种情况的原因除了客观环境条件本身的缺陷外，主观原因主要是，如前所述，新教师对教师角色的社会回报和学校环境条件的要求大多存在理想化的倾向，对自身发展的期望往往有些急躁，对其中的困难和反复估计不足。挫折既可以使人沉沦，又可以教人成熟，助人奋进，这里的关键是个体是否具有较强的超越挫折的能力。承受挫折能力差的人，一遇挫折或一遇大挫折，便放弃追求，自暴自弃，或陷入空想，做白日梦。超越挫折能力强的人，不会为挫折击倒，面对挫折，他们既不放弃自己的理想，又能冷静地分析挫折产生的原因，寻求切合实际的达到目标的途径和解决问题的办法，发展自己坚韧而又灵活、原则又不乏变通的个性特征。研究发现，许多教师在产生挫折感后，容易产生攻击、退缩、退化或自我折磨等消极性的反应。这种反应受不良情绪支配，不仅于达到目标无补，反而会使其产生更为强烈的挫折感。教师应当有从挫折中学习的能力，每经历一次挫折，应当使自己变得更成熟。这就要有一定的超越挫折能力。对挫折不能光是承受，更要超越它。即受挫折后能保持冷静，面对现实审时度势，采取更积极更务实的行为方式。这是一种理智的积极反应。它主要表现为：

（1）坚持目标，矢志不移

人生的征途不可能是一帆风顺的，在向着理想的目标奋进之时，遭受挫折是不可避免的，只要我们的目标是正确的，是符合自己实际情况的，那么即使暂时遇到了困难，甚至是极为严重的困难，也应当坚定信心，毫不动摇地朝既定目标迈进，绝不可轻易放弃。

（2）调整进程，从长计议

长远目标的实现不是一朝一夕之事，它需要一个较长的时期。目标受阻，往往是达到终极目标的主客观条件尚不具备。新教师要善于根据长远目标和现实情况制订出切实可行的阶段目标和近期目标。若急于求成，欲速则不达，且挫折感的积累，会成为日后前进的心理障碍。

（3）珍惜逆境，磨炼意志

人生不如意事十之八九，生活中的逆境遭遇率并不低。逆境不是坏事，它是孕育成功的摇篮、磨炼意志的学校，人不可能既伟大又舒适。新教师要学会珍惜逆境，在逆境中生存、发展和成熟。

4. 不怕吃亏，不怕受累

人生发展要有长远眼光。目光短浅只顾眼前的人，怕吃亏却吃大亏，怕累却总感到累。"得"、"失"两字紧跟在一起组成"得失"一词，蕴含着丰富的辩证法思想。得必有所失，失必有所得。当"能者"埋怨自己"多劳"时，却没有意识到正是往日的"多劳"才将自己造就成今天的"能者"。通常情况下，只要用科学的方法去干，工作是累不死人的。相反是更充实，更长进，更健康，更快乐。

【阅读链接】

命运其实不会让你吃亏

我大学刚毕业在一家私立医院工作，每天做的事就是在计算机前输入大夫的方剂，统计他们的工作量，有时候给老大夫抄方，工作很琐碎。这简直和几个大专生干的工作是一样的，虽然工资比他们高点，但心里总有一种空荡荡的失落感。

有一次，和几个同学到外面吃饭，有点惆怅的我喝多了，听完我带着酒气的怨言，和我还算熟悉的饭店老板，走过来拍拍我的肩膀说："年轻人，我给你讲讲我的故事吧。"

"初中毕业后，我家里比较穷，没钱上学了，就去学厨师。我以最优秀的成绩毕业后，被招聘到一家饭店，结果人家不缺厨师，只能让我去端菜。我也没有怨言，一边端菜，一边观察别的厨师的作品，一些学校里没有学过的菜系和花样，我很快就学会了。饭店忙的时候，我也去后厨帮忙，不过工资还是端菜的工资。"

他接着说："你说，当时我要是不干端盘子的活，我连填饱肚子都难。不过，后来，当有个厨师辞职后，我给老板建议让我试一试，结果比那个辞职的厨师水平还高。而且，因为有端菜的经历，我还对客人喜欢的菜肴比较了解，后来，饭店的菜系和品种都是按照我的设计来的。我在那家饭店干了五年，挣了将近15万元，这也是我人生的第一桶金，用这笔钱，我现在开了这家饭店。"

老板接着说："你干的活一点也不吃亏。你想想，你统计老大夫的方剂，你就能了解他们治病的一些绝招，你给老大夫抄方，也是在学习他们一生经验的总结。要知道，这对你都是无价之宝啊！"

仔细一想，确实是这个道理。你看似"吃亏"的那部分，命运会在更高更远的地方给你以补偿。

【练习】

一位任教学校适应不良的年轻教师寻求心理咨询人员的帮助，以下是这位年轻教师（来访者，简称来）与心理咨询人员（简称咨）会谈记录的片断，请分析这位教师适应不良的主要原因，并指出咨询人员应采取的辅导策略。

……

来：自从学校毕业走上工作岗位之后，我便与快乐的日子告别了。

咨：你是说参加工作以来你一直不开心。

来：岂止是不开心，心情糟透了！读书时我一直是很优秀的，几年工作下来，过去许多不如我的同学混得都比我好，我真不服气，可又无可奈何。

咨：你肯定分析过其中的原因。

来：说到底是老实人吃亏上当。这个社会是人越坏生存能力越强，越坏发展能力越强，社会在教君子做小人。我的一位同学，读书时跟我的个性很相似，彼此很知心，他现在混得挺不错，不过他是以先把自己变坏为代价的。

咨：我很感兴趣你判别"好"、"坏"的标准。

来：比方说，我最讨厌一见别人就说自己如何如何好的人，好不是你自己说出来的，是要靠与别人相处由别人说出来的。我信奉"路遥知马力，日久见人心"这句格言，和我相处时间长的人都说我品质好、有才气，可偏偏得不到应有的赏识。

咨：想没想到对自己做点改变呢？

来：我宁愿洁身自好，也不同流合污。比如，我交朋友有自己的原则，谈不来的人我从不违心地阿谀逢迎，以致一些人误解我是清高，瞧不起人，随他们说好了，我只要是问心无愧的事，别人怎么想随他去，我不想去解释。今年一次讲公开课的时候，因为课前那个晚上父亲生病，我在医院快陪到天亮了，上课时精神不太好，教研组长和领导说我教学态度不好，真是气死人！我吃力不讨好，我也懒得跟他们费口舌。

……

第三节　改善教学表现

新教师的教学技能和策略比较贫乏，难以有效应对十分复杂的教学活动，以至于在进入教学实践领域时经常会遭遇到"现实的冲击"。新教师入职教育期望通过借助各种专业开发活动，支持和帮助新教师的专业发展，有效地改善新教师的教学表现。

一、关于备课

备课在教学常规中属于"工程策划"程序，课堂教学中所反映出来的种种问题，比如无声教材变有声的"教材搬家"现象，任意加深教学难度的"超标"现象，教学过程中提问无序和活动无序状况等，都可以从备课中找到原因。

1."课标"是纲，教材是目

学科课程标准对学科在课程中的地位、性质、课程基本理念、课程结构、课程目标、学习层次目标、教学中要注意的基本原则等都有说明或建议，所以，教师备课时要以课标为"纲"，针对具体教学内容研究该内容在课程结构体系中的地位、学习要求，该教学内容能够承载的学习和教育因素，分析教学中应当贯彻的教学理念和方法。

课程标准是国家意志的体现，而教材是课程标准的一种具体体现方式，是一种课程资源。就像我们同一节课，会有不同的处理方式一样，依据同一个课程标准，会编写出不同的教材版本，因为内容顺序可以有不同的安排，取材也会有所不同。

"课程标准"提出了两类目标，一类是课程目标，也就是我们常说的"三维目标"，即知识与技能、过程与方法、情感态度与价值观，这是从课程的高度做出的宏观目标，这三个维度之间存在着相互关联又相互制约的关系。其中知识与技能是为学生发展搭建平台，是保底目标；过程与方法是为学生的能力向高度发展搭建阶梯，目标不封顶；情感态度与价值观是为学生德、意、志（品德、意识、意志、志向）全面发展配置"营养大餐"，使之发展得更丰满。另一类目标是学科学习层次目标，也可称为学习目标，这类目标一般也分三个指向：认知性目标、技能性目标、体验性目标，其中每一个指向又根据不同学习领域的特点分为若干学习要求层次。课程目标是建立在教育理念层面的学科目标体系，是一种终结性目标，而学习目标则是建立在教学层面的目标体系，是一种过程性指导目标，也是备课和评价的基本依据。

这方面目前普遍存在的问题，一是大多数教师，无论是青年教师，还是从教时间较长的教师，备课时不看重课程标准，看重的是教辅练习，于是课堂上经常出现超前、超标、超难的舍本逐末或随意性教学行为。二是教案中或课堂上展示的目标是教学目标，即课程的"三维目标"，而不是课时的学习目标，而后者才是备课时需要认真分析认定并细化到可操作层面的，如记住什么，知道什么，会做什么等。所以，作为教师，备课时应当心中始终装着课程目标，眼睛时时盯紧学习目标，踏踏实实走好每一步。此处若要用一个比喻的话，就是心中亮着一盏灯（课程目标），踩着要求（学习目标）走得稳。

2. 教师是教材的"主人"，不是"奴仆"

从一定意义上讲，教师备课本身就是完成几种层面的对话，以语文的阅读欣赏或例文分析课为例，第一，要与作者对话——作者为什么要写这篇文章，目的是什么？为什么要选择这些素材？文章为什么选择这个题目？第二，要与教材的编写者对话——为什么将这篇文章编入教材？在知识、技能、情感、教育等领域分别想要达到什么目标？第三，要与自己对话——我对文章的内涵理解到了什么程度？我应当用什么方法使学生获得最大收益？第四，与自己的学生对话——文章所描述的背景离你的生活感受和学习储备有多大距离？文章所表现的风格中，哪些是你认同的，哪些是你陌生的？对文章阐述的观点，你能提出哪些质疑？第五，与同科教师对话——你对这篇文章的教学有什么好的建议吗？等等。同理，其他学科的老师也可选择或虚拟自己的对话对象。比如，科学课教师，不能与作者对话，但可以与公式、道理、定律、规律等的发现者对话——你是如何发现并提出这个问题的？你是用什么思维方式找到解决问题的突破口的？解决问题的过程中，你动用了哪些设备和手段？等等。这种种对话是我们备课的基础。

教材从本身意义上讲，是死的，需要使用者将其激活。为什么同样的教材，不同的教师会有不同的教学效果？其中一个重要原因，就是他们对教材地位的认识有差异，从而采取了不同的处理方法。那种把教材定格化的教师，属于被教材奴役者，而能够根据课程标准要求和自己学生的实际自主处理教材的教师，才是教材的主人。意识到这一点，我们才能理解为什么我们不应该是教教材，而应该是用教材教。

怎么才是用活教材呢？换句话说，要用活教材需要考虑哪些因素呢？我想有下面几点：

一是转化。即把教材中的书面语言转化为通俗易懂的语言，抽象的表达方式转化成较为直观的形式，陈述性材料转化为问题性材料，等等。

二是增删。围绕教学目标，增加一些鲜活有趣的材料，因为教材相对现实世界的变化来说，总是落后的，我们需要用最生动、最贴近学生、最能引发学生产生共鸣或感悟的事例来诠释科学观点和科学方法；删去过时的、呆滞的材料或例证。这一点的实现，需要教师平时注重材料的搜集和积累，建立属于自己的资源库。比如，历史学科在讲到"罗斯福新政与资本主义运行机制的调节"中20世纪二三十年代美国的经济危机时，可以引导学生与2008年以来由美国次贷危机引起的世界经济危机相联系，分析其共同特征与不同背景等，有利于学生感受到历史学习的现实意义，从历史和现实的结合中吸取历史智慧，增强历史洞察力和历史使命感。

三是化解。教学难点的确定，主要是从学生学习或接受角度判定的，而不是凭主观推想出的。教学难点在学习目标中定位层次较高，往往属于理解或应用的要求。对于某一学习要求，如果对学习基础好的学生不是难点，但并不意味着对学习基础不好的学生来说就不是难点。所以要根据具体的特定的教学对象确定好难点，采用针对性强的化解难点的方法，如启发、引证、补充或设置问题讨论等，这是激活教材的又一个任务。

四是"开光"。这里借用佛学上的一个词，意思是产生灵性，即开启智慧之光：分析或发掘教学内容中蕴含的科学观点、学科思想、学科方法和基本规律，包括社会发展规律和科学发展规律等，用它们来统领学习内容，使学生在学习过程中能够站在高位，感受到中学阶段学习的真实意义，促进终生学习能力和思维能力的形成。这类目标需要学习主体通过对大量事实进行归纳和反思来实现，若用教师直接传授方法代替主体感悟过程，无济于学生思维能力的成长。

五是整合（或称"嫁接"）。将现学知识与学生的原有知识（包括书本知识和生活知识）以及后续知识进行科学整合，让学生感受到新知识只是在原有知识基础上长出来一点点，而且长得很自然，还能发现其"生长点"——预测其如何继续生长，这是一个层面的整合。整合的另一个层面是在问题方面，要根据教学内容的衔接、教学目标的层次，精心设置几个有梯度的问题。整合的第三个层面是在练习或训练方面：应当选用多少习题，每一道题解决什么问题，培养何种能力，哪几道题适合课堂做，哪些题放在课后合适，都要周密部署。

备课过程就是教师对教材的再创造或改造过程，使其变新、变活、变实。就像我们常说的"马克思主义与中国的具体实践相结合，产生了毛泽东思想"，我们的备课就是要将课程的目标、教材的内容和要求与学生的学习实践相结合。

3. 要充分了解你的学生，尊重学生的"已知"，相信你的学生

只研究教材，不研究学生，是目前教师教学过程中普遍存在的问题。教的目的是调动学生的学习积极性，如果我们不了解学生，教学就是盲目的。要了解学生，首先要确立几个观点。

第一，学生也是课程资源。

我们面对的学生，尤其是高中学生，是已经具备了一定基础知识和基本能力的鲜活个体构成的群体。他们的知识和能力，有的是从学校获取的，有的是从各种校外媒体获取的，还有的是从周围生活环境中获取的。在一个班级群体中，知识与能力的互补性很强，如果我们在开课前，针对学习内容给学生一点交流的机会，一方面可以激励学生自主获取知识的信心或欲望，获得成就感；另一方面通过信息交流能够得到更多教材未能提供的信息，使学习内容更加充实、生动。此外在交流过程中会增加教师对自己学生的了解，增强教学的信心和从学生那里学到自己原先没有的知识。所谓教学相长，这是一个通道。

第二，三分钟内抓住学生的心。

如何引入新课？方式很多，比如通过新课内容与已学内容之间的联系，实现自然过渡方式；通过新课内容与学生生活的关联或与社会、科技发展的关联，将看上去无意义的学习，转化为有意义学习；通过与新课内容有关的历史或现实生活中的故事，激起学生学习兴趣；通过观察实验或有关资料，使学生产生问题情景等。无论何种方式，目的都是激发学生研究新知识的欲望。在引入新课时，要避免兜圈子，避免离题，避免枯燥。如果没有合适的过渡资源，开门见山也不失为最佳选择。比如，讲"化学键"，可以由"键"的含义入手引入，讲"化学平衡"可以由宏观平衡现象引入，讲"抛物线"从如何拦截导弹引入等。

第三，课前、课上即时掌握学生学习状况。

我们把了解学生学习状况，可以叫作调研反馈。比如，备课前可以叫几个学习基础不同的学生坐坐，就新课衔接内容了解他们原先的了解或掌握程度，也可以设计几个小问题，先让几个学生做做；若是讲评课，则要抽样分析不同学习水平的学生的试卷或作业。这是备课的基本参考。至于课堂了解学生学习状况，方法也有很多，比如看学生听课的眼神，有计划、有目标地走到学生跟前观察学生练习或讨论情况等，这个层面的了解是为了调整自己的教学策略。

第四，让每节课学生都有"真收获"。

美国记忆研究专家韦加特纳在回答记者问的"有什么好方法来促进记忆"时说，"最重要的是把所看到的或所听到的新的信息同你头脑中原有的信息有机地结合起来，使它富有色彩，具有立体感。"韦加特纳的观点对我们教学设计会有什么启示呢？我想，首先备课时要尽可能地分析出新知识和学生原有知识间有哪些联系，是知识体系方面的联系，还是方法方面的联系，或是生活经历方面的联系。如果是概念类教学，要明确是属于上位概念，还是下位概念，或是一个中位概念；如果是一个公式或是定理，就要分析其与已知公式或定理的关系；如果是练习，也要将其与已经做过的相似习题进行比较。这样，造成每一节课只是在原有基础上增长一点点，学生容易记忆或接受新的知识，继续学习也不会出现受阻现象，同时会感觉到学习也有其轻松和愉快的途径。

4. 过满会使你变得被动，欲多予反会少得

拖堂几乎是一种常见现象。不仅是青年教师，就在老教师中也是常见的。拖堂本身就是备课不充分的表现。原因有几个方面：

第一，想给学生的知识太多。这几乎是年轻教师，特别是刚参加工作的教师的一种共同想法。看着教材内容，想着自己大学学的相关内容，觉得怎么会这样简单，这样少？"我知道的多着呢!"于是，就像编筐一样，要么中间插一些楔子，要么就是收不住边了。要明白，知识接受具有阶段性，一定时间内需要的接收量是有限度的，明天才可学的知识，今天给他，容易造成消化不良，弄不好会导致当天应该吸收的也吸收不进去。

第二，对学生的相信度不够。形式上看是眉毛胡子一把抓、西瓜芝麻都不撒，根子还在对学生的能力估计过低，主体意识淡薄，存在一种不信任感。我曾听过一节全国高中化学赛讲课，一位老师讲的是"化学平衡"，引课动用了大量课件，兜了很大圈子，用了20多分钟才引出概念。这种情况就相当于把学生都当成"傻子"来教，造成拖堂现象是必然的。

第三，对教学内容缺乏选择或整合。形式上看是过程设计细腻，备课认真，本质上反映的还是教材主干内容或重点内容把握不准。所谓主干内容，就是构成学科知识主线的学习内容，需要明晰其在该知识主线中的位置和重要性。在设计教学过程时，要从时间分配、资源配置、活动量和方法选择等方面给予"优惠"，或优先考虑。分析教材时，要对知识从处理方法角度进行一番分类：哪些属于学生一看就明白的，不讲；哪些属于可讲可不讲的，弹性处理；哪些在理解上是有障碍的，或叫"难点"，就要针对问题的症结所在，设计一种方法化解；哪些属于这节课的重点内容，就需要设置问题讨论或练习，强化它，而且要放在一节课的最佳时间，也就是在开课后的半小时内进行，这是一节课学生学习精力最集中的时间段。

建议每节课不要按45分钟设计，最多40分钟，要留出5分钟以上的学生整理、反思时间。下课铃声一响，时间就属于学生自主。所以，教师拖堂是对学生权益的一种侵犯。

5. 精心设计好问题，让问题确实是个"问题"

杜威和布鲁纳都曾指出过，围绕探求问题制定的教学方法是传授学生知识内容的最有效方法。

我们目前较为普遍的现象是"满堂问"。除去常见的"对不对"、"是不是"

之类的机械问答外，即使"正式性"提问也存在以下几种需要改进的现象：

一是问题的指向性不明。具体表现就是提问的随意性，讲到哪，问到哪，提问一个跟着一个，如同放鞭炮似的；提问的指向性不明，让学生一头雾水，摸不着头脑；所提的问题属于学生一看书就可以直接回答，不需动什么脑子。

二是提问没有层次或梯度。比如，几个问题之间没有什么关联。建议设计提问时考虑以下几个层次：基础性问题，让所有的学生都可以答得出来，鼓励学习基础不怎么好的学生回答，激励激励信心；将新的学习任务与已有知识联系起来，引导学生向知识的整合方面思考的问题，引导学习基础较好的学生回答；知识整合范围较大、思维有着一定深度的、感悟学科方法的问题，启发学习基础好的学生回答，做个示范，带动一下其他学生。

三是问题的针对性不强。每提出一个问题，就要使受问者明确要解决学习或思维方面的什么困难，是针对哪一部分学生的。

四是问题的整合度不强。要根据每一节知识以及知识之间的相互联系，精心设计几个问题，让问题引领学生去层层递进，既掌握了知识，又能悟出规律、道理或方法。

五是问题的扩散性不强。课堂提问是教师培养学生创造性思维、创新精神和科学方法的重要途径。北京四中的赵大恒老师对教师的课堂提问作了几点反思："一、不要提'对不对'、'是不是'等只要求学生判断是非、正误的问题，聪明的学生一般不屑回答此类问题，应该多问'为什么'、'是什么道理'；二、多提扩散性问题，如'你有不同看法吗？'、'你认为还有其他答案吗？'促使学生想出尽可能多、尽可能新、尽可能有独创的想法，而不是唯一的正确答案。"

六是单向提问普遍。我们现在看到的几乎都是老师在课堂向学生提问，很少看到学生向老师提问。这种现象实际是不正常的。因为课堂是学生的课堂，学习是要引起学生的思考，而教师提问，体现出的是教师的思考，做"学问"，主要是要让学习者来问，为什么老是教者来问呢？所以说，这种现象是"反学问"的，是不正常的。课堂上应当鼓励学生主动向老师或同学提问。换一种方式行不行呢？比如，上课时，让学生先把自己预习或复习中的问题或困惑提出来，下课前再把课堂学习过程中新发现或产生的问题提出来，教师经过归类整理后，组织学生讨论解决。

由此，我们可以为课堂提问的设计总结出几个基本原则，即针对性原则、整合性原则、开放性原则、层次性原则和互动性原则。

6. 预见可能发生的"意外"（如实验、媒体），有备才不忙乱

组织学生进行探究实验，应该发生褪色现象结果却未看到；准备了课件，结果上课时赶上了停电；课堂上学生突然提出了自己备课时没有想到的问题或见解。这都是我们遇到过的。为什么会出现上述现象？出现这些现象怎么办？

当然，问题还是出在备课不充分方面。课前不亲手做做实验，只重视书面，不重视操作层面，想当然、不可能思想作祟，是课堂实验失败的主要原因；考虑问题单一，只想到正常情况，不做应急方案，是造成课堂被动局面的另一原因。我们的教育对象是活生生的、具有多元思维特征的人，教学过程中各种情形都可能发生，所以才需要教师在备课时，尽可能多地进行预测，尽可能多地查阅相关资料。

教学中一旦出现意外，要坦诚地向学生作出解释，甚至向学生道歉。对于能够提出不同见解的学生，教师要热情鼓励。

7. 要重视学科方法和学科思想，核心的就是终身的

20 年前，我曾设计过一份高一年级的化学单元测试卷，试题命制时有意识地对试题按照知识性、能力性进行了分类。测试后，我对所带四个班的学生成绩进行了分析，结果显示，涉及识记类的试题，所有学生的得分差别很小，差别主要表现在分析和解决问题的方法上。

当我在听课后问到一些学科教师，你这节课要教给学生或引导学生感悟到哪些学科思想和学科方法时，结果几乎都是令人失望的。这说明我们的教师在备课时是不太考虑这个层面的，而这个层面又正是能够影响学生终身的。所谓"教学"，教是手段，学才是目的。学什么？学会学习是最重要的。如果我们把前人已获得的成果看作一个圆内的知识，这些知识是极其有限的。而我们教材上所提供的那些知识只能算作圆内知识。学生未来进入的领域是不

是用圆内知识就一定能应对呢？答案一定是否定的。但是有一点是可以肯定的，那就是学生在学习圆内知识过程中所获得的学科思想和学科方法，一定能够应对来自"圆外"知识的挑战。通俗些讲，我们现在高考题中普遍出现的新情景类试题，或者称之为"信息类"试题，其实就是要求考生用"圆内知识"来处理"圆外问题"。依靠什么处理？不外乎是学科基础知识加上学科基本思想，再加上学科基本方法。如果我们平时教学中只关注那些基础性知识的学习，忽视在基础知识形成过程中，让学生明确感受其中蕴含的学科思想和学科方法，那是不是形同于收割庄稼不留种子？

事实上，每一个学科都有自己独特的学科思想和学科方法。比如，数学的数形结合思想、图形（立体与平面互换）转化思想、换元法、穷竭法、归纳法、反演法等；物理的动静转化思想、能量转化与守恒思想、力的分解与整合方法等；化学的转化思想（物质转化与能量转化）、结构与性质等的关联思想、物质合成的剪切和拼装方法、实验方法等；生物的进化思想、遗传变异与环境影响观点；历史研究的实证思想、地理研究的系统思想（或多元整合思想）、政治领域贯穿的哲学思想等。不同学科也有着共同的思想和方法，比如分类研究方法等。记得听一位老师讲新课程化学必修1"物质的分类"一节课时，她按照教材引入方式给学生比喻：分类就如同我们把教材、作业等分别放在不同的抽屉里一样，寻找起来就十分方便了。课后我问她：物质分类的意义是什么？她还是说的教材上讲的那一点。看来关于分类的意义这个十分基本的知识，教材阐述粗浅，我们的老师的确是不知道，因为她的老师就没有讲过，她自己也没有深刻思考过。以此看来，她的学生怎么可能理解分类的主要目的在于分析共同特征，认识事物的内在规律这一科学意义呢？

从课程育人观来认识，能力具有共享特征。也就是说，一个学科培养的思维能力，学生会在自然状态下运用到其他学科的学习过程中。如，经过严格的数学训练，能够使学生具备下列一些特有素质：

（1）树立起了明确的数量概念，"胸中有数"，能够认真地注意到事物的数量方面及其变化规律。（2）形成逻辑思维能力。（3）培养认真细致、一丝不苟的学风。（4）学会追求最有用（广泛）的结论、最低的条件（代价）以及最简明的证明，养成精益求精的风格。(5)知道数学概念、方法和理论的产生和发展的渊源和过程，了解和领会由实际需要出发、到建立数学模型、再到解决实际问题的全过程，提高运用数学知识处理现实世界中各种复杂问题的意识、信念和能力。(6)增强拼搏精神和应变能力，通过不断分析矛盾，从表面看上去一团乱麻的困难局面中理出头绪，最终解决问题。(7)调动探索精神和创造力，使思维变得更加灵活和主动，在改善所学的数学结论、改进证明的思路和方法、发现不同的数学领域或结论之间的内在联系、拓展数学知识的应用范围以及解决现实问题等方面，逐步显露出自己的聪明才智。(8)具备某种数学上的直觉和想象力，包括几何直观能力，根据所面对的问题的本质和特点，比较准确地估计到可能的结论，为实际需要提供借鉴。

我们可以发现，上述数学所承载的大部分能力培养功能，都同时属于其他学科学习和研究问题所需要的基本能力。学生所表现出的学习能力，事实上是各学科所培养出的能力的集合。所以，引导学生感悟和掌握学科的思想方法是每一节课的重要内容，是备课时需要用心挖掘和设计的大任务。我们一定要意识到这才是影响学生终身的发展大计。

数学、物理、化学、生物、地理等学科在备课时还要特别关注学科建模问题，这里包括学科内知识或概念的关联模型，学科思维模型或者称之为问题解决模型。要引导学生在对已有知识和实践（如练习）反思的基础上，主体发现或感悟建模的意义和方法，通过学科思维模型的应用，提高学习效率。

除学科思想和学科方法外，还有一个方面是十分值得提及的，那就是学科的审美教育。通常我们把审美教育的任务推到音乐、美术等艺术类课程一边，这是有失偏颇的，因为我们每个学科都有许多美的内涵。比如语言类学科的韵律美、文章结构与所描述对象的美，数学表达式的简洁美、图形的对称美和动态美，其他学科涉及的构造美、运动美等。如果我们在教学中能够关注这些美的因素，并引导学生获得相应的感受，学生会把学习看成是一种享受，效果也会是显而易见的。由此可见，引导学生发现美、欣赏美、创造美，应当作为学科教学的一项影响深远的任务。

8. 教辅就是"教辅"，教参也毕竟是"教参"

北京的一项调查表明，有 80% 的教师离开教学参考书上不好课，有 85%

的教师上课离不开练习题，有 90％的教师离不开标准化试题集，也就是教辅类书籍。这其实已不是局部现象。这种现象造成的后果就是，教师找不见自己，教育失去了本意，学生变成了机器。为什么这么说呢？

先从教辅说起，就我所知，现在市场上的教辅书籍，多数是拼凑产品，书籍越编越厚，把一些本来应该由学生自主整理、感受的内容，由教辅代替了，而正是这个自主整理学习成果的过程要比直接获得结果重要得多，这是弊端之一；其二是练习题的针对性问题，教辅是广义的，并不是针对你的学生状况编写的，是不是适合你的学生，需要认真对待。一个学校，不同班级的学生基础不一，你降低了对他的要求，他没兴趣，你拔高了对他的要求，他吃不消。此外，大量的重复练习，一是损害了学生的视力和健康，二是会导致学生以应付性心理来对待练习，其效果需要大打折扣。所以，我认为我们应当确立几个选择和使用教辅的基本原则。

第一，非必须性原则。如果教师或者教研组自己能够根据本校学生情况适时配置适量练习，就没有必要使用现成的资料。尤其现在几乎所有学校都有多媒体，在操作十分便利的情况下，自选或自编练习有利于促进教师的自我成长。

第二，强针对性原则。这里的针对性包含两个层面，一是学生学习需求，二是与教学内容和课程标准要求的匹配程度。教辅中的练习如果与以上两个方面差距较大，则会产生一些消极作用或误导作用。

第三，求实效性原则。使用教辅的目的就是为了提高学生的学习质量。所以，对教辅中的内容或练习，要根据教学的目标做好选择，哪些内容是必读的，哪几个练习题是必做的，哪几个是选做的，哪几个是不作要求的，教师在备课时是要作出认真处理的，不要一股脑儿抛给学生。必读、必做的一定要落实到每一个学生，做到适时检查，适时点评，确保每个学生读有收获，做有提高。

目前网络和报纸等媒体正在热议云南曲靖一中的高考"神话"，他们的方法说穿了就是紧扣考纲、紧扣学情，精选精改高考题，精练精讲八套题。教师研究通，学生变轻松。

再谈谈教参使用问题。教参也只是供教师备课的教学资源之一，其定位是"参考"，而不像课程标准和教材那样，属于教学的依据，是刚性的材料。教参提出的教学目标、教学重点和教学难点，教师应当将其作为建议看待。比如教参提出的教学难点，一般是从学生的接受水平和学科知识特点考虑的，面对每位教师所教的学生实际，教参提出的教学难点不尽合理。比如，关于农业方面的知识，对于农村学生显然不是难点，因为他们有相应生活体验，但对城市学生就不一样了。反之亦然。再如，同样的学习要求，学生前期学习储备或基础不同，接受的难易度就不同。所以，教师需要在教参的基础上，对每部分教学内容进行具体分析，经过增、删或改动后确定相应的教学难点。教参提供的教学参考资料，有些是可以直接采用的，但有些不一定是最先进的，教师要用最新的资源加以替代，因为在教参编写出版后，社会、科学必然会有新的发展，我们需要将最新的研究成果呈现给学生。现在的教参一般还附带提供了一些教学案例，这些案例并不是让教师照搬的，因为提供案例者所教的学生情况与你教的学生的情况、你的教学风格可能会有许多不同，且不一定就是最经典的范例，照搬的结果可能会适得其反。

由此，建议对教参的使用也要有个原则，这就是自主性原则、针对性原则和更新性原则。

重点是相对的，难点是在变化的

从学科角度说，重点就是学科的主干知识、核心内容，或者是属于学科增长线上处于关键环节的部分。这些知识包括学科的基础性知识和基本技能，如基本概念、基本原理、重要定律、公理和定理、公式、基本规律、重要关联点、基本方法等。因为无论社会科学，还是自然科学，都是在不断发展的，有一些内容尽管其在学科发展的某一阶段是关键性的，但随着历史发展的进程，就必然会出现让位现象。比如阶级斗争的观点和阶级分析的方法，在三十年前是关键词，当时教育上也同样是作为重点内容的，但现在如果再把它作为重点，便会觉得可笑；再如，电报在无线电技术发展史上，曾经是一门关键技术，其原理在物理教学中也曾经是作为重点的，但放在互联网技术已经普及的现在，再要让学生去学习电报技术，就有点不合时宜了。这是从学科发展角度看待重点的相对性，若从学科知识本身来看，则更加容易理解，因为即使是一个学科的知识，也是十分浩瀚广阔的，但它就像航海船只一样，总有自己的主航道，航道上又会有一定的标志物，在这个主航道上的点，就应当是重点关注的部位。相对大海中那么多的点，这个点就是重点。同理，重点也是在不断移动、逐步推进着。

和教学重点有所不同，教学难点则主要是从学生认识角度来说的。难点，学习疑难之点。这个疑难的产生，主要是由学生认知发展的阶段性决定的。

教学难点通常具有以下几个特征：

一是首次谋面的知识。这种疑难来自陌生，对其既没有前期感受，也缺乏思想或心理准备。比如，一个与以前所学的内容毫无关联的概念或公式、定理等。这时，教师通常应当采用举例、比喻、组织程序性探究等铺陈方法来化解。

二是与生活体验差距较大的知识。由于没有相应的生活体验，对于从实践产生的理论性问题就必然会出现理解困难。因为无法实现自主演绎，知识难以变得生动和形象。比如，让学生理解什么是"次贷危机"这个概念，肯定是很困难的。克服类似问题产生的学习困难，方法之一是教师需要通过提供生动的资料，创设符合实际的情景，以弥补学生相应感受的缺乏。

三是容易产生思维障碍的知识。抽象性、逻辑关系复杂或影响因素较多的问题，往往容易使学生找不到思维借鉴、突破点或理不清头绪。教师只有在备课时审核清楚问题的性质，才能确定化解该难点的方法，如设计多媒体以直观方式呈现，把综合程度高的问题分解为几个基础层次的问题，组织辨析式问题讨论理出主次等。

同一个班级的学生，学习基础、生活经历、思维和认识水平都会存在一定的差别。这种差别必然会使得同一学习内容对一部分学生是难点，而对另一部分学生则不成其为难点。这种难点属于相对性难点，是一种客观现实的反映，如影随形，无处不在。这就决定了教师在确定难点和处理难点时的兼顾性。

难点还有一个特征就是转移性。难点一旦化解，就不再属于难点范畴，所以新课教学时的难点，如果已经解决好了，复习时就没有了立为难点的意义，难点可能已经被新的——比如问题的综合性替代。

从以上分析我们可以把教学难点比喻为一个"多面变形体"，既有绝对性难点，又有相对性难点，还有动态性特征。难点的确定或处理是反映教师教学水平的重要指标，既是经验的积累，更是教师智慧的展示，所以也就自然成为教师成长的"难点"。从某种意义上讲，缩短教师的成长周期，这是一处硬坎儿，唯有用心者才能实现跨越。

10. 课件要做得必要，用得得当

多媒体教学设施给教学注入了新的发展因素，同时也显现出了一些消极的面孔。首先我们需要确立多媒体的辅助作用，然后明确在哪些方面需要发挥它的辅助效用。

多媒体在三个方面能够对教学提供支持：一是改变观感，把一些较为抽象的知识转化为形象的、易于感知的表现形式，把书面静态的图像，转化为动态的直观形式。如力的分解，微观粒子的运动，几何坐标的位移，自然界的水循环、大气环流等。二是丰富资源，精选与教学内容相关的背景材料，利用多媒体工具呈现，扩大信息容量。如政治课的新闻背景，语言文字学习中文章的背景知识，学科发展史料、历史资料、地理信息、美术图片欣赏、音乐感知等。三是提高时效，如作业与练习的快速呈现等。

目前在多媒体课件制作和使用方面较为普遍的问题有：

(1)替代板书或教案。一节课从头到尾都用课件设计，这属于多媒体的滥用现象，违背其辅助功用。其结果就是教师教学基本技能的丧失，使课堂学习方式多样化变得呆滞化。

(2)占据关键位置。投影屏幕挂在教室面墙正中，将黑板中心位置近于全部遮盖，板书只能放在边角。而教师其间又不根据教学需要升降，造成喧宾夺主现象。

(3)影响师生交流。有的学校多媒体控制电脑放在讲台一侧，教师几乎一节课被"固定"在电脑旁边，教师无暇走下讲台与学生近距离交流，学生无法记录课堂笔记，教学效果受到严重影响。这种现象可以看着是由"第三者"(多媒体)插足造成。

(4)干扰教室光线。为了保证屏幕清晰，教室面光窗户全部用窗帘遮盖，大白天开灯，一节课都在一种压抑的环境中进行，既浪费能源，增大办学成本，又影响学习心情和视力。应当注意调节窗帘，保证自然光线的进入。

(5)课件界面或模板的可视性和美观性。字体颜色和背景颜色如何搭配，需要从美学观点考虑。如蓝背景用红字就不清楚，用黄色字体就会好得多。白底背景用黄色字体就看不清，用黑色、深蓝色字体就清晰。

上述问题是由我们教师自身使用不科学、不适度造成的，并不是多媒体本身的过错。

11. 练习要有层次，作业要重视"长效"

课堂对话、讨论、实验操作等都属于练习范畴，并不是只有做书面题才是练习。目前课堂教学中存在着这样一个误区，认为课堂没有几个选择题或填空题就缺少了环节。事实上，需要或不需要书面练习，要根据教学目标和教学方法的需要来定夺。

课堂练习的功用通常有两个：即时检测学习效果和巩固学习效果。检测的目的在于即时获得信息反馈，根据反馈的信息即时调整教学策略，作出必要补救。无论检测或是巩固性练习，练习的设计务必要有层次，都要考虑面向各类学生，且以中等学习水平的学生为主要观察和分析对象。

尽管书面练习对学生有着不可替代的应试功用，但对于提高学生解决实际问题的能力，其作用是十分有限的，而后者却是学生终生面对的考验。所以，在设计课堂练习和作业时，要考虑问题的开放性和综合性，这类问题对于提高学生分析问题和解决问题的能力有着独特的效能。比如，围绕教学内容，布置一些有关概念、原理或理论的形成过程考究问题，相关概念、公式、定理的对比或关联分析活动，考查某个领域问题或某项成果对社会或经济发展的影响等课后作业。这类问题往往没有共同答案，重要的是它在形成过程中，一种隐性的能力也在形成。能力积累到一定程度，创新意识就会被激发，这种意识再反哺于学习过程，学习就会变得有了广阔意义，变得轻松愉悦得多。这种作业我们可以称作为"长效作业"，其在实现学习向课外延伸，开辟课程领域方面有着不可估量的作用。

二、关于课堂教学

1. 能力不是讲出来的

首先，我们需要思考两个问题：第一，同样是获得一个结果，但这个结果分别是由别人直接赋予和靠自己努力获得，它的内涵是不是一样？第二，人一旦形成一种心理依赖，其生理功能是不是会发生退化？

早在 1985 年，教育界就教师的作用进行过讨论，提出教师的七大作用：(1)激发作用；(2)引导作用；(3)启迪作用；(4)组织作用；(5)熏陶作用；(6)交往作用；(7)评价作用。新课程倡导的学习方式是"自主(或主动)、合作、探究"。从这些倡导理念可以看出，都没有直接提到依赖教师的讲解问题。原因是都在关注知识和能力的同步形成问题，因为能力的形成必须依靠过程来实现，这个过程就是学习者，也就是学生自身的实践与感悟。

什么是能力？能力就是智慧的积蓄和应用表现，就像炸药之所以能够爆炸，首先是它自身积聚着能量，一旦遇到适宜环境，就会释放一样，学生本身都具备一定的学习能力，教师通过科学方法提升这种学习能力，当遇到具体问题时，这种能力就会释放出来。教师若通过讲述，把一些现成的结论性知识告诉给了学生，其主体思维的过程被剥夺，能力的形成就会受阻；教师在学生学习过程中，若不为学生提供一定的思维时空，学生就难以产生智慧的火花和能量的积蓄；教师如果不给学生发表自己见解的就会，学生表现的欲望就难以实现，学习激情就会削减；学生在发表自己的不同见解时，如果教师给予否定的态度，则无异于向炉火中浇水。

由此可知，教师在课堂上重视学生的参与，为学生提供必要的时间、空间、机会，并在学生活动过程中进行启发性指导，就是关注了学生学习能力和运用能力的发育和成长。换句话说，就是体现了学习主体的地位，彰显了教师新教学理念的实践。

2. 提高学生的参与度

这是一个如何实现面向全体学生的问题。观察课堂教学过程时，经常看到教师提问和组织学生活动时，往往只关注到坐在前面的学生，或者是自己认为学习比较好的学生，他们的机会多于其他同学。这种现象势必会打击一部分学生参与课堂活动的积极性。这也是造成学习分化的一个因素。

实现学生全体参与课堂活动的方法有很多，现在普遍倡导的小组学习形式就是其中很有效的一种。学习活动小组的组成不应当是随意的，每个小组中都要包括不同学习水平的学生，并有小组召集人。经过小组实验或讨论、交流等活动后，每个小组要有学生代表本组发言，汇报本组的实验过程、观察结果和讨论、交流结论。小组其他同学可做补充发言。教师对各学习小组召集人要进行培训，使其确实负起责任。

如前所述，教师的提问也要兼顾不同学习水平的学生，这也是提高学生参与度的途径。当然，最好是激发学生主动回答问题。

我们的目标应当是：课堂上让学生"累"得够受，课外让他能享受到轻松。但非常可惜的是，我们目前许多老师的课堂现状正好相反：老师讲得津津有味、精疲力竭，学生听得头昏脑涨、昏昏欲睡。如何让学生在课堂上"累"起来，出路只有一个，认真学习教学法，尊重认知规律，教师封住一半口，把研究重心转移到如何有效组织学习活动，让学生动脑、动手和动口方面。

提出上述观点除有充分的实践依据外，还有国外许多教育家的研究成果作为支持。比如：冈普和库宁指出，活动的多样化在被动输入环节中是重要的，主动中不重要；在主动输入（参与活动者按自己的步调进行活动）的情况下，学生对课业的注意力要比在被动输入的情况下集中得多。杜威和布鲁纳指出，围绕探求问题制定的教学方法是传授学生知识内容的最有效方法。皮亚杰提出，从认知角度讲，知识只有由学生自己构造出来，才对他们有意义，才变得可以理解。斯泰鲁克也说，间接的理解作用要比组织教学的教师直接贯彻作用大。

作为青年教师，从年龄结构和心理特征上有着与学生相近、容易沟通的优势，所以，在如何适应学生学习心理、满足学生主体参与欲望方面，应当作出大胆的探索，彻底改变教师主宰课堂、"满堂灌"或"满堂问"式的教学，在提高课堂学习效率方面取得突破。

3. 活动要有"设计意识"，不要为活动而活动

什么内容的学习用学生自主活动方式最有效？用哪一种学习活动方式最有效？这是备课时必须考虑的问题。

从广义上说，课堂学习的整个过程都可以看作是在活动中进行的，因为读书、听课都有脑活动，书写还有手活动。我们这里且把课堂活动的内涵限制一下，把其限制在学习主体的"主动"活动上。比如从提出问题到建立假设或猜想、设计方案或模型、搜集信息或整理资料、动手操作和观察，以及分析得出结论、进行交流等都由学生自主完成。

有意识的活动设计首先体现在学习内容或目标的定性上。比如，一个多面体表面积的计算，学生完全可以应用立体向平面转化的方法，通过设计纸模型，整合已知正方形、长方形、梯形、圆形、三角形或扇形等的面积求算知识的过程来实现。这种内容的课，乍看起来是新的学习内容，仔细分析其所运用的实际上都是已有的知识，需要实现的是数学学习中的转化思想或方法。这种类型的学习，就完全可以交由学生自主探究。据此，我们可以确定，凡是能够引导学生调动或调用已有知识进行的新课学习活动，尽量交由学生去自主探究或体验，使其在新知识形成过程中，感受探究的乐趣，享受发现的喜悦，领悟方法的重要，感悟知识的价值，提升学习的自信力。我们完全没有必要担心这种学习的效果，相反要确信这种效果要比单纯的接受学习强许多许多倍。

有意识的活动设计还体现在学习目标的多元化上。如果我们把教学目标只是盯在认知领域，忽视过程与方法，忽视情感态度和价值观等潜在的能力培养领域，自然不会把学习的主动权交给学生。因为后两者都不是能够立即显效的，不像认知效果，通过做几道题就可反映出来。据此，我们可以确认，凡是需要承载多种维度学习目标的学习内容，应尽可能地通过组织学生在自主活动中进行。探究性学习本身就是一种知识、能力、态度等多元集合的学习方式，只有意识到这一点，才可能产生改变以知识传授为主的课堂面貌的内部驱动力。

第三种情形即是技能形成类教学过程。比如书写、描绘、表达、实验、

运动等。什么是技能？它是从事某项活动的自动化程度。技能具有不可替代或排他性特征，只能通过活动主体的反复训练才能形成。

第四种情况就是解题能力和自我反思能力的培养。组织学生进行习题训练和练习后反思、课堂学习反思、阶段性知识整合等，都可以由学生自主活动实现，其在整个过程中形成的态度、习惯、方法和能力，是绝对不可低估的。目前的学习反思过程，多数情况下被我们教师越俎代庖了，这对学生学习能力的提高非常不利，这是一种令人痛惜的教学现状。

目前教学中出现的为活动而活动的现象，有的是做样子给人看的，有的是把活动当作调节课堂气氛的因素。其明显标志是，由于活动前必要指导缺失，导致活动无序；活动过程教师只作为旁观者，游离于学生活动之外；活动后，只注重知识性结论，忽视活动中所体验或感悟出的方法和思想的交流。出现上述表象的原因，主要是对组织学生活动的意义认识不足，目标模糊。

如何形成有效的体现新课程理念的课堂活动方式，是目前广大教师面临的一个重点探究课题，需要一种激励机制，更需要一种创新氛围。

4. 要相信学生，敢于解放学生的大脑、手和口

（1）该放手时就放手

根据我们对高中学生的观察分析，可以总结出高中学生智力活动的几个特点：其一，观察力方面。他们已经具备初步发现事物的本质和一些主要细节，以及发现事物的因果关系的能力。但容易出现观察程序不恰当，过早下结论的现象。其二，注意力方面。他们已能比较稳定而持久地集中在一些毫无直接兴趣，但又具有直接意义的比较抽象的学习上。他们对难度不大的理论推理比较感兴趣。其三，学习方法方面。他们对死记硬背知识感到厌烦，对"保姆式"呆板的教学方法不感兴趣。但他们已经会探索或寻求良好的记忆方法，并具有初步归纳重点知识，抓住问题本质的能力。其四，独立思考能力方面。他们具备了一定的逻辑思维水平，正在实现由经验型向理论型急剧转化，不轻信、不盲从，能够说出自己经过思考后得到的见解。但存在主观、片面，易被表面现象迷惑的局限，容易固守经过自己思考后的见解，不轻易改变。

这里借用一个成语："桃李不言，下自成蹊。"虽然它的本意是桃、李树尽管不会说话，但其果味的香气会招来食客，使得树下自成小路。比喻一个人有了声誉，自然会产生吸引力，根本不需要自己大肆张扬。我这里借来作这样一个比喻，在学生智力活动能够达到的学习范围，教师就没有必要絮絮叨叨地讲解，而是要引导学生自己走出一条路来。这里所指学生智力活动能够达到的学习范围，也就是教师该选择放手的机会。比如讲评练习，一道题学生可能有许多种思路或多种解法，由学生来互相补充完成分析，很多情况下要比老师讲解易被学生接受。如果鼓励学生自己试探着编制一些练习题或考题，他们对做题就会减小陌生感或畏惧感。

（2）既然放，就要放得充分

我国古代一些知名教育者，无不懂得教学开放的作用，并在实践中悟出教育的真谛。孔子领着自己的弟子周游列国，是众所周知的开放性教学典例。成连和秦青是我国历史上有名的音乐教师。成连培养了俞伯牙，就是那个善操琴并产生"高山流水"典故的俞伯牙；秦青会唱歌，所以也教授一个学生叫薛谭。但是，两人的教学理念不同，采用的方法就不相同，结果也大相径庭。当俞伯牙已经掌握了弹琴的基本操作，还没有达到出神入境、琴艺精妙的程度时，成连带他去游历山水，来到海边，说是要请教他的"老师"。登上一个海岛后，把他留下，让他独自迎接"老师"的到来。等了许久不见"老师"来，只听得"海水汩（gǔ）波澌澌之声，山林窅（yǎo）冥，群鸟悲号"。大自然的奇景壮观陶冶着他，美妙的音响触发着他的灵感，他情不自禁地和着大海的旋律援琴操曲，创作了名曲《水仙操》。这时，静候在礁石后面的成连驾着小船出来，祝贺他完成了一个"飞跃"。薛谭向秦青学唱一段时间后，觉得差不多了，打算离开秦青。秦青把薛谭送到郊外时，自己又露了一手，唱得"声振林木，响遏行云"，令薛谭大吃一惊，只好留下继续学习，"终身不敢言归"。这个案例给我们什么启示呢？一种是开放式教学，另一种是保守式教学；成连善于运用情景教学法，培养学生的自主创新精神，属于灵魂塑造型教师，而秦青却是工匠型教师。

新课程实施以来，许多教师已在课堂教学过程开放性方面有了改观，具备了一定的开放意识，这从我们听课过程中可以感受得到。比如，几个月前举办的新课程教学大赛，展示了新的课堂面貌。在多数教师还存在着开放度不够的情况下，我们年轻教师却表现不俗。下边我举李莹老师的一节化学课。课题是"氮的氧化物"，我将她的教学过程简述如下：

[提供背景资料]雷雨和浓绿的植物。

[问题]农谚"一场雷雨一场肥"是什么含义？（鼓励学生主动说出见解）

[观察]试管中的一氧化氮、二氧化氮的颜色、状态。

[问题]一氧化氮要用排水法收集，说明什么？（学生回答，调用知识储备）

[视频]一氧化氮转化为二氧化氮。观察到什么现象？（学生回答：一氧化氮转化为二氧化氮。教师肯定。）——点评：此处问、答不符，教师不应急于肯定。

[问题]一氧化氮不溶于水，二氧化氮呢？如何设计实验检验二氧化氮易溶于水？（教师做必要的操作提示，学生分组实验中，教师巡视指导）

[问题]你观察到什么现象？（学生回答：试管中液面上升。教师引导：其他同学有无补充？学生补充颜色变化。）——点评：此处教师未进一步引导学生说明液面上升的高度。反映学生观察的片面性特点。

[问题]你能写出反应的化学方程式吗？（学生书写，一位学生板演。教师分析反应特征。）

[问题]理论值应该上升到试管的什么位置？（学生回答：三分之二。）哪位能够解释为什么？（学生从物质的量角度进行分析。教师加以肯定。）

[探究]现给你一试管二氧化氮，请设计一个实验方案，探究一下如何尽可能多地提升液面上升的高度？要求先画出装置图。（学生小组讨论，教师与学生互动交流。）——点评：过程全部交给了学生。

[引导]哪个小组想说一下自己的方案，并解释你的设计思路？（学生主动派代表说自己的方案，并上黑板图出设计装置图，同时说明设计思路。教师帮助完善示意图，如学生画得不像锥形瓶。）

[问题回扣]哪位同学能够用化学知识解释"一场雷雨一场肥"的道理？（学

生主动回答，互相补充后仍未得要领。教师解释。——点评：此处教师解释没有抓住学生的思维障碍：学生只知道铵态氮肥，并不清楚硝酸中的氮素也可作为肥料。教师未点破问题的关键。）

[课件]问题改错。

[介绍]酸雨的形成。（5分钟左右）

[视频]火箭发射。

[思维发散]让学生查阅有关资料，分析火箭发射时周围产生棕色气体的原因。——点评：开放性作业，将学习引向课外。

从以上教学过程，我们可以概括出它的几个特点：第一，体现了新课程倡导的以"自主、合作、探究"为主体的学习方式。第二，问题结论都出自学生的思维和表达。第三，探究活动完全放手，并实现了师生互动，在互动中发挥教师的指导作用。第四，教学过程的流畅性、层次性体现鲜明。第五，紧紧围绕学习目标，学生参与的积极性高。

说是放手，其实就是解放学生的手、脑、口；放得充分，就是让学生具备足够的时间、空间和机会。教师不敢放手，源于几种顾虑，如担心放手后时间不好调控，担心放手后学生不配合，担心影响教学质量。产生这些顾虑很正常，反过来考虑，学生被动学习与主动学习，何者效率高？有贴身体验过程的学习与缺乏过程体验的学习，何者印象深？有学生之间互动交流与无交流，何者兴趣大？有主动、印象、兴趣三大学习要素保证，教学质量的担忧还有没有依据？

放手不是无序的、放任的，都应是经过周密思考后的选择。也就是教师在备课时，必须针对学习内容选择最有效的组织教学策略：哪些知识内容学生看书或经问题引导就可以懂，坚决不讲；哪些知识和内容的学习需要提供背景知识或材料，才能帮助学生理解，就组织学生通过讨论解决；哪些知识的学习过程同时可以作为某种能力培养的平台，就要放手让学生自主探究。换句话说，学生一看就懂的，不讲；学生理解有障碍的，设计互动过程解决。尽可能把问题解决的过程和结论还给学生，让他获得过程的体验和成功的喜悦。前几天听了一位老师讲鲁迅的小说《祝福》，这节课的重点是通过分析小说中对祥林嫂的形象特征描述，了解人物肖像描写的基本方法。其中分析文中三次(严格说是三个生命段)描述祥林嫂的头发、面容、眼睛的变化，可以有不同组织教学方式，一种是教师引领法，教师设计框架结构，学生点对点分析；另一种可以是开放式，围绕课堂主题，学生各抒己见，说出自己最欣赏、印象最深的形象描述语言，并解释原因；还可以设计几个递进问题，通过讨论交流达到教学目标。选择哪种方法好呢？这要看哪种方法更符合语文学科的课程理念，即全面提高学生的语文素养，注重应用、审美与探究能力的培养，促进均衡而有个性地发展，以及遵循共同基础与多样选择性相统一的原则，构建开放、有序的语文课程；看哪种方法更符合语文学科的学习认知规律，体现出其工具性、实践性。

至于担心时间调控问题，则需要教师预先应对问题解决所需的时间作出估计。尤其是课堂探究中如何提高时效，是困惑许多教师的问题。我们经常看到的情景是，放开了手，但教学任务未能完成。前几天，以探讨这个问题为目的，我们观察了一位较有经验的教师上的一节课，课题是"化学能与电能"，也就是学习"原电池"。由于探究活动处于盲目状态，而且教师对原理的微观分析偏多，使得教学任务完成得十分仓促，或从另一种意义上看，属于没有完成。我们共同分析原因，问题出在几个环节的处理不够科学。比如，探究活动前没有进行设计方案的交流，没有明确观察对象，没有提出对发生现象的背后隐含原理的讨论要求，所以尽管放开了学生的手脚，但却造成"观"不到位，"察"未深入的现象。由此提示我们，组织探究活动需要遵循其基本规律，一是主题或问题要亮明，这是目标定位；二是方案要交流，这是思维碰撞；三是过程要指导，在学生探究活动——包括动手实践和讨论问题的过程中，教师的参与指导不可缺失，否则活动的效果就要打折，这是保证。

前面所说的给学生的空间，有两层含义：一是思维空间，就是教师不要代替或限定学生的思维过程；二是自然空间，如黑板、讲台、实验室、阅览室等。机会是指学生表现自身智慧和能力的机会，如表达、展现、表演、组织等。

(3)满足学生"好动"的特点

经常听到一些有一定资历的教师说，我们的学生基础差，提不出问题，也回答不来问题。言外之意，就是教师不细讲不行，讲是最有效的，这些学生只配采用接受式学习。事实果真是这样吗？

前几年，我在到学校听课时，曾经登上讲台，上了两节课。一节是被动的，就是一进教室，学生欢迎我上一节，另一次是我主动上了一节。当然，这两个班也不是所谓"实验班"。我的办法就是引导学生分析问题，自己解决问题。课上学生表现出很强的"说"和"动"的欲望。课后，他们的任课教师感到吃惊，因为从来不爱发言的学生，多次主动要求发言。我说，这只能说明一个问题，就是我们做教师的没有给学生"表现"的机会。

我们面对的学生正处于青春活力旺盛期，只要教师创新理念，引导得力，学生的参与意识就会被激活。

(4)要开放，但不要设"套"

开放教学的目的就是要打开学生思维的瓶颈，让学生各抒己见，进行思维碰撞，从多种方案中寻求最合理、最有效的解决问题途径。但是，我们见到的课堂开放常常是被设"套"的。比如，一道练习，总是引导学生向预设的思路走，而不是引导学生探索多种解决方案；一个讨论活动，总是引导学生向既定结论思维，而不是引导学生充分发散；一个文学、艺术作品的欣赏，总是引导学生向教材提示的特点靠拢，而不是引导学生通过主体欣赏去发现、去抽象；一个科学规律和科学方法，总是在教师指出规律的前提下引导学生去套用规律或方法，而不是引导学生在感性积累的基础上去实现主体发现。尤为严重的是作文教学，设"套"现象更为普遍，教师总喜欢把几种审题和开题"妙法"介绍给学生，让学生去套用，从根本上违背了作文具备因情而发、应景而择的特点，更违背了作文是文学积累和生活积累的真实反映这一本性。语文是所有学科学习之母，作为最重要的工具学科，主体欣赏、主体实践意识目前在语文教学中仍很淡漠，所及影响并不仅仅现于语文学科本身，而是关乎学生整体学习能力的形成。所以，语文教学过程实现解"套"，势在必行。

把教学行为定格为教师牵着学生走，正是"教书匠"的作为，也是扼杀学生学习积极性，产生大量学习困难学生和出现学习基础问题的主要根源。我们的教学职责是把活生生的学生变得更活，而不是把活的学生"框死"，成为应考的机器。所以，我们对把学生基础作为教学改革阻力的认识，感到很不理解：为什么不从我们教师自身寻找问题的症结呢？如果能够实现这个转变，教师就能跳出"教书匠"的圈子，实现专业发展的飞跃。

5. 影响课堂教学效率的因素

随意增加教学课时，对教师的专业发展是一种破坏。因为其直接带来的效果就是淡化了课堂效率意识。这是影响因素之一。

教研活动薄弱，不经常活动或活动不到位，是影响因素之二。教师，尤其是年轻教师在把课搬进课堂前，是否在备课组内进行了试讲？结论是否定的，几乎都没有这样的过程。

对学情分析不够，备课考虑不充分，教学方式不得法，是影响因素之三。

使简单知识复杂化，超标、超纲问题和习题进入课堂，是影响因素之四。比如，前几天听了高三的一节作文教学课，教师将目标定位在从拟定题目角度，如何"取悦"评卷教师上，且撇开目标的功利性不说，也撇开上百评卷教师的欣赏心理、欣赏水平差异不说，就从教师介绍的"一见钟情法"等五种方法来看，就很值得怀疑：学生进入严肃的考场环境时，能够去想该套用哪种方法吗？而这节课又恰恰丢掉了作文教学，也是语文这种工具课教学的基本原则，这就是语文实践原则。本来学生在比较、鉴赏、情境模拟等实践基础上，可以形成感悟的教学主题，被教师蒙上了一层层神秘的面纱，演变成一种讲座。效果也可想而知。还有一节高三化学课，教师几乎有一半时间进行的是考试大纲不作要求的内容的讲述和练习。而这两位老师所以出现上述问题，恰恰有一个共同点，这就是"教辅"的引导，语文是"作文金点术"，而化学则是那本老厚老厚的复习指导书。

且不说课程计划中规定的课时是国家意志的体现，也不说学生身心发展的环境问题，我们只从教师发展考虑，45分钟内圆满完成教学任务，应该成为每位教师的自律行动。

课堂教学效率高的标志是花最少的时间，走最短最有效的途径或组织最有效的学习活动，达到最佳的教学效果或最高的教学质量。后者的含义是使每一个学生在课堂的每一分钟都有新的收获或进步。

这应当成为我们每一个教师的努力目标。

6. 复习教学不能是知识的简单重复

什么是复习？《现代汉语词典》将其解释为"为巩固知识，再次学习已经学过的知识"，这种解释是片面的。复习，重点在"习"，即通过应用来巩固，"复"的目的就像其字形结构中的"日"字所昭示的，应当点亮学生的思维之火，使其感悟学科的认知规律。所以，作为单元或综合复习，应当引导学生通过回忆整理，寻找并发现知识之间的内在联系，将零散的知识整合起来，悟出其中隐含的方法和规律，并设置应用所学知识和方法解决一些具体的实际问题，才是有效复习。我们查看过一些教师的复习课教案，发现其中教学目标是空白，问其原因，回答是不知如何写；观其课上复习内容和方法，基本上是知识的简单重复。所以，有必要就此做一些提示。

考察过许多教师的习题或习题讲评课，许多都没有教案。一般情况下，教师在课堂上只是拿着一份练习册或考题，就题论题地对对答案或进行简单的试题分析。习题或试题讲评课，要不要有教案？回答是肯定的：要！

那么，讲评课的教案写什么呢？

首先需要认识到讲评的目的，并不只是让学生知道了答案是什么，主要是要引导每个学生进行阶段性学习反思，欣赏自己的学习成果，发现和弥补存在的知识缺失。

作为讲评教案，也就是讲评的设计，依据的是教师透过试题检测结果，反思自身教学的得失后，所形成的教学补救措施设计。由此，也就应当明确讲评教案该写什么。

第一，整体分析。这里不是指分数分析，而是学生试卷或练习中反映出的问题分析。分析的基础是抽样统计：每一道试题错误率是多少？错误率较高的试题所反映出的共性问题在什么方面？该问题的属性（知识、能力、方法）是什么？

第二，重点试题分析。这里的重点试题就是错误率多的试题。要分析这道试题考查的知识内容和能力要求，出现错误的几种表现形式及其产生原因。

第三，补救措施。要针对重点试题反映出的共性问题，选择有效补救方法，如讲解、引导讨论、设计变形试题等。

第四，教师反思。透过学生考卷中出现的问题，教师对自身教学要进行反思。反思内容包括：学生必会知识是否落实到位？没有落实的原因，反映在教学方面的问题是什么？当然，也可以进一步发散思考有关教学观念、教学方法等方面存在的问题。

7. 板书如何写？黑板如何用？

多媒体应用于教学，给课堂教学改革带来一个新的命题，这就是黑板怎么用？板书写什么？

我们知道，板书有预设性板书和随机性板书两类。所谓预设性板书是指备课时根据教学内容的特点，需要突出显示的要点，而随机性板书则是在课堂教学中根据过程要求需要展示的过渡性内容。

目前教师板书问题主要表现在以下几个方面：

第一，偏重于教材中固有知识的提炼，忽视知识要点间内在联系的揭示和建立联系时方法的示意。

第二，机械性的教材搬家现象。这种现象的特征就是把教材中出现的标题、定义等照抄在黑板上。本来教科书上已经印得十分清楚，写与不写会有多大差别？这样形成的板书往往过多、过滥。

第三，不科学的简化，不规范的符号和图案出现在板书中。如物理性质，写为"物性"，化学性质写为"化性"，单位符号大小写、正斜体、英文和希腊文不分，绘制几何图形时直不直、方不方、圆不圆、角不角等都是常见的不规范表现。教师的板书本身具有一种示范作用，教师随意了，学生平时书写也就随意了。

第四，粉笔字书写不标准、不美观。这是一个十分普遍的问题，也是一个十分严峻的问题。一手规范的、漂亮的、令人赏心悦目的粉笔字，不仅是对民族传统文字的尊重，也是对学生心灵与习惯的熏染。经验告诉我们，学生写字的习惯，以及笔迹的优劣，与其任课教师，尤其是启蒙教师自身的文字素养有着极大的关系，因为学生的书写习惯起始于模仿。

第五，把黑板"占有权"由教师"独享"。一些演练过程完全或应当由学生来表现，但常常是教师替代完成，尤其是理科的习题讲评课，这种现象更为严重。

粉笔字是教师的教学基本功之一，也是教师基本素质的表现"窗口"；板书内容体现的是教师对学习内容处理的精心程度和理解水平；板书布局设计体现的是教师的审美水平和知识构建能力。所以，建议教师在进行板书设计时，考虑以下几个原则：

一是重点提示性原则。比如一个科学概念中的关键性字词，一个欣赏语句中的点睛性词汇，一段史料或案例中的决定性证据等。

二是思路点拨性原则。在对某个问题进行讨论或探究时，打开问题解决的缺口往往被集中在某一个"点"或某一个环节上，此时借用板书，或以图示，或以表例，或以文字标识等方式加以点拨。

三是表达示范性原则。科学符号的书写，计算步骤和格式的呈现，绘图的方法和技巧等，常常需要教师作出示范性展示，用以规范学生的表达行为，培养严肃认真的科学态度。

四是合理规划性原则。哪些板书内容需要保留作为结课提示，哪些板书内容只是作为过渡性内容，黑板的哪一块部位书写保留内容，哪一块部位书写过渡性内容或作为学生使用部分，都要预先有个策划。

五是结构美观性原则。一个好的板书结构，不仅能够使学生直观地感受到本节所学知识之间，以及本节知识与原有知识之间的内在联系，还要给学生留下强烈的视觉冲击，使其终生难忘。

三、关于教学反思与研究性学习

杜威在《我们如何思维》一书中最早提出教师是反思的实践者，并指出教师在行动中只有反思才能提升和发展。陶行知《关于提升教师素质的必由之路》中也强调反思的作用，他提出的五字发展要求是："一"（专一），"集"（观察收集），"钻"（深入反思解决方法），"剖"（从现象分析本质），"韧"（坚持）。可见，教学反思对教师专业发展的作用国内外都有许多研究，并最终形成了这样的统一认识：真正意义的教师发展源自于教师的课堂教学经验及其对于经验的不断反思，这才是教师发展的重要途径和提高教师质量的有效手段。

我们通常所说的教学后记，实际上就是教师自身在课堂环境中的一种自我反思实践。它对于教师养成自我"问责"习惯，提高教师的教学敏感力，促进教师的专业发展有着重要的作用，是教师快速成长的阶梯。教学反思通常包括两种，一种是教学行为的反思，如我这样教行不行，是不是最好的方式？采用这种方法适合不适合学生的接受方式和接受能力？我怎样改进我的教学方法和提高教学能力？另一种是价值层面的反思，即对教学行为背后观念、思想的反思。具体说，包括以下内容：

(1)教学过程中是否体现了先进的教学理念？

新课程的教学理念包括哪些内容？新课程发展的核心理念是为了每一位学生的发展，这也是新课程的价值取向。具体说，其表现可以概括为八个方面：①课程要面向学生的生活世界和社会实践；②教学活动必须尊重学生已有的知识与经验；③提倡自主、合作、探究的学习方式；④让学生参与是教学活动的核心；⑤教学改革的主旋律是培养学生的创新精神——让课堂教学充满创新活力(这一点我认为培养学生的公民意识、基本科学素养和人文素养更合理)；⑥教学过程是师生交往、共同发展的互动过程，教师是学习活动的组织者、引导者、参与者——教是为了学；⑦教师是课程的创造者与开发者——实现课程与教学的整合；⑧评价的本质功能在于促进学生和教师的发展。

(2)是否达到了预计的教学目标？这里要从过程反馈的信息中分析。

(3)所采用的教学方法是否得当和有效？有没有可以改进的地方？教学细节上有哪些得失？原因出在何处？如何改进？

(4)教学实施中有何即时感悟？或对今后的教学有哪些启示？

(5)本节课能否提取或总结出有益的教学案例？

许多教师在申报职称时，对什么是教学案例不太明确，往往把教案与教学案例混淆。其实教学案例包括对一节课的反思，或者是对某个教学片段的反思，或者是对某个学生思维过程形成的反思，或者是对某个教育教学个案的跟踪记录与反思，或者是对组织某项学生活动的记录和反思，等等。它的重要特征就是真实性、启迪性。教学案例需要平时进行及时的教学记载，过后往往不易补救。正像苏东坡描述作诗要诀的一句名言："作诗火急追亡逋，情景一失永难摹。"

"教学的实质就是实现一种对话。"这种对话不仅仅是师生的对话，还包括教师与教材之间的对话，比如：教材对这个知识的提法一定是最合理的吗？教材将知识这样编排就是最科学的吗？此外，还包括教师与教师的对话，这是教学过程中的相互交流。最后，还有一种就是教师自身心与心的对话，以前的我和现在的我的对话，上课前的我和上课后的我的对话，这就是教学反思。没有这种对话性的反思，教师只能是在重复自己的过去中行进，也就无从实现专业的发展。

研究性学习进入我们的课程，虽说是一种新事物，但在国外早已是从小学就开始实行的一种课程实践。20世纪80年代初，杨振宁就将中国的教学方法和美国的教学方法进行了比较。他说："中国学物理的方法是演绎法，先有许多定理，然后进行推演；美国对物理的了解是从现象出发，倒过来的，物理定理是从现象归纳出来的，是归纳法。演绎法是学考试的人用的办法；归纳法是做学问的人用的方法。做学问的人从自己的具体分析中抽象出定理来，这样所注意的就是那些与现象接近的东西。"

研究性学习与探究性学习是对传统的接受式学习方式的一种革命，都是要培养学生学会做学问，在实践过程中促进创造性思维的发展，使学生在面对社会、生活和科技创新的问题时，运用已有知识和即时学习获取的知识，以及科学的思维方法，来解决面临的真实问题。

创造性思维活动有着多种途径或方法。如想象、灵感、潜意识活动，联想、类比、试探、直觉、启示、借鉴、中介、引申、简化、归纳、划分、分析、抽象、概括、扩充、沟通、相似、模拟、变换、替代、让步等思维活动。上述思维方法只能在解决实际问题情境中才能形成。

研究性学习是一类开放性学习方式，它是由问题来引领学习的，在边学习边实践的过程中，根据研究进程，不断发现问题，又逐步寻求解决问题的方案和途径的学习实践活动。这类活动本身带有综合性特征，因为几乎每个课题的解决，都需要在一个个真实的问题情景中综合应用多学科知识，将其内化并升华成多种能力，需要通过观察、发现、质疑来选定课题方向，进行猜想或假设、设计或规划方案、调查或建立实验模型、搜集相关信息、分析信息资料或实验数据、组织研究和交流过程等一系列身体的和大脑的活动，体验做学问的艰辛和乐趣。这一系列活动中所形成的基本能力和创新能力，是课堂上学不到的，因为在研究过程中必然会引发学生重新认识学习的意义，必然会引发学生自我反思并改进自己的学习态度和学习方法，必然会引发学生思考个人发展与社会责任问题，感悟学习的价值。所以研究性学习的显性成果远不如其隐性成果对个人成长和社会的发展影响深远。由此我们也可以概括出研究性学习所具有的特点是：空间和时间的开放性、课题内涵和学科应用的综合性、促进个人成长的长效性。

组织研究性学习活动，首先面临的就是如何指导学生选择研究主题，也就是课题的问题。上学期，我曾观摩了一个班学生的选题课。全班 6 个小组，选出 6 个课题，分别是：韩国文化对中国的影响，非主流之我见；天体行星的形状为什么不是圆的；浅谈 KFC（肯德基）餐饮发票与税收问题；家居装潢的色彩问题；街头小广告的影响与治理；学校食堂粮食浪费问题。从课题研究对象看，分布较广，且多数属于学生的生活圈范围。但从课题可操作性等方面考虑，则反映出课题选题指导不到位的事实。如"韩国文化对中国的影响，非主流之我见"，课题指向不够明确，因为文化是一个非常广泛的概念，是民族文化、传统文化、饮食文化、服饰文化还是其他？且主流、非主流也是一个模糊的概念，"我见"则是一种论文的形式。再如"天体行星的形状为什么不是圆的"，尽管指向明确，但其所需具备的支撑性基础知识不是学生现阶段所能胜任的，因为起码要用到高等数学中的数学分析方法、流体力学知识、爆炸与磨蚀理论等。又如"浅谈 KFC（肯德基）餐饮发票与税收问题"，是一种论文题目呈现形式，而不是课题研究项目，可以改为"关于 KFC（肯德基）餐饮的利润与税收问题调查"。由此我们发现在课题选择方面，指导教师应当把学生选择课题的要素搞清楚，比如选前要有一个初步的调研活动，在活动中发现感兴趣的问题，课题的指向或目标要明确，课题研究的内容要在力所能及的范围内，课题研究的几个阶段能够在规定时间内完成，等等。

研究性学习需要建立由不同科目教师组成的指导团队，而不应当是单兵建制。这是因为我们的教师不是全科型的，而每一个研究课题都具有多科综合的特征。所以从教师专业发展来说，指导学生开展研究性学习过程，也是对自身合作能力的考验，是对教师解决实际问题能力的挑战。

作为研究性学习的指导教师，需要有着较充足的自我知识与技能的储备。比如，如何设计一个调查问卷，访谈需要哪些技巧，如何科学抽样，如何分析和处理第一手资料等。设计一个调查问卷，其基本内容和结构一般分为封闭性问题和开放性问题。对于封闭性问题，即可以预测因素的问题，以设计选项形式出现，对于不确定因素较多的问题，则需要以问答形式出现。如何使得被访谈对象愿意接受访谈并说出自己的真实情况，是需要技巧的。我们可以组织学生以实情模拟方式进行训练。当然，也可以选取中央电视台的一些代表性访谈节目，如《心理访谈》《艺术人生》《小崔说事》等栏目的某个内容作为案例，引导学生学习访谈艺术。

恢复高考30多年来，高考报志愿在学校与专业选择方面是家长、学生和教师存在的最大困惑之一。为什么会出现这种本不应该出现的盲目和困惑？一个很大的原因是学生由于没有足够的实践体验，没有通过实践激发出对某一方面或某一领域的学习和探究兴趣，也就失去了形成未来职业取向的基础。研究性学习的开设，会使这种局面有所改观。因为接触产生兴趣，兴趣产生动力和欲望，欲望左右自己的未来选择。

探究性学习和研究性学习有着许多相似之处。不同的是前者针对的是对某一具体内容的学习过程，采用探究的方式，而不是"拿来主义"的方式，或吃现成饭的方式。其在时间、空间和研究对象方面有着一定的封闭特征，但在思维和过程上却是开放的。

新课程倡导的探究性学习方式，一定程度上已经或正在成为教师的自觉行动。从课堂实践情况看，主要存在的困惑是如何挖掘教学内容中的探究元素，如何组织有效探究，使之不流于表演或形式表现，如何对学生在探究活动中的表现进行科学的评价。

从探究内容来看，一类是实验探究，一般以理、化、生、地等学科最具特点；另一类是案例分析和信息处理，其特点是透过案例或信息去发现事物或事件发生的一些内在规律，所有学科都会涉及此类探究。探究性学习的意义主要体现在形成结论的过程中，学生所获取的方法和自我成就感，这也就是能力与信心之源。

探究活动通常是以小组为团队进行组织，要有组长负责，由组长分工，活动过程中教师应当作为参与者，与其中一个或几个小组的学生一起，一是作为参谋，及时指导或提示；二是作为活动过程或进展的掌控者，知道时间是否允许继续进行；三是作为信息捕捉者，通过贴近观察发现学生探究过程中的闪光点或问题症结所在，及时对群体进行指导；四是作为评价者，对小组或小组内个体的表现及时进行评价，并将评价记录下来。

探究性学习的评价方法通常包括两种，一是观察法，就是根据学生在探究活动中的表现给出科学评断，可以给小组团队评价，也可以给表现突出的个体作出评价，如对观点新颖者，有独创性观点或方案的小组和学生作出鼓励性评价，一定要记录在册，必要时进行阶段性表彰；另一种就是考试法，给出探究性内容，可以是一个有争议性实验项目，也可以是一个有争议的案例等，选取好适合的背景材料，有针对地从问题的提出，到猜想的建立、方案的设计等，以试题形式出现，通过文字表述来展现学生的思维过程，对其思维过程中所反映出的方法、信息处理能力和变通能力进行考查评定。

探究性学习进入课堂，对传统的课堂理念是一种颠覆性革命。循规蹈矩、"填鸭式"或大包大揽式的教学方式培养不出创新性人才，而现代社会需要的是能够开创自己未来生活的人，不是只会吃现成的人。

一般而言，教师的成长可以分为三个阶段：第一，教书阶段；第二，教人阶段；第三，做名师或教育专家阶段。

刚从事教学工作的教师首先需要研究的是课程标准和教材，想着如何把教材知识变成学生的知识。这个阶段重点研究的是课程体系和教材建立的知识体系，熟悉教材为什么这样编排，课程标准对教材内每一个知识点的学习要求层次是什么，用什么方法和有效手段能够把知识比较浅显地呈现在学生面前，并且揭示出知识之间的相互关系。所以说，这个阶段教师需要实现由教教材向用教材教的转化过程，在不断研究上述问题中实现这个转化。这个阶段，教育学、教学法的基本思想和基本原则是教师快速成熟的支撑。

一个学科的教学基本内容一般会保持较长时间的稳定，但是，我们面对的学生却是在一届届，甚至每天都在发生着变化。于是，我们的教学策略也需要随着学生的变化而变化。针对不同的学生群体，研究或探秘学生的学习特点和心理变化，研究一个班级群体中学生的个体差异和教育教学的应对策略。这个阶段，教育心理学、学习心理学的基本知识会作为教师研究问题和实现自我发展目标的支撑。

当我们发现帮助一个学生健康成长，单依靠一个人的智慧和力量或一个学科的智慧和力量已经远远不够，需要从一种体制、一种理念、一种思想、一种体系上实施变革时，我们已经产生了一种内在的动力。这时我们对教育规律的认识积累到一定程度，已经自觉或不自觉地从课程的角度来审视教育和教学。这个阶段，你若产生想当一位校长的愿望是很自然的。从我国古代的书院创始人，到陶行知、蔡元培，以及国外的知名教育家，都是这么走过来的，因为你渴望拥有实现自己教育思想的一片实践领地——学校。当然，不排除不当校长也成为教育名家的可能，像北京二十二中教师孙维刚那样，在数学教学和班主任岗位上实现了自己的愿望，成了一代名师，以及像魏书生那样，成为语文教学改革的旗手。下面我们不妨看看孙老师走过的路：

从 1980 年开始，孙维刚老师主动提出要求，从初一到高三，6 年一循环，共完成了三轮实验。二十二中不是重点中学，生源不好，他教数学，还当班主任。当班主任，他坚持做到以身作则和真诚以待。一次他因上班路上帮助别人而上课迟到 5 分钟罚自己在教室门口站了整整一个小时。在教学中，注重发展学生的智力素质，时时事事站在系统高度和哲理角度把握知识，使学生真正成为课堂的主人。他主张一题多解、多题归一、多解归一，引导学生总结、发现、创造；从初一开始组织学生进行问题研究，写小论文；他使学生在一年内轻松学完 3 年的数学课程。他的学生考试不需要监考。他的数学课 6 年中不留书面作业。他所带的班高考时，能一个不落考上大学，其中半数以上进入北大、清华。

孙维刚老师有一段话，值得我们深思："作为一个中学教师，面对流俗，我也许是苍白无力的，我无法左右社会上的大气候，但可以'构建'我工作范围的小气候。"这里所以举出孙维刚老师的例子，就想说明，即使你得不到一个学校范围的实验空间，但总可以获得一个班级、一个学科的研究空间。

一个教师的成长过程，就是不断研究的过程。教学过程本身就是研究过程。比如，这节教材如何处理最好？你事实上就是提出一个课题。于是，你就从学科知识系统和学生实际出发，琢磨着设计出几种教学方案，并从中选取出最优方案。这就是一种研究。所以，我们一是要消除研究的神秘感，二是要有一个具体的目标，三是有研究意识，四是把反思形成习惯，五是手勤一些。

什么是教学？教学的目的就是教学生如何学会学习，也就是通过教师的教学活动，使学生学会自主学习，形成学习能力。目前我们的教学好像是已经把目标异化了，变得急功近利，变成了仅仅希望如何教会学生做题或考试。于是，我们从高一到高三的课堂上常常听到的一句话是，这是高考题，是高考的重点。我不知道这样说，在学生身上到底能起到什么作用，但是我却可以肯定，这道高考题学生在高考时，不可能再见到。然而有一点是可以肯定的，那就是这道题中所考查的学科基本知识以及隐含的学科思想或学科方法，却是会在解高考题时用到的。所以，我们的教学，与其说是急功近利，不如说是急功而不近利。

创新人才成长的背后，总会隐藏着某位激发其创新的人或激发其创新灵感的环境。教师的创新精神，对学生创新意识的形成有着潜移默化的影响。教师不断探求多样化的教学方式，就是教学创新的体现，他会在无形中影响学生，使之逐渐孕育创新意识。但是，我们现在经常看到的却是一节课，从头到尾基本是一个模式。这种不能根据教学内容的不同，在课堂上进行多种有效模式间转化的教学，不仅不能用自己教学创新的实践影响学生，反而极容易使学生对学习过程产生厌烦、疲劳现象。此外，教师在教学中所体现出的思维品质，如思维的逻辑性，思维的深刻性，思维的广阔性和思维的批判性等，也会默默地影响学生。

第四节　体验职业幸福

因为现实的冲击，也因为传统上教师职业群体中相互隔绝的文化，还因为传统上新教师沉重的工作负担，新教师在刚开始教学生涯时，经常会遭受巨大的压力，体验到一种挫折感，进而产生倦怠感，甚至遭遇发展的停滞。新教师入职教育期望能改善新教师的生存条件，缓解其压力，提供情绪上的支持，初步体验到教师职业的幸福感。要达到上述目标，主要的途径是不断学习。

一、教师首先应当是一个优秀的学习者

联合国有关组织机构 2007 年做出的一份分析报告中，对教育的发展作出两个预测：一个是"即时性知识和学习"，另一个是"个性化教育"。这两个提法都是依网络化时代的特征为据的。

尽管我们现在学习的途径很多，比如网络、电视、报纸、杂志等，但我还是认为多读一些书胜过其他。这是因为好书具有不随时代变迁而贬值的特性，它们能为我们提供取之不竭的智慧；还因为书是一种系统传播知识的媒介，这在其他媒体是不可及的。当然，我们并不贬低网络、报纸、杂志的作用，因为从时效上看，后者更符合即时性学习的需要。

年轻教师是在高升学竞争中度过中小学学习阶段的，考什么、教什么，文理过早分家，造成了知识的先天不足。这对一个从事教育工作的老师来说，是一种"硬伤"。某种意义上说，教育工作的需要是广度胜于深度的，所以，建议教理科的要看一些文、史、哲书籍，教文科的要看一些科普书籍。

教学专业性杂志是教师进行知识自我更新的重要途径。每位教师至少应长期订阅一种指导性强的杂志。我们发现现在学校教师所订专业杂志，多数

是陕师大出的学科教学参考，这类杂志是以研究试题为主的，它对提高教师的学术和教学水平的帮助十分有限。建议大家多看看"学会"办的学科教育杂志。

经典的教育理论书籍，如苏霍姆林斯基的《给教师的建议》、夸美纽斯的《大教学论》、加德纳的《多元智能理论》等都应当是教师的必读书。如果教师每季度能够认真读一本书，学校定期组织读书交流活动，这个学校的教学水平、学校面貌会发生飞跃。

二、教师应当是勇于改革者，改革才有高回报

1989 年，伯洛在研究中发现，新教师教学行为、处理问题的方式更多地受到个人过去生活史的影响，尤其是教学的第一年最为明显。同时，新教师在教室内使用的许多策略，都与个人的倾向及先前的经验有直接的关系，他们往往是按照从前自己当学生时教师如何教他们来开展教学的。从我们对年轻教师的观察也可以获得相应结论。教师要实现自身专业实践知识的突变和重组，只能在不断反思中变革，又在不断变革实践中反思。这事实上就是现在提倡的"教育行动研究"的含义。

喜欢墨守成规的教师往往被一种担心束缚，认为过去的是成熟的，成熟的是最好的，改革就要担风险。其实，在这种担心背后，深深隐藏着的是一种惰性，一种失去进取心的表现。教育与其他事业一样，同样信奉"发展才是硬道理"的事业准则，靠什么发展？只有改革。一个教师的发展同样如此。要实施一项改革，就等于要和一种落后决裂，与一种习惯或传统决裂。这需要一种勇气，是由责任感催生的勇气。

我们每天所做的工作，都是影响人的工作。换句话说，可以成就一批人，也可以损毁一些人的一生。这是极有意义，而又极艰难的一种工作。作为一名教师，是把自己的工作作为职业，还是作为事业，对自己的专业发展起着定位作用。如果是作为职业，你只是为了成家立业、养家糊口，就会认为工作上过得去就行，没有必要耗费过多的精力去搞什么改革。而作为事业就不同了，他的着眼点是教育对象的发展。由于教育对象在一届届变化，时代的

要求在一年年提升，新的发现和发明成果在一天天增加，于是教师的求知欲、改革欲始终保持旺盛状态，责任感会驱使他不断地研究如何更有效地帮助学生，更有效地改进教学。

正确理论指导下的改革，促进的不仅是学生学习方式的变革和学习效能的增强，对教师的专业发展也会带来突飞猛进的变化，更能促进学校提升办学品位，使之走上快车道。

青年教师要规划好自己的专业发展目标，并脚踏实地一步步去实现。根据对教师专业发展规律的研究，专家们提出了教师专业发展的新模式。[①] 这个模式将教师的专业发展分为这样五个层次：

第一层次叫前经验主体层次，其主要特征是机械模仿。通过哪些努力去快速脱离机械模仿？这是值得思考的问题。

第二层次叫经验主体层次，其主要特征是教师在形成自主意识。这种自主意识是在对教学实践及时反思的基础上实现的，这时教师知道学生在学习上哪些地方容易犯错，又怎样去引导学生避开错误。

第三层次叫认识主体层次，其主要特征是教师能够有意识地运用理论或思想来指导教学实践。这种教育教学理论或思想包括主动吸纳的和自主创建的。对一般教师来讲，这是一个较高层次，进入这个层次的教师，不仅自己的教学达到炉火纯青、伸缩自如状态，课堂上学生也会学得愉悦、轻松。

第四层次叫价值主体层次，其主要特征是教师把人生的价值和发展方向牢牢定位在教育上，具体表现为对教育的热爱超越了自我，超越了对物质的追求。

第五层次叫审美主体层次，其主要特征是教师能够艺术化地展示个性教学。此时，教师感受到了教育带来的幸福，不仅享受教育的美，而且能够设计或创造美。教师不仅能够欣赏学生，还能被学生所欣赏。

实现上述五个层次的动力主要来自于教师的内在情愫和努力。各层次发展的时间因人而异，有的还可以实现跨越，但善于反思是必由之路。

---

① 朱旭东：《不让一个教师掉队》，载《群言》，2010(3)。

【阅读链接】

1970 年 7 月，初中毕业不满 16 岁的吴正宪就匆匆地踏上了教育的征程。刚做教师的日子，由于先天的不足，让年轻的吴正宪感到困惑、迷茫、彷徨。幸亏，在曾做过老师的父亲培养下养成的认真读书的好习惯开始发挥了作用。在一步一个脚印的学习过程中，她逐渐从困惑中走出来。"学无止境，先天不足，唯有后天勤奋补上！"为了弥补自己没有经过系统科班学习的缺陷，她给自己约法三章："要敢于吃别人不愿意吃的苦，要乐于花别人不愿意花的时间，要敢于下别人不愿下的苦功！"花季年龄的时光，吴老师少了许多同龄人的浪漫幻想，多了许多旁人所不知的苦读经历。白天勤奋工作，晚上挑灯夜战，从《中国通史》到《唐诗三百首》《宋词》等文学著作，她不仅读，还整理成为一本又一本的手抄本。吴老师曾动情地说过，"真要感谢那几年的苦读，给我打下了坚实的语文基础。"一开始，吴老师是教语文的。但由于当时师资缺乏，从 20 世纪 80 年代初期起，吴老师开始了语文、数学双肩挑的特殊经历。坚实的语文基础以及浑厚的理论根基让吴老师开始在教书生涯中有所展现，尤其是在锦绣街小学她正式改教数学以后。

初为人师的日子里，心头涌动的还有不尽的新鲜感和兴奋感。她曾天真地认为，只要全身心地投入，勤勤恳恳地工作，就能胜任"传道、授业、解惑"的教师天职。她使出了全身的解数，点燃了自己生命中所有的热情。整个暑假，小学数学 12 册的例题、思考题都被吴老师统统做了一遍，根据小学数学的知识联系，她整理出一张小学数学知识的网状图。为了提高自己的数学素养，她博览了大量的数学书籍、古代名题、数学趣题，数学奥林匹克难题都成了她研究的素材，遇到精深数学难题时，连吴老师的爱人、哥哥、嫂子都被动员参与讨论，她演算用的草稿摞起来比写字台还高。充分的准备让吴正宪感到很有信心上好数学课。早出晚归，加班加点，兢兢业业地耕耘着。课堂上不遗余力地向学生传授书本上的所有知识，对每一篇文章、每一道例题进行深入浅出的讲解。学生似乎是个容纳知识的容器，好像教师讲得愈多，学生的获得就愈多。她不知疲倦地讲解，学生机械重复地记忆。当她照本宣科，在满堂灌的课堂教学中乐此不疲时，终于有一天，她却蓦然发现自己努力的结果并没有带来学生的发展和飞跃。她开始抱怨学生脑子太笨，学习不用功。课堂上除了滔滔不绝地演讲之外又多了几分埋怨与责备，课堂气氛死气沉沉，让人感受不到生命的存在。她痛苦而不安，彷徨而茫然，原有的冲动与热情几乎降到了冰点。

她不止一次地自问：难道要在这条没有阳光、没有笑容的路上走下去吗？满堂灌的课堂教学已使孩子们疲惫不堪，兴趣索然。教学现状使她沉思：教师教得很辛苦，学生却不爱学；教师教学很投入，学习效果却不佳。只图分数的提高，不顾学生身心健康和道德修养，这样的教学能培养出适应未来社会需要的合格人才吗？一股强烈的责任感、使命感在她心头升腾起来，冲击开去，"一切为了孩子的发展"，这是教育工作者的良知与责任。她决心通过自己的努力探索出一条减轻过重负担，提高教学质量，促进学生生动活泼、积极主动、全面发展的教学新路。"做孩子们喜欢的老师，创造孩子们喜欢的课堂，为学生提供优质的数学教育"成为她努力追求的目标。

当她在数学教学改革之路上蹒跚摸索的时候，马芯兰老师鲜活的教改经验令她眼前一亮。这不正是自己想看到的课堂场面吗？她好像在茫茫的沙漠中看到一块生命的绿洲，便一头扎进马老师的课堂。每天早上天未亮，她就把睡梦中的女儿叫醒，从居住在东直门的家乘车把孩子送到天坛幼儿园，再骑车疾奔朝阳区幸福村中心小学，听马老师的第一节数学课。然后，再返回学校上课。白天紧张地工作，晚上静下心来反思，记下学习的收获体会。在马老师教育思想的影响下，她开始了小学数学教学改革的艰辛探索。

可是，成长的路并非坦途。一次，当她的一节课被当时来听课的北京市小学数学特级教师刘梦湘老师提了9条意见时，吴老师忍住了要掉下来的泪水，向刘老师请教。刘梦湘老师成了吴老师的导师。刘老师从教学的指导思想到教学方式的选择，从例题的讲解到练习题的设计，从学习氛围的创设到语言板书，从教师的教态到师生交流的每一个环节……彼此互相探讨着。刘老师十分重视教育科学理论对教学改革实验的指导，向她推荐了《教育心理学》《给教师的建议》等书籍。他把自己几十年珍藏的教育教学书籍及亲自撰写的教学经验手稿全部送给了吴老师。刘老师来听课从不事先打招呼，每每都是推门而入，吴老师也从此养成了上每一节课都像上公开课那样投入、那样充分、那样认真的好习惯。站了36年的讲台，至今，不敢怠慢课堂上的每一分钟。

接着后来吴老师又相继拜了北京实验一小特级教师缪玉田老师、北师大周玉仁教授、上海市特级教师顾汝佐老师、中科院心理研究所张梅玲教授等老师为师。对吴正宪影响较大的另一位导师是中科院心理研究所研究员、教授、博士生导师张梅玲，她的《儿童心理学与小学数学教学改革》报告对吴老师影响颇深。张教授把心理学讲得那么生动有趣，全新的理念，鲜活的案例，让人耳目一新。吴老师也因此对现代教育心理学有了极大的兴趣和关注。她主动找张老师借书读，提出问题请教，并邀请张老师指导。亦师亦友。

教学改革的实践使吴老师体会到：教学研究是科学的实践，必须有先进的科学理论作指导。她有计划地学习教育科学理论。白天听了"智力及其测量"的讲座，晚上她就随笔记下学习心得；学习了《教育心理学》理论，她就尝试着做小学生学习心理的研究；学习了《教育评价》，她就尝试着在实验班做学生评价改革和考试方法的改革。她认真阅读教育理论书籍，注意从各种教育刊物上捕捉信息，写下了几十万字的学习笔记，至今20多本写满密密麻麻学习体会的笔记本和教学随笔还珍藏在她的书柜中。两次喜迁新居，忍痛割爱扔掉了不少书，唯有那发黄的学习笔记本还紧紧地与她相随，她对它情有独钟。吴老师时时告诫自己：脚踏实地、厚积薄发、善于学习、重视积累、贵在坚持，在教育教学改革之路上绝无捷径可走。

数十年过去了，凭着几分热情，几分自信，几分执着，几分刻苦，写出了一篇篇可以登大雅之堂的小文章，近两年来又独立完成了4本数十万字的教学专著。

多年的教改实践使她有一个十分深刻的体会，在教学工作中人人都会产生点点滴滴的体会，或深刻，或肤浅，如果放松，则稍纵即逝；如果稍稍留心，把它记下来，哪怕是肤浅的感悟或缺乏理性的直觉思维，都会带来日后冷静的思考。点点滴滴，积少成多，厚积薄发，拿起手中的笔，善于思考，勤于笔耕，做教学的有心人。

在漫长的教育教学生涯中，吴老师得到了许多专家、导师的指导和帮助，她深深地体会到：每位名师都有自己的风格特色及走向成功之路的实践经验。学习名师，不可生搬硬套，不可踩着前人的脚印，不越雷池一步，误以为这就是对名师的尊崇。每个人的情况不同，要根据自己的实际，对别人的经验，有所取舍，有所继承，有所创新。要善于汲取百家之长，创自己特色。

吴老师还有一个心得就是，名师要拜，同时要以同样谦和的态度向身边的教师学习。特别是年轻教师，他们在实践中创造了许多鲜活的教学方法和好的教学经验，不能视而不见。汲取百家之长，自然也包括广大教师的经验，甚至还包括向自己的教育对象学习。这样，才能不拒细流，海纳百川。只要留心学习，虚心请教，就常常会有意外的惊喜和收获。

吴老师的教学生涯发人深思，催人奋进，她16岁就开始教书，仅仅中学毕业，学历并不高，更没有受过正规的师范教育，但她取得的成果竟然是如此的丰硕，不得不令人钦佩。从吴老师的成长足迹我们不难体悟到：脚踏实地、厚积薄发，善于学习、博采众长，勇于实践、贵在坚持，这正是吴老师成功的秘诀，相信对年轻的教师们会有所启迪。

第二章　新教师专业发展的内容

新教师要完成学校适应这个专业发展任务，必须以内在教育资源的充实和完善为前提。适应的过程，本身就是内在教育资源生长和丰富的过程，它主要包括教育情感的培养，教育技能的形成，教育人际关系处理能力的提高和教育人格特质的塑造。这些就构成新教师专业发展的主要内容。学校适应不良，实质上反映出新教师教育情感的贫乏，教育技能的欠缺，教育人际关系处理能力的不足和人格特质的缺陷。

第一节　培养教育情感

情感是人对客观事物所持态度的体验。情感和认知、意志一起构成人们的心理过程，三者的区分是相对的，在实际的心理生活中，它们相互联系，相互制约。情感使人的认识带有某种倾向性，对行为有发动或抑制的作用。教师的情感必须符合教育的要求。教师应当是一个热爱教育事业和学生的人，一个愉快从教的人，一个能从育人活动中体验到无穷乐趣的人，一个能主宰自己情绪的人。积极而稳定的情绪生活，既促进了教师的专业发展，又有益于学生健康成长。反之，既令自己苦恼不已，又给学生带来伤害。

一、师爱情感的培养

夏丏尊先生说过，教育之没有情感，没有爱，如同池塘之没有水一样。没有水，就不能称其为塘，没有爱就没有教育。热爱教育事业，热爱学生是教师职业道德的核心。它具有强大的教育力量。师爱是解决教育难题、打开学生心灵大门的钥匙，是使学生将教师要求自觉转化为自身行为的催化剂，是教师专业发展的动力之源。

【阅读链接】

爱是最好的老师①

许多年前，有一个叫约翰·霍普金的教授给他教的毕业生布置了这样的作业：去贫民窟，找200个年龄在12～16岁之间的男孩，调查他们的家庭背景和成长环境，然后预测出他们的未来。

那些学生运用社会统计学知识，设计了问题，跟男孩们进行了交谈，分析了各种数据，最后得出结论：那些男孩中有90%的人将有一段在监狱服刑的经历。

25年后，教授给另一批学生也布置了一个作业：检验25年前的预测是否正确。学生们又来到贫民窟。以前的男孩都已经长大成人。有的还在那里住着，有的搬走了，还有的已经去世了。但最终学生们还是与原来的200个男孩中的180个取得了联系。他们发现其中只有4人曾经进过监狱。

为什么那些男孩住在犯罪多发的地方却有这么好的成长记录呢？研究人员感到很纳闷也很吃惊，后来他们被告知：有一个老师当年教过那些孩子……

通过进一步调查，他们发现75%的孩子都是一个妇女教过的。研究人员

---

① 诺蔓·文特森·皮尔：王启国编译，载《读者》，2006(6)。

在一个"退休教师之家"找到了那个妇女。

究竟那个妇女是怎样把良好的影响带给那些孩子的？为什么这么多年过去了，那些孩子还记着那个妇女？研究人员迫切地想知道这些问题的答案。

"不知道。"妇女说，"我真的回答不了你们。"她回想起多年前和孩子们在一起的情景，脸上浮起了笑容，自言自语地说："我只是很爱那些孩子……"

爱一项事业、爱别人，作为一句口号无动于衷地喊一喊也许不难。但一种发自肺腑的爱，并使之渗透在言行中，遇到挫折能坚持，不消退，而且随着时间的推进，这种爱变得更细腻，更自发，是一件非常不容易的事情。师爱应该是这种爱。它要求教师在职业生涯的发展过程中，从无到有，从小到大，从单薄到厚实，从易挫到坚韧，从抽象到具体，从个别到一般，从被动到自发。师爱的萌芽、生长和成熟，需要教师本人的敏感体悟，精心呵护，不懈培养。

情感不是天生的，是通过后天的学习形成的。情感的生成需要一定的条件，没有"干一行"的经历，就难有"爱一行"的情感；没有生养、教育孩子的经历，就难以形成甚至理解"疼爱孩子"的情感。新教师，就职业经历而言，尚处于入门阶段，就人生经历而言，过去多"被爱"少"爱人"，缺乏师爱形成的基础。即便有些喜欢教育、喜欢学生的体验，也是稚嫩的、易碎的、零散的，与成熟的师爱相距甚远。唯其如此，新教师就更应该注重师爱情感的培养，因为师爱是能够培养的，也是必须长期经营培植的。

新教师在师爱修炼中要牢固树立以下认识。

1. 坚信师爱的巨大教育和发展力量

教育不仅仅是一项传授知识和讲解道理的活动，更是一个充满情感的活动。学生是理性的，也是感性的。同样的道理，这个老师讲和那个老师讲，对学生的影响可能不同。这里面除了讲道理的方式方法的可接受性存在差异外，更重要的原因是不同的教师跟学生的感情好坏和程度不同。学生爱某个老师，就更可能相信他的话，更致力于学好他教的课，犯了错误就更有内疚感，获得赞许就更有成就感，因此教师的要求很容易内化为学生的自我要求。反之，教师的话可能就成为学生的耳边风，甚至导致学生的逆反行为，故意跟老师对着干，这时教师的教育功能就丧失殆尽。学生对教师的爱是教师对学生的爱换来的，没有真情实感的投入，一味强调"我是为了你好"是苍白无力的教育。

教师也是一个感性和理性兼容的人。教师的专业发展需要理性目标的导向和激励，更需要情感的激荡和推动。一个充满师爱的教师，由于责任感和快乐体验的驱使，就更善于发现专业发展中的种种问题，更有毅力克服专业发展过程中的诸多障碍，不断地提升自己的专业发展水平。反之，就可能疲于应付，身心憔悴，日复一日，难见长进。

2. 懂得师爱其实是造福教师自己的

佛教有云，爱心其实是奉献给自己的。从主观愿望上看，爱心自然是献给别人的，但从实际效果上讲，一个有爱心的人，是真正懂得养心之道的人，他使自己的心永远年轻、敏感、鲜活、善良，常常也赢得别人对自己的爱。师爱也是一样，它既造福学生，也造福教师自己。一个人在"爱着"的时候，是身心状况最健康的时候。此时，其情绪体验是舒适的，生理反应是松弛的，免疫功能增强。常言道，送人鲜花，手有余香，你努力使别人快乐，也能使你自己快乐。因为当你帮助别人时，就很少想到自己，能使自己的心灵净化，使自己得到更大的精神满足，而且帮助别人，不仅使别人解决困难，减少烦恼，还可以结交更多的知心朋友，得到更大的快乐。所以，你对别人好的时候，也就是对自己最好的时候。爱学生的老师最轻松、最快乐，而师爱与生爱相互作用及由此产生的"共振"，让教师生活在无比幸福的境地。

长期以来，教师因其在教育工作中巨大的身心投入和付出，被人们誉为"蜡烛"，"照亮了别人，毁灭了自己"。于是，许多教师把身体的透支、心理的劳损等视作自己取得工作成绩的必然代价。认识上的误区常常带来灾难性的后果。应该说，这种教师是可贵的，但却是有缺陷的。这种认识会带来教师严重的身心问题，也会使得某些教师因爱惜身体而懈怠工作，还会使得一些年轻人害怕甚至回避选择教师职业。其实，教师的教育佳绩并非一定要以身心健康的损伤来换得。我们在一些优秀教师身上看到了教育佳绩和身心健康的和谐统一，他们在长期的教育实践中，童化了心灵，纯化了心灵，美化了心灵，能抵御世俗的污染，纯洁高尚，幸福乐观，健康长寿。他们用自身的经历向我们揭示了教师工作"自利利人"的本质。反过来讲，没有身心健康这一基础，教育业绩的取得也就丧失了依据。很难想象，一个身体健康状态糟糕、连基本的工作时间都难以保证的教师，会取得好的教育效果。也很难想象，一个连自身心理都不健康的教师，能培养出心理健康的学生。特级教师斯霞一生活了94岁，85岁退休。当人们向她请教养生之道时，她总是说："我喝的是开水，吃的是泡饭、萝卜干，哪有什么长寿的秘诀？要说有，就是当老师。"老年的霍懋征，身材高大，腰板挺直，精神健旺，因为一辈子教小孩儿，率直的性格和天真的童心始终没有离开这位老人。多年享誉我国教育界的"南斯北霍"，她们的血液中都流淌着对学生的挚爱。

3. 师爱是要经受考验的

在某些情境中萌发对某个人或某件事的爱，并使之保持一段时间，是一件极其自然和普遍的现象。但能否将这种爱维持、深化和升华，却是对一个人"情商"高低的考验。正如一首流行歌曲所唱："相爱总是简单，相处太难。"丰富多彩的教育活动，活泼可爱的学生，让新入道的教师"爱上"也许不难，但这种爱能否经受得住时间和挫折的考验，并使之日益升温和壮大，成为从事教育工作的主导情感，却是很多教师没有做到的。师爱的发展通常会经历自然—自觉—自发三个阶段。自然的师爱在遇到考验时难以持久。如当你看到付出的爱在一段时间没有收到预期的教育效果，甚至收获的是学生的对立和敌意，你就可能开始怀疑爱的教育力量，甚至准备放弃它。其实，这是启迪我们，学生的转变和发展是需要时间，需要等待的，问题不是出现在"爱"上，恰恰可能是爱得不真，爱得不深，爱的表达需要进一步优化。意识到这一点，我们进而培养真诚的爱，深沉的爱，学会师爱的正确表达，这就进入了师爱的自觉阶段。深厚而绵绵不断的师爱，换来了学生的健康发展，而学生的健康发展，又反过来激发教师对爱的坚信和对学生的深深爱意，持久的良性循环，师爱便发展到自发阶段。到了这一阶段，师爱对一个教师而言，便是一件再自然不过的事情了，不需要自我提醒，不需要刻意为之，随意而为的一言一行都渗透着爱，体现着爱。

【阅读链接】

爱学生的教师具有以下特点：

(1)他们在生活中本身就是一个有爱心的人。他们爱自己，爱家人，爱邻里，爱同事，爱生活中的每一个人。

(2)他们对教育的意义有着深刻的认识和执着的信念。

(3)他们把教育作为自己终身为之奋斗的事业。

(4)他们坚信人本善良，人皆有发展的动机和潜力，只要动之以情，晓之以理，没有不学好的学生。

(5)他们把学生的错误视为学生成长过程中的必然现象。学生的错不是错，教师的错误对待才是错。

(6)他们的爱是付出，并没有指望回报。而恰恰是这种不指望回报的爱令学生刻骨铭心，感激无限。

(7)他们能从教育过程中享受到乐趣，淡然对待名和利。

(8)他们的爱发乎自然，不是来自外在的束缚和自我的克制，仿佛他们生来就是一个爱教育、爱孩子的人。

(9)他们很纯洁，甚至在世俗的眼光看来太单纯，没有受到躁动社会的污染，但他们并没有与社会隔绝，相反过着自我满意的体面的有尊严的生活。

(10)他们的人际关系比较简单。因为全身心的工作投入和出色的工作业绩，没有时间也用不着去刻意营造各种关系。但他们并不孤单，相反却很充实。他们常常被很多人谈起，社会对他们有强烈的需要。

二、理性地看待教育

有人说："把学生看作天使，教师便生活在天堂里；把学生看作魔鬼，教师便生活在地狱中。"这句话告诉我们，是教育的观念决定了他们在教育活动中的情绪体验。

美国临床心理学家埃利斯在自身成长体验和临床心理治疗实践的基础上，

提出了著名的情绪 ABC 理论。他认为，情绪不是由某一诱发性事件本身引起的，而是经历这一事件的个体对这一事件的解释和评价引起的。在 ABC 理论的模型中，A 是指诱发性事件（Activating events）；B 是指个体在遇到诱发事件之后相应而生的信念（Beliefs），即他对这事件的看法、解释和评价；C 是指在特定情景下，个体的情绪及行为结果（Consequences）。通常，人们认为情绪是直接由诱发事件引起的，即是 A 引起了 C。但 ABC 理论指出，诱发性事件 A 只是引起情绪的间接原因，而 B——人们对诱发性事件所持的信念才是引起人的情绪的更直接的原因。理性的信念会引起人们对事物适当、适度的情绪反应，而非理性的信念会导致人的不适当的情绪反应。所以，每个人都要对自己的情绪负责。

理性信念常常带来愉快体验，即使有时会不愉快，这种不愉快也多属正常情绪。非理性信念则让人更经常地体验到苦恼。埃利斯列举了常见的十二条非理性信念：①对于我所做的每一件事，其他人都"必然"帮助我和支持我；②对于任何人的错误和有害行为，都必然给予严厉惩罚；③如果事实不像我所设想的那样，那太可怕了；④不幸之所以发生，都是由于外界或其他人引起的；⑤如果有些事情可能是危险的和可怕的，我就应该为之担惊受怕；⑥回避困难比正视困难容易；⑦我必须依赖比我更有能力的人；⑧我必须胜任我所做的一切，并得到别人承认；⑨曾经强烈影响过我的事，必定永远影响我；⑩别人对我是至关重要的，因此，我必须尽力把他们改变成我喜欢的人；⑪懒惰能使我愉快；⑫实际上我并不能控制自己的情绪，我只是不得不感受它们。韦斯勒等总结了这些非理性信念的三个特征：绝对化的要求、过分概括化和糟糕至极。绝对化的要求是指以自己的愿望为出发点，认为某一事物必定会发生。过分概括化是以偏概全。糟糕至极是指将一件不好的事的发生看成非常可怕、非常糟糕、如临大敌。

在情绪 ABC 理论的基础上产生的理性情绪疗法是修正非理性信念、形成理性信念、保持积极情绪的一种心理训练方法。理性情绪疗法理论又称 ABCDE理论，D（Disputing）是对非理性信念的辩论、驳斥和对抗，辩论、对抗、驳斥成功后，理性信念建立起来了，便产生了有效的治疗效果 E

（Effect）。

　　研究发现，不少教师对教育现象持有许多非理性信念，其主要表现为大量的非科学的教育观念，这是造成教师消极情绪的认知根源。帮助教师树立科学的教育观念，为他们保持积极、愉快的情绪打下认知基础，是一项迫在眉睫的工作，调查表明，新教师亟待转变的教育观念有：

1. 变评价性学生观为移情性学生观

　　评价性学生观过多强调学生作为"受教育者"不足的一面，认为学生中调皮捣蛋的多、不听话的多、愚笨的多。持评价性学生观的教师或者因此胆怯，不敢去管教学生，怕学生"捉弄老师"；或者采取"放任政策"，睁一只眼闭一只眼，任其自流；或者生硬粗暴，采取"高压政策"，致使师生对立。他们体会不到尊师爱生的乐趣，教育对他们是一种煎熬。

　　移情性学生观认为孩子是天真、可爱的，都是可以教育成才的。持移情性学生观的教师用发展的人道的观点看孩子的不足，设身处地地体验学生的所作所为，耐心细致地观察、分析、了解学生的内心世界，以同情、真诚、热爱、关怀的态度对待学生。他们从不粗暴地对待孩子的缺点，正如苏霍姆林斯基所说的："每一个决心献身教育的人，应当容忍儿童的弱点。如果对这些弱点仔细地观察和思考，不仅用脑子，而且用心灵去认识他们，那就会发现这些弱点是无关紧要的，不应当对他们生气、愤怒和加以惩罚！"[①]移情性学生观所带来的良好的教育效果和融洽的师生关系，不断地激发和维持着教师的愉快心境。

2. 变经验型"差生"观为科学的"差生"观

　　不少教师持有经验型"差生"观，主要集体在以下几点。

　　(1)"差生"的出现是必然的

　　其理由是，人群中学习能力的差异是呈常态分布的，即学习能力较强和较差的人各占少部分，大部分人的学习能力处于中间状态，与此相应，一个

---

　　① ［苏］苏霍姆林斯基：《给教师的一百条建议》，转引自任仲印主编《世界教育名著通览》，武汉，湖北教育出版社，1994。

班上学习成绩好的学生只能是少数，大多数学生处于中等水平，同时必然出现一些学习不良的"差生"。

(2)"差生"形成的根本原因在学生自身

其理由是辩证唯物主义的内外因辩证关系原理。有的老师理直气壮地对"差生"家长说："一样的班级，一样的教材，一样的老师，为什么别的孩子学得好，你的孩子学不好，原因当然在你孩子身上。"

(3)转化"差生"的方法是加强"差生"与好学生的对比

这种转化"差生"的方法强调，通过反复对比，最终使"差生"意识到自身存在的差距，从而奋起直追。

"差生"往往是教师不良情绪的刺激源。经验型的"差生"观由于其对"差生"的错误理解，无疑会加剧教师的不良情绪。教师必须树立科学的"差生"观：

①我们的孩子都能学习

美国心理学家布鲁姆谆谆告诫广大教师："我们的孩子都能学习。"他认为那种把学习能力差异理解为学习能力强者可以掌握深奥的学习内容，学习能力差者只能掌握简单浅显的学习内容的认识是极其错误的。他指出，正确的理解应当是，学习能力差者和学习能力强者都可以掌握同样难度的学习内容，不同的只是在掌握这一内容的过程中，学习能力差者所需要的时间比学习能力强者略长，或者所需要的外部帮助多些。依据布鲁姆对学习能力差异的理解，教学的重点恰恰应当放在这些学习能力差的学生身上，他们并不是"差生"，只是需要教师多一点帮助。"差生"的出现并没有证明学习能力差异的常态分布，只是说明了教师没有给这些学生适时、适量、适当的帮助。实际上，学习能力差异的常态分布观常常导致教师在教育活动开始之前就为"差生"的出现确定了数量。这种人为制造"差生"的做法极大地降低了教师对这部分学生的期待和学生的自我期望，最终的结果却又往往应验了教师预先的设想，于是两者陷入了相互验证的怪圈，致使教师对错误的认识坚信不疑。这实质是没有摆脱应试教育的思维定式。

②要注重寻找"差生"形成的教师原因

"差生"的形成肯定有学生自身的原因，但这里不能简单套用辩证唯物主义的内外因辩证关系理论。美国心理学家罗森塔尔和雅各布森等进行了一个有趣的实验。他们在某校的一个班级进行心理测验，然后向该班教师提供了一份"最有发展潜力"的学生名单，其实名单是随意抄取的。几个月后的跟踪调查发现，名单上的学生这几个月的进步很大。这就是著名的"罗森塔尔效应"。这个实验常用来论证教师的爱和期待对学生成长的巨大作用。但这个实验同时也说明学生的差异有时是人为的，教师对学生的期待往往在无意识中演变为教师认识、评价学生的心理定式，不同的期待就使得同一种行为在两个学生身上出现可能会招致截然相反的评价，从而决定了不同的师生关系，影响到学生的发展方向。"差生"在学习过程中常常表现出失助的状态，就是教师过多的批评、否定带来的，而且这种批评、否定不少是由于教师不正确的偏见所给予的，即使学生主观努力也改变不了。因此，教师应当反省自己在"差生"形成中的责任，要有效地转化"差生"首先得转变自己错误的"差生"观。

③要重视"差生"的心理辅导

"差生"之所以难以转化，主要是他们存在着心理障碍。其心理障碍的表现形式虽然多样，但以习得性失助为共同点。消除习得性失助的关键是不断用成功体验替代学生过多的失败体验，克服自卑感，树立自信心。所谓"加强'差生'与好学生的对比，使'差生'意识到自身存在的差距"，无异于雪上加霜，落井下石。

3. 变他主型情绪观为自主型情绪观

他主型情绪观认为自己的情绪是由周围的人和事引起的，个人情绪不过是对这些刺激的自然反应，他们常说："某件事让我开心，某人惹得我心烦！"他主型情绪观的教师还强调，自己的不良情绪是为了帮助学生改正错误，如有的老师说："我对学生发脾气，是为了帮助他们加深印象，以免以后再犯类似错误。"

自主型情绪观坚信自我是情绪的主人，情绪是可以调控也是必须调控的，任何将自身的不良情绪单一归因于客观环境都是不负责任的借口。自主型情绪观还认为，教师的不良情绪看起来是由学生错误行为引起的，教师发脾气是为了帮助学生改正错误而使用的，其实不然。实际情况是，教师产生了不良情绪后，为了发泄这种不良情绪而选择了发脾气，一个显而易见的证据是，教师什么时候停止发脾气，不取决于学生的表现，而取决于教师什么时候"感到好受些"。所以，乱发脾气不是学生改正错误的需要，而是教师本人的需要。从根本上讲，乱发脾气不仅不会使教师"感到好受些"，其留下的种种隐患反而使教师在后来的教育活动中感到有更多的东西要发泄，形成一种恶性循环。

【练习】

你有下面的想法吗？"我讲课的时候，教室必须鸦雀无声。""给学生指出了的错误，绝不允许再犯。""我的工作成绩必须得到领导的肯定。""我本来是一个快乐的人，是工作中的烦心事使我痛苦。""领导必须绝对公正地对待每一位教师。""每一个见到我的学生都必须主动地跟我打招呼。"这些貌似正确的看法时常在败坏我们的情绪。你不妨试着找找自己的一些非理性信念，运用理性情绪疗法去驳倒它，建立起理性的信念，优化自己的情绪生活。

【阅读链接】

理性情绪疗法的运用

理性情绪疗法的关键是找出产生这一消极情绪的非理性信念并对其进行有说服力的辩驳。人们常常难以发现自身的非理性信念，因为已经习以为常，并且极少怀疑它的合理性、正确性，驳倒它也就极为不易。因此，对非理性信念的寻找与辩驳往往要反复、深入地进行。理性情绪疗法的运用简要表示如下：

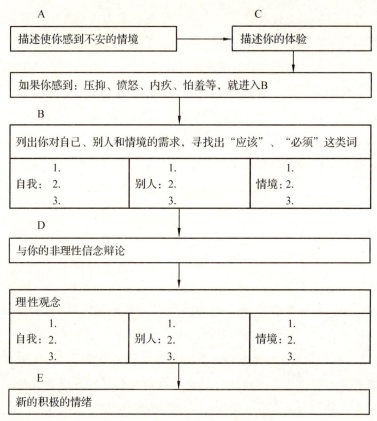

下面是一位新教师为了摆脱自身的不良情绪而进行的一次理性情绪治疗：

在一次评选先进教师的时候，我落选了，当时的心情很不舒服，这时，我采用了理性情绪疗法改变了我的消极情绪，具体记录如下。

A——在评选过程中落选

C——我感到气愤、委屈、沮丧

B——"评先进是对辛勤工作的必要回报"、"没评上先进是对我工作的否定"。

D——对自己的不合理信念进行质辩

问：为什么领导和老师必须选你呢？

答：因为这一学年，我尽心尽力地去工作，虚心地学习，投入了许多时间和精力，总之我付出很多。而且我的工作效果也是有目共睹的，每次的量化考核我都名列前茅。

问：你确实付出很多，但你就没有收获吗？难道只有评上先进才是对你付出的回报吗？

答：当然不是，我增长了许多知识、经验和才干。其实当初做这些事的时候也没有想着是为了得先进，但评先进应当公正啊！

问：你难道没有觉察到你实际上是把评价一个人的工作与评先进弄混淆了吗？评价你的工作当然应当客观公正，而评先进免不了平衡各种关系，综合考虑多方面的因素，年轻人吃点亏自然免不了。

答：是这个道理。但我还是想跟领导反映一下我的想法。

问：让领导知道你的成绩吗？

答：这倒没必要，其实领导和老师对我的工作情况自然心中有数，他们在许多场合赞许过我。

问：那你是要求他们更改评选的结果吗？

答：这个估计是不可能的。

问：那最后的结局会怎么样呢？

答：是呀，说不定还会落下个不好的印象，认为我这个年轻教师好争名。接受这个结果，做自己该做的事，可能会赢得大家更好的看法。这不就是人们常说的"把坏事变成了好事吗"？

问：难道不当先进就没有什么好处吗？

答：也是，新教师一来就当先进，以后有些什么不足更容易被人议论和挑剔。不当先进，倒可以大胆工作，尽情娱乐，有时偷偷懒也不会有压力。再说了，年轻人以后评先进的机会多的是，难道就非得在乎这一次！

问：现在还感到气愤、沮丧吗？

答：感觉好多了，我会更好地尽力工作、学习，体现我的价值。

E——信心增强了，能更好地面对得与失，也更乐观了。

三、体验教育的乐趣

善于从日常生活和本职工作获得乐趣的能力是人的一种很重要的心理能

力，它关系着个体一生的生活质量。美国心理学家马斯洛在布兰迪斯大学工作时，把自己全部的精力奉献给他所能发现的心理最健康的个体的研究上，提出了著名的"自我实现者理论"。自我实现者是事业成功和心理健康高度统一的人。马斯洛总结了自我实现者的主要特征，其中很重要的一条就是"他们呈现出一种永不衰退的欣赏力"。马斯洛这样描述道：自我实现者以敬畏、志趣和愉快的心情体验生活中的事件。每一个婴儿，每一次黄昏，都像第一次见到时那么美妙，那么动人心弦；年过半百的老夫妻还如同度蜜月一样。总之，他们能从基本的日常生活经验中得到巨大的鼓舞和心醉神迷。因此他们从不对生活经历感到烦恼。自我实现者总是毫无例外地致力于他们认为重要的工作、任务、责任或职业。他们对工作感兴趣，工作干得津津有味，工作与玩乐之间通常的界限也变得模糊了。对他们来说，工作是令人兴奋、充满乐趣的，工作就是娱乐。正如一位哲人说的，在我们的生活和工作中，不是缺少美，而是缺少发现美的眼睛。我们只有善于在平凡的生活和普通的工作中寻找快乐，才能找到不竭的快乐之源。

优秀教师善于体验教育工作的乐趣。李捷三和张兰英在对特级教师群体进行长期的研究后发现：特级教师们，把教师职业"变成了个人的需要的乐趣"，"像舞蹈家一听锣鼓腿脚发痒一样，他们一听上课铃声就来神"，"学生成了他们的精神支柱"，"他们乐于生活在学生当中，与学生水乳交融，他们把自己看成是学生中的一员，这在小学特级教师中尤为明显。正如伟大的教育家陶行知先生所说：儿童团里无老翁，老翁也得变儿童。很多特级教师就像电视里见到的斯霞老师那样，在课间、在假期，他们都生活在学生中。他们爱学生，不是外力强加的要求和毫无实感的口号，而是长期的职业要求，变成了他们的性格特征。……他们是从心眼里喜欢学生，一见学生就来精神，学生一见老师就心里高兴。他们好像吸铁石一样，用自己的知识和精神，吸引着学生。"[1]

---

[1]　李捷三，张兰英：《论特级教师成长的道路和职业性质》，见瞿葆奎主编《教育学文集·教师》，北京，人民教育出版社，1991。

有些教师缺乏体验教育乐趣的能力，厌恶教育。从事教育工作是他们不得已而为之，教育对他们来说是一种痛苦，一种折磨。这种人视自己的教师角色、与学生打交道为烦恼之源。他们不仅工作鲜有业绩，而且背负沉重的情感包袱生活着，对他们的身心健康造成极为不利的影响。

教师是一个充满欢乐的职业。一个教师如果身在快乐之地却感受不到快乐，这不能不说他为师的境界需要提升，他的教育智慧需要充实。笔者根据多年从事教师教育工作的体会，提出下面几点建议，希望对新教师快乐从教提供一些帮助。

1. 我选择，我喜欢

曾经有一个关于"如何生活得更幸福"的讨论，有人提出我们应该怀着怎样的心态去生活，是"我喜欢，我选择"，还是"我选择，我喜欢"？一种受到广泛赞同的观点是，"我喜欢，我选择"固然是令人快乐的，也许这世界上只有少数的幸运者能够根据自己的喜好去选择理想的职业、伴侣和生活，但绝大多数人在更多的时候是难以做到的，他们的选择通常只是被动地接受，对于普通人来说，要想生活得幸福，必须学会"我选择，我喜欢"。一个通俗的说法是"找不到你爱的人，就要学会去爱爱你的人"。一个生活痛苦的人，往往习惯于把自己陷在"他爱的人不爱他，爱他的人他不爱"的境地。

有些教师当初从教可能是一种无奈的选择，但既然选择了，又没有条件做再一次的选择，就应当学会喜欢，为了学生，也为了自己。有人说，它有趣，我自然会喜欢，它没趣，叫我如何喜欢得起来。这是妨碍教师愉快从教的一大认识误区。其实，有趣和没趣，都是个人的一种主观体验。正如魏书生老师所说，任何一种职业，对某些认识片面的人来说，都可能是苦海，反过来，任何一种职业，一旦全身心地扑在上面，入了门，都能感到其中乐趣无穷，都会成为理想的乐园，对工作的热爱可以创造奇迹，可以使人以苦为乐，看到严冬后面的阳春，病木旁边的鲜花和芳草，体味到劳作的甘美，享受成功的温馨。这又引证了时下一句流行的话语："心态决定一切。"先就认定了教育的没趣，自然干得很失败，失败加重了无趣感，无趣感又导致了更失败，如此恶性循环。相反，先认定教育的有趣，没趣只是因为自己还没有体悟到趣味来，全身心地投入，成功的回报会激发起兴趣，兴趣又会带来更大的成功，形成良性循环，欲罢不能。应该说，一项工作有趣，是你把它干得有趣，一项工作没趣，是你把它干得没趣。

【阅读链接】

教育值得你做①

管建刚

一个已工作的学生来信说又要换工作了，说换工作前觉得将要得到的那个工作不错，而真跳到那里，又觉得与前一个工作差不多。换来换去，跳来跳去，总没有自己从心底里期盼且热爱的工作。我回信说，这世界上有很多人一直在不断选择工作，有很多人一直在做着自己不喜欢但必须要做的工作。我说找到自己真正喜欢的事当工作做，这实在是一种幸福——就像找到自己真正能爱一生的人一样。我说其实很多时候是这样的，当你投入地去工作的时候，你就觉出这份工作的意义和乐趣，正像当你恋爱的时候觉得恋人是那么可爱。工作，是人生的又一个相伴相随的伴侣，如果你从来没有投入地去爱过，你又怎知目前的工作不值你爱呢。我说，先投入地爱你的工作吧。

讲起这封学生来信，是有青年教师很坦诚地说，我不喜欢做教师，怎么能全身心地投入进去？对工作的情感是在工作中产生的，这就是"干一行爱一行"的由来。要从事自己"一见钟情"并喜欢一辈子的工作不是一件容易的事，有的人寻觅了一辈子仍旧两手空空。"人就这么一辈子"，几十年光阴忽地就在寻觅中消失了。年轻的老师们，你要相信，人生的任何一项工作都是有意义的，更何况教育是这样一项事关"人"和社会未来的工作呢？当你以满腔热情投入工作的时候，你就会发现比起其他工作，教育有着更多的乐趣和幸福——教育的幸福是多重的。你感受着自身成长，你的文章发表了，你上的

---

① 管建刚：《教育值得你做》，载《教师之友》，2004(8)。

课受到大家的赞誉，你的工作受到了各级部门的肯定，你快乐，你幸福；你还感受着学生的成长，相处几年，孩子长大了，学问长高了，人也懂事了，济济一堂那么多孩子，时不时有孩子发表习作、比赛获奖及做出令人感动的事来，你快乐，你幸福；我们的工作面向天真无邪、活泼可爱的孩子，天长日久，和孩子之间产生纯洁的感情，节日你收到孩子的祝福，生病收到孩子的关怀，一进校门就能听到孩子真诚的问候，毕业的孩子抽空还会来看望，你快乐，你幸福；一个孩子身后就有一个家庭、一个家族，当孩子在家夸奖老师这好那好时，就有一个又一个家庭、家族在认可你、支持你和夸奖你，走在街上，生活在人世间，你会得到那么多人的问候和帮助，你快乐，你幸福。——而要发现这些也不是件容易的事，只有当你用心投入地去做教育的时候，你才会发现教育原来有这么多叫人流连忘返的领域，教育原来可以做得这么有滋有味，这个时候教育的幸福会自动来到你身边。我还想说，没有哪一个工作会预先支付你工作的幸福，除了教育。当第一次上班见到学生，同学们用纯真的目光迎接你，那眼神表达了一切。

人生应当追求幸福和价值的体现。教育是实现这一目标的绝好工种。问题是许多年轻教师把自己拥有的视为垃圾和累赘，而把别人手中的东西，视为珍宝，晕头转向地跟着别人跑而随手丢掉自己拥有的非常珍贵的东西。我当然知道就目前来说，教师的收入不高影响了很多青年教师对教育的感情，我无法多言。我只想引用这句话作为答复："如果你只为薪水而工作，你的生活将因此陷入平庸之中，你找不到人生中真正的成就感。工作的目的虽然是为了获得报酬，但工作能给你带来的远比工资卡上的工资要多得多。"

2. 全面收获教育

我们看看魏书生老师是如何感受粉笔生涯之乐的。

首先，他觉得教师的劳动是有双倍收获的，给人以双倍精神幸福的劳动。因为教师除了收获直接的劳动成果——学生的成绩乃至全面发展的人才本身外，还能收获到感情，收获到心意。教师将真诚、信任、尊重的感情播进学生的心田，学生升学了，毕业了，工作了，甚至十几年、几十年之后，仍不会忘记这真诚、信任、尊重之情，而以相应的或更为丰厚的感情来回报。这种感情播种得越多，收获也就越多。这是种地、车零件以至于其他行业都无可比拟的。因为他们无论如何倾心于自己的劳动对象，那些零件、庄稼不会有一丝一毫的感情。有许多教师并不是没有升迁较高地位工作的机会，但他们都主动放弃了。问他们为什么，他们回答说留恋的就是学生的感情。一届一届离开的学生的真情牵着他们，一届一届未来的学生吸引着他们，他们舍不得离开。

教育工作又是一项科学研究工作。每一天每一小时都有研究的内容：学生注意力的变化，记忆的增强，感情的波动，习惯的养成……任何一所学校，任何一个班级，任何一名学生都能够成为一项科研专题：他的历史，他的现状，他的未来，他的惯性，他的更新，他的潜力……甚至学生的举手、投足、扬眉、启齿都能写成很有价值的科研论文。教研内容之广泛、之深邃，渗透于一切时间和空间。这样，教师劳动便有了第三重收获——科研成果。

教师可以保持一颗童心。许多政治家、艺术家、哲学家，许多普普通通的人到晚年都感到童心的宝贵，都感到有一颗童心的幸福与自豪。但他们的职业、环境、经历，却使他们难得保持童心，甚至由于外界的需要，往往还得强迫他们收起童心。而教师呢，每天都和学生们在一起看书、练习、唱歌、做实验、搞联欢，甚至和他们一起玩耍，面对着、感受着一颗颗纯洁的、善良的、真诚的、天真活泼的童心，一届又一届地接力下去，耳濡目染，以纯洁对纯洁，以真诚换真诚，教师怎能不长期保持一颗童心呢？世界上有哪一种职业能像教师这样可以终生和纯朴、善良、真诚的孩子们厮守在一起、过着丰富多彩的生活呢？

魏书生老师这种体验教师工作乐趣的方法值得我们去仿效、领悟和品味。

3. 强化成就动机

教师强烈的成就动机驱使自己全身心投入工作，获得成就，产生成就感、乐趣感。有位年轻人请教苏格拉底，成功的秘诀是什么。苏格拉底要这个年轻人第二天早晨去河边见他。第二天一早，他们见面了，苏格拉底让这个年轻人陪他一起向河中心走，河水没到他们脖子时，苏格拉底趁年轻人没防备，一下子把他按入水中，小伙子拼命挣扎，但无济于事。直到小伙子奄奄一息的时候，苏格拉底才把他的头拉出水面。年轻人来不及说任何话，先深深吸了一口气。苏格拉底问："在水里你最需要什么?"年轻人回答："空气。"苏格拉底说："这就是成功的秘诀。当你渴望成功的欲望就像你刚才需要空气的愿望那样强烈的时候，你就会成功。"是的，当渴望成功的欲望像渴望延续生命一样迫切时，工作就不是一种被动，而是一种自觉。很多情况下我们没有成功，归根结底不是底子薄、基础差，而是我们对成功的欲望没有那么强烈，没有强烈到可以用它来抵御不良因素的诱惑的程度。

【阅读链接】

当老师就要当最好的老师

重庆市渝中区实验二小　王　丹

没有梦的人生是乏味的，没有拼的生活是平庸的。我的梦想就是当一名最好的老师，我决心用顽强的拼搏精神使这一梦想变成活生生的现实。

最好的老师应当是知识渊博的教师。十年来，我在努力搞好本职工作的同时，坚持学习进修，不断充实自己，让知识的涌泉永远长流不息。数不清有多少个静谧的夜晚，当人们已经酣然入睡的时候，我仍坐在我的小屋里挑灯学习；数不清有多少个风和日丽的双休日，当人们正与家人团聚、消遣休闲的时候，我仍坐在我的小屋里遨游书海；数不清有多少个难得的寒暑假，当人们正在外出旅游的时候，我却坐在高校的教室里聆听教授的讲课。

"宝剑锋从磨砺出"。1996年12月，我代表渝中区参加全市小学教师基本功大赛，一路过关斩将，一举夺得了四项全能一等奖、说课一等奖、毛笔字一等奖和简笔画三等奖，为我区荣获团体总分第一名作出了重大贡献。在进修领域，我不断以优异的成绩，攻克了从专科、本科到研究生课程等一个又一个学历堡垒；进入了进修校"合格到优秀教师培训班"、中科院"教改实验培训班"到国家教育部主办的"国家级骨干教师培训班"的一个又一个学术殿堂。2001年9月，重庆市委组织部、宣传部、市教委和市人事局等十一个部门向我颁发了"重庆市职工自学成才奖"。

最好的老师应当是科研型的教师。为了实现从一名普通教师到科研型教师的转变和飞跃，我在名师的指导下，将自己所学的崭新理论知识及时地运用到教改实验中去。从区课题、市课题、国家级课题到联合国课题，从参研教师、主研人员到课题组负责人，从撰写课题方案、实施计划、调查报告、后效测查、学术论文、工作报告到研究报告等全面参与，全程实践。过程是艰苦的，收获是巨大的。目前，国家级课题"三导一促"已经结题，获得了市、区优秀教改成果一等奖；区级课题"小班化教育研究"准备结题，联合国课题"优化校园生活的研究"正在进行。在这些扎扎实实的研究活动中，我撰写了学术论文20多篇，其中获全国一等奖3篇、二等奖3篇，获市区奖多篇；有多篇论文在各级刊物上发表；有多篇论文被多个出版社收入了多种素质教育丛书。2001年，我参加了《中小学教育科研教程》一书的编写工作，现已出版并被评为了区教育科研成果特等奖；同年5月，我被邀请赴京参加了由美国杨伯翰大学与北京师范大学联合举办的第二届中国教师教育国际研讨会；同年7月，我被中国管理科学研究院聘请为特约研究员。目前，我正在与一些教师合作主编一本小学数学教学案例方面的专著，准备交给西南师范大学出版社出版发行。

最好的老师应当是教学艺术精湛的教师。丰富的现代教育理论使我确立了全新的教育理念，生动的教育科研使我长上了腾飞的翅膀。我以素质教育为指导思想，以协同教育为理论支撑，熔多种教学模式的精华为一炉，构建起了独树一帜的创新教育模式。故事引导——诱发创新的灵感；情景启迪——点燃创新的火花；竞赛掀波——挖掘创新的潜能；激励评价——拓展创新的时空，实践中收到了显著效果。

我重视创新与继承、自主与合作、主体与主导、学法与教法的有机结合，重视儿童情商的开发和个性的发展，重视创新意识和创新能力的培养，达到授知、育德、育能、益身、益心的协同优化。教学质量屡攀新高，受到了广大学生和家长的爱戴与称赞，一位留学加拿大的学生在来信中写道："王老师，您是我心目中最好的老师。您那充满爱心的生动语言，在我的大脑中留下了深深的痕迹，每当我回忆至此，都总有一种余音绕梁的感觉。"我连续三年参加区的优质课竞赛，均获一等奖。近年来，我先后受到国家级骨干教师上海培训基地、国家教育部西南课程研究中心、重庆教育学院、渝中区教委和教师进修学校的邀请与安排，在上海、贵阳、涪陵、秀山、铜梁、渠县、北碚、南岸和渝中区等地示范说课，上示范课和研究课，并多次承担专题学术讲座均获成功，受到了专家学者的好评。1999年年底，当我刚满25周岁的时候，便被破格评为了小学数学高级教师；2000年9月，我又被评为了区的首批骨干教师。

最好的老师更应当是师德高尚的教师。热爱自己的事业和学生，是高尚师德的集中体现。爱心是一种人性的光辉，天空因此而变得湛蓝，空气因此而变得清新。我爱自己，也爱自己的家庭和丈夫，我更爱自己的事业和学生。自从我选择了人民教师这个太阳底下最光辉的职业，天天与孩子们一起学习，一起游戏，一起生活。孩子们的一点微小的进步，都会给我带来甜蜜的欣慰。从此，我的成功与欢乐，都充满着天真、活泼、纯情的童心和童趣，我为自己选择了当老师而自豪。曾记得，有好几次都是由于头天晚上通宵达旦地突击临时下达的任务，第二天又坚持照常上班，苦苦支撑到下午，结果晕倒在办公室里，同事们将我送到了医院急救，正是因为这种诚挚的爱，次日早晨刚刚拔下输液的针头时，我便又急急忙忙地赶回学校，满怀激情地跨上讲台，神采飞扬地进入了教师角色；曾记得，2001年9月，当母亲突然身患脑癌的日子里，作为独生女的我，每天晚上到医院陪伴瘫痪及失语在床的妈妈，正是因为这种深深的爱，白天又赶回学校上班，直到今年的8月1日母亲去世。在母亲患病的近一年时间里，我没有请过一天事假。为了事业，为了孩子们，为了母亲，我"衣带渐宽终不悔"。

"梅花香自苦寒来"。十年来，顽强的拼搏精神支撑着我这只"先飞的笨鸟"，使我从"区百优青年教师"到"区十佳青年教师"、从小学数学二级教师到小学数学高级教师、从一名普通的共青团员到一名光荣的共产党员，出色地实现了人生的三个重大跨越。

昨天的一切只能成为记忆中的宝贵财富，今天的事业才是我作出新奉献的不懈追求。我要继续以高尚的心灵去熏陶心灵的高尚，以诚挚的感情去培育感情的诚挚，用爱心的甘露去滋润孩子们的心田，用创新的阳光去照亮新世纪的天空！

四、做好压力管理

压力是个人处于威胁性刺激情境中，一时无法消除威胁、脱离困境时的一种被压迫的感受。一个人在生活和工作中难免承受压力，适时、适度的压力有益于身心健康，即所谓"无事"容易"生非"。但压力太大或虽然不是很大压力却长期持续存在，对身心健康的危害很大。过大或持续累积的压力对人的生理、情绪、认知和行为都会带来不良影响：造成一些身心症，如高血压、偏头痛、腰酸背痛、心脏疾病、肠胃疾病、月经失调和皮肤病等，造成人体免疫系统功能减弱，使人变得更容易生病；使人变得忧郁、焦虑、失望、无助、沮丧、浮躁不安、容易动怒；造成注意力狭窄、记忆功能减退、思考僵化、问题解决能力降低；影响人际关系，对人冷冷淡淡，不愿理人，不热心助人，容易与人起冲突，有些人出现强迫性行为，如整天担心工作出差错，反复检查、核对，有些人试图通过药物、烟酒、网络来逃避压力，酿成成瘾行为。

由于当前校园问题日益严重，教育竞争日趋激烈，教师评价十分细杂等多方面原因，教师体验着前所未有的压力。新教师虽然是刚入道的新手，在工作量和工作要求方面通常不亚于其他教师，甚至还承担着更多的任务。新教师的工作能力与工作职责之间存在着较大的差距，他们面临着巨大的发展压力。新教师要学会有效地应对压力，避免职业倦怠感的产生。

1. 有效调适压力的策略

（1）减少不必要的压力源

避免压力过大的方式之一就是要懂得"量力而为"，也就是不要让自己绷得太紧，不要凡事都揽到自己身上。该做的，当尽全力做好。但不要什么都去争，什么都想要，不要羡慕别人得了多少好处，更不要指望天下好处一个人占尽。

（2）提高自我效能感

相同的情境下，个人对自己所持的看法与信念不同，行为效果就不一样。自我效能感就是个人对自己获得成功所具有的信念，亦即对个人能力的判断，对自己的信心程度。高自我效能感的人倾向于相信自己拥有资源可以应付所需，当遇到有压力的事件时，会将其视为"挑战"，而不是"威胁"。先就认定自己不行，遇事惊慌失措，结果自然糟糕，更加坚信自己无能，形成恶性循环。当然，信心不是盲目的，能力不是凭空产生的，教师要在教育实践中不断提升自己解决教育问题的能力。

（3）学习有效的压力应对方式

针对不同的压力源和自己的实际情况，可分别采取以下应对方式：①解决问题。直接采取行动以解决问题，包括评估压力情境，找出不同的解决方案，择善付诸行动。②暂时搁置。接纳压力，但暂时搁置不管，稍作调整以增强解决问题的能力。③改变。从正向角度重估自己的认知与情绪状态，借由自我增强和调整认知、情绪状态以解决问题。④寻求支持。寻求他人支持，借由他人以增强解决问题的能力。一般而言，人们面对压力时的反应可以分为问题解决取向和情绪焦点取向。问题解决取向是将重点放在问题本身，先评估压力情境并采取适当措施来改变和避开压力，以有效而建设性的行为直接解决威胁的压力情境。情境焦点取向则是控制个人在压力下的情绪，不直接处理产生压力的情境，而先改变自己的感觉、想法，专注在减少压力对情绪的冲击，主要在使人觉得舒服一些，但压力源并没有改变。哪个对个人最有效，需要评估整体情形。如果一个人处在激动情绪状态下，也难有办法思考解决之道，可以先采取情绪焦点取向应对，先缓和情绪再说；然而一味地固着在情绪调整方面，问题可能更加恶化，使自己的情绪更为痛苦。必须综合考虑主客观因素，合理应对。

（4）用积极的想法支配自己

视压力事件为"麻烦"不如视之为"锻炼机会"，视失败为"倒霉"不如视之为"天将降大任于斯人也"。

（5）利用好你的时间

该做的事情马上做。今日事，今日毕。拖拉使压力更大，压力作用的时间更持久。

【阅读链接】

拖沓的健康成本

心理学家设计了一套《一般拖延量表》，用以区分拖沓者和不拖沓者。两位研究者在健康心理学课程上将这一量表给学生使用，并在课上布置了一篇学期末论文。在学期初和学期末，学生们还被要求报告他们体验到了多少身体不适的症状。结果发现，拖沓者交论文的时间平均晚于不拖沓者，得分普遍偏低。学期初，拖沓者报告的不适症状少，但学期末，他们报告的不适症状明显多于不拖沓者。

（6）培养幽默感

幽默感可以化解压力，增进身心健康。有研究指出，"笑"对于身体的影响与运动相似，它不但能增加氧气的交换率、肌肉活动和心跳，还能适度刺激心脏血管和交感神经系统，刺激人体天然止痛剂胺多酚，提升人体对痛觉的阈限，增进免疫系统的功能，使处于压力下的个体其免疫系统功能不至于降低。在心理健康方面，幽默的创造或对幽默的欣赏，能释放人们内心的攻击冲动与焦虑情绪，维持心理平衡，减低忧郁症状。

（7）建立社会支持网络

社会支持网络是个体应对压力的外在资源，主要指人际间的支持与引导。教师要注意形成良好的教育人际关系和生活人际关系。

2. 学会放松训练，保持松弛状态

放松训练又称松弛训练，是通过一定的肌肉松弛训练程序，有意识地控制自身的心理生理活动，降低唤醒水平，改善躯体及心理功能紊乱状态，达到身心放松的目的。它源于古代的一种自我身心保健方法，中国的气功，印度的瑜伽、日本的禅道、德国的自生训练等，都是以放松为目的的身心保健方法。

　　放松训练的理论依据是，个体的心情包括"情绪体验"和"躯体反应"两个方面。如果能改变躯体反应，情绪体验也会随着发生变化。内脏的躯体反应主要受皮层下中枢和自主神经系统影响，不易随意操纵和控制；而中枢和躯体神经系统则可控制"随意肌"的活动，通过有意识的控制随意肌肉的活动，间接地松弛情绪，建立和保持轻松愉快的情绪状态。放松训练就是训练个体能随意控制全身肌肉的紧张程度，能随意放松全身肌肉，保持心情平静，缓解紧张、恐惧、焦虑等负性情绪。

　　当你工作一天全身疲乏时，当你因工作和人际关系压力造成心理紧张焦虑时，当你腰痛、头痛难以支撑时，放松训练会给你一个愉快的心情和舒适的感觉。经过放松训练之后，人会感到头脑清醒、心情平静、全身舒适、精力充沛。长期坚持，对优化情绪生活，改善认知功能，提高身心健康水平有十分积极的作用。

【练习】

放松训练的实施程序

准备工作：

1. 选择一个安静、整洁、光线柔和的环境；

2. 坐在沙发上或平躺在床上，尽量使自己感到舒适愉快，并轻轻地闭上眼睛。

放松程序：

1. 深吸进一口气，保持一会儿。（停 10 秒）

慢慢把气呼出来，慢慢把气呼出来。（停 5 秒）

再做一次。深深地吸进一口气，保持一会儿，保持一会儿。（停 10 秒）

慢慢把气呼出来，慢慢把气呼出来。（停 5 秒）

2. 伸出前臂，握紧拳头，用力握紧，体验手上紧张的感觉。（停10秒）

放松，尽力放松双手，体验放松后的感觉，你可能感到沉重、轻松、温暖，这些都是放松的感觉，体验这种感觉。（停5秒）

再做一次。（同上）

3. 弯曲双臂，用力绷紧双臂的肌肉，保持一会儿，体验双臂肌肉的紧张。（停10秒）

放松，彻底放松双臂，体验放松后的感觉。（停5秒）

再做一次。（同上）

4. 紧张双脚，脚趾用力内扣，用力内扣，保持一会儿。（停10秒）

放松，彻底放松你的双脚。（停5秒）

再做一次。（同上）

5. 脚尖用劲向上翘，脚跟向下向后紧压，绷紧小腿部的肌肉，保持一会儿，保持一会儿。（停10秒）

放松，彻底放松。（停5秒）

再做一次。（同上）

6. 脚跟向前向下紧压，绷紧大腿肌肉，保持一会儿，保持一会儿。（10秒）

放松，彻底放松。（停5秒）

再做一次。（同上）

7. 皱紧额部的肌肉，皱紧，皱紧，保持一会儿，保持一会儿。（停10秒）

放松，彻底放松。（停5秒）

紧闭双眼，用力紧闭，保持一会儿，保持一会儿。（停10秒）

放松，彻底放松。（停5秒）

转动眼球，从上，到左，到下，到右，加快速度；好，从相反的方向转动眼球，加快速度；好，停下来，放松，彻底放松。（停10秒）

咬紧牙齿，用力咬紧，保持一会儿，保持一会儿。（停10秒）

放松，彻底放松。（停5秒）

用舌头用劲顶住上颚，保持一会儿，保持一会儿。（停10秒）

放松，彻底放松。（停 5 秒）

用力将头向后压，用力，保持一会儿，保持一会儿。（停 10 秒）

放松，彻底放松。（停 5 秒）

收紧你的下巴，用颈向内收紧，保持一会儿，保持一会儿。（停 10 秒）

放松，彻底放松。（停 5 秒）

再做一次"7"。（同上）

8. 往后扩展双肩，用力往后扩展，保持一会儿，保持一会儿。（停 10 秒）

放松，彻底放松。（停 5 秒）

再做一次。（同上）

9. 上提双肩，尽可能使双肩接近耳垂，用力上提，保持一会儿，保持一会儿。（停 10 秒）

放松，彻底放松。（停 5 秒）

再做一次。（同上）

10. 向内收紧双肩，用力内收，保持一会儿，保持一会儿。（停 10 秒）

放松，彻底放松。（停 5 秒）

再做一次。（同上）

11. 向上抬起双腿，用力上抬，弯曲腰，用力弯曲，保持一会儿，保持一会儿。（停 10 秒）

放松，彻底放松。（停 5 秒）

再做一次。（同上）

12. 紧张臀部肌肉，会阴部用力上提，用力，保持一会儿，保持一会儿。（停 10 秒）

放松，彻底放松。（停 5 秒）

再做一次。（同上）

结束训练：

继续保持原有姿势，享受松弛舒适的感觉，（停 10 秒）然后缓缓睁开双眼，返回现实。

第二节 形成教育技能

教育技能是经过练习形成的熟练的帮助教师顺利完成教育任务的活动方式。教育技能的掌握，能有效提高教师的工作效率，使紧张的教育工作变得相对轻松，有助于教师将注意力更多地集中到教育创新上。基本教育技能的训练是新教师专业发展的重要内容。这里简要介绍新教师必须掌握而职前培养又相对忽略的教育技能。

一、学习动机激发技能

有效的教育以激发学生的学习动机为前提。当前校园的倾向性问题，不是学生"不能学"，而是"不想学"、"不愿学"、"不乐学"。在教育需求较为强烈、教育供给相对不足的时代，教师多关注教的方面，对学生学习动机和兴趣的激发不做刻意的追求，看起来似乎对教育的影响也不太大。今天的教师如果依然如此，教育工作必然就难以开展，有的甚至连课都上不下去。一个教师如果没有掌握学生学习动机的激发技能，其他的技能就可能没有用武之地。

1. 学习动机概述

在心理学中，学习被定义为由个体经验的获得所引起的行为或行为潜能的相对持久的变化过程。这一定义的含义十分丰富，知识的获得，技能的形成，能力的发展，习惯的养成，价值观的确立，人格特质的定型等，主要是学习的结果。

学习动机指个体发动、维持其学习活动并使其指向一定目标的内部动力。学习动机的心理结构主要包括需要和诱因两个因素。诱因是能够满足个体需要的那些客体、情境和条件。就两者的重要程度而言，需要是更为基本的因素。

学习动机有内部动机与外部动机之分。内部动机是由学习活动本身提供奖励所维持的动机。此时学习者的目的指向学习活动本身。典型的内部动机是兴趣、操纵的欲望。外部动机是由学习活动以外的情境提供奖励所维持的动机。此时学习者指向学习活动以外的目的。典型的外部动机是赏罚。

也有人将学习动机分为亲和动机与成就动机。亲和动机是希望同社会中的人保持亲近关系的动机。如父母的喜爱，老师的赞许，同伴的羡慕等。成就动机是个人对于他认为是有价值的工作愿意去做，并力求有所成就的动机。如认识到学习的意义，并希望通过学习来追求人生的幸福。

2. 影响学习动机的因素

研究发现，学习动机受到下列因素的影响：

（1）强化经验

行为主义心理学研究表明，行为的后果决定行为的巩固或消退。在过去的学习历程中，个体的努力如果取得了他所期待的结果，如成绩的进步，父母、老师的表扬，他就倾向于以后更加努力。反之，个体的努力得不到成功体验的强化，得不到外界的承认和肯定，他就可能放弃。再如，学生学习中的投机行为若尝到甜头，他就可能更多投机而更少努力，如果尝到苦头，他就可能放弃侥幸心理而脚踏实地。

【阅读链接】

习得性失助

当个体发觉无论他如何努力、无论他干什么，都以失败而告终，那么他的精神支柱就会解体，从而丧失斗志，放弃一切追求，陷入绝望的心境之中。因为此种绝望心境是一系列的失败经验造成的，所以称为习得性无助。它是指因一系列失败经验而造成的无能为力的绝望心境。中国谚语说"破罐子破摔"，习得性无助也可称为"破罐子心理"或"破罐子效应"。塞里格曼以狗为被试，将其分为实验组与控制组。实验组的实验分两个阶段：（1）将狗置于一个无法逃脱的装置中，施予电击，电流强度以能引起狗的痛苦，但不伤害其身体为限。电击引起狗的惊叫与挣扎，但无法摆脱电击。（2）然后将狗置于中间立有隔板的房间中，隔板一边通电，另一边不通电。隔板的高度是狗可以轻易跳过的。将经过第一阶段实验的狗放入通电的一边，它们除了在头半分钟内惊恐一阵之外，就一直卧倒在地板上接受电击的痛苦，那么容易逃脱的条件，它们连试也不去试一下。控制组的狗，不经过第一阶段实验，直接从第二阶段开始，结果全部能逃脱电击之苦，轻而易举地从有电的一边跳到无电的一边。以上实验所用被试均为在笼子中豢养的狗，若改为以不在笼中豢养的狗为被试，结果实验组被试不如笼中豢养者那么容易陷入习得性无助的状态。即使是笼中豢养的狗，如果实验组被试在以上两个阶段实验之前，先让它得到成功逃脱的经验，即先经过控制组被试所经历的那段实验，然后再经过那两个阶段的实验，结果它们也不容易陷入习得性无助的状态。

习得性无助的实验，在人的身上也得到了验证。希罗特发现让大学生被试经历一连串不可解决的猜字谜问题后，随后的一些简单的课题，他们也放弃尝试。而控制组被试则能轻易地解决这些简单的课题。

（2）需要层次

美国心理学家马斯洛认为，人有五种由低级到高级排列的基本需要，分别是：生理需要、安全需要、归属和爱的需要、尊重需要和自我实现的需要，不同的人，同一个人在不同时间，其优势需要可能不同。优势需要是动机的决定性因素。学习目标的确立，学习内容的选择，学习过程中的情感体验和坚持性，都受到优势需要的制约。

（3）成就动机

亚特金森从成就动机中区分出两种不同的倾向：追求成功的动机倾向与避免失败的动机倾向。求成型的人喜欢选择有 50% 把握的、有一定风险的工作；避败型的人倾向于回避有 50% 把握的工作。不同倾向成就动机的学生，在学习的自我要求、学习竞争的主动性、学习过程中的创造性等方面表现不同。

（4）归因模式

归因指个体对某一事件或行为结果的原因的推断过程。归因影响个人期望的改变和情感反应，影响后继的行为，因而具有动机功能。研究发现，个体往往拥有较相对固定的归因模式，有人习惯于从自身找成败原因，有人习惯于找成败的客观原因。学生对自己学业成败结局原因的推断的过程叫学业成败的归因。不同的学业成败归因模式，对学生学习动机会产生不同的影响。例如，将学业成败归因于自身努力，通常会强化学习动机，归因于运气好坏，通常会弱化学习动机。

（5）自我效能感

社会学习理论的创始人班杜拉提出自我效能感来解释动机的形成。认为个人在追求目标的过程中，面临一项具体工作时，其工作动机的强弱，取决于个人的自我效能感的高低。所谓自我效能感是指个人对某种事务有过一些成败经验后，对自己相应的能力所形成的一种评估。其形成过程也是一种认知过程，主要来自四方面的学习：①直接经验。个人对某种活动的切身经验。②间接经验。个人通过观察他人从事某种活动的成败情形，而推论出自己从事该活动时会是何情形。③书本知识。从有关某种活动的书面材料中获得的知识。④体能训练。经过适当的训练后，对自己的身体状况能否适应某种工作所做的评估。自我效能感高，则动机水平高。所谓"艺高人胆大"，"艺高"是自我效能感，"胆大"是动机。学生学业自我效能感的提升或破坏，对学习动机造成极大影响。

3. 激发学习动机的一般策略

如何帮助学生愿学、乐学，综合各家观点，提出以下通用策略和原则：

（1）明确陈述学习目标及任务要求，使学生的学习行为具有明晰的方向感。

（2）增加学习内容的现实感，以学生熟悉的事例说明所要呈现的主题，使学生对学习的个人价值与社会价值获得切身的体验。

（3）提高学生的自我效能感，使学生对自己的学习能力有正确的认识，自信心强。

（4）教师对每个学生都寄予积极的期待，以激励学生朝着教师所期待的方向努力。

（5）根据不同学生的实际情况，创造条件让每一位学生获得成功。

（6）优化学生的学习成绩，学生喜欢的学科通常是他们学得好的学科，使学生对某学科有兴趣的最好办法莫过于把他教会。

（7）利用学习内容的新异性、悬疑性、差异性和不确定性，创设问题情境，引起学生认知冲突，激发学生好奇心。

（8）在可能的情况下，让学生独立发现新知识。

（9）采用直观的或学生参与活动等方式呈现教学内容。

（10）满足学生的基本需要，建立良好的师生、同伴的互动关系，提供一个安全、信任、接纳的教学环境，使学生在无防御的心态下做自由的探索。

（11）及时、充分反馈学生的学习结果，使学生了解自己的学习进步，发现并及时改进存在的问题。

（12）适当借助考试、竞争等外在压力激发学习动机，但要避免过分强调同学之间的成绩比较，以降低焦虑感。

（13）合理运用奖励和惩罚，但要避免因外在奖励而损害学生已有的对学习活动本身的兴趣，避免惩罚带来的负面效应。

（14）不要以压低分数或其他威胁手段督促学生学习。

（15）鼓励遭受挫折的学生，教会他们正确看待和应对挫折，在挫折中提高自己。

（16）教师要以身作则。教师的敬业精神有助于学生认识到学习的价值；教师在教学中表现出的强烈成就动机，会成为学生效仿的榜样；教师对学科的浓烈兴趣会强烈地感染学生。

（17）给学生提供自由选择、主动反应的机会，培养学生自我成长的内部动机，使其成为学习的主人。

（18）让学生懂得兴趣并非是天生的，也绝非全由学科性质决定的，更多地取决于自己的投入和体验乐趣的能力。

二、师生沟通技能

良好的师生沟通是教育的前提条件。没有沟通，便没有教育。不容回避的是，时下的师生沟通遭遇到了前所未有的困难。相互理解和尊重变少了，对立和责难增多了。决定师生沟通状况的关键一方是教师。学生放弃或抵制与老师沟通，大多是因为在过去的师生沟通经历中，让他体验到过多的委屈和不满。

1. 师生沟通难的客观原因

客观上讲，没有一个老师不希望有一个好的师生沟通，更不会有老师有意去破坏师生沟通，实在是因为师生沟通较一般的人际沟通更难一些。

（1）立场不同

身在不同的位置，扮演不同的角色，看待问题和处理问题便会有些差异。正如管理者和被管理者，虽然有着共同的利益和目标，但对具体事情的态度难免存在冲突。有些被管理者指责自己的同事一当干部就变了，其实这种变化许多是立场的改变使然，换了自己也会如此。教师是教育者，学生是受教育者，教师与教师容易沟通，学生与学生容易沟通，因为他们有着共同的立场。教师与学生的沟通就相对困难些。

（2）代际差异

代际差异俗称"代沟"，指两代人由于成长背景的不同，在价值观念和行为习惯等方面会有差别甚至是冲突。教师与学生就年龄讲通常就是两代人，即使是年轻教师，他们实际上已成为上代人的化身，他们代表着上代人来教育下一代，遵循着授权者的价值规范。代际差异影响沟通，同龄人的共同语言多，两代人难免分歧多。教师是站在"代沟"的最前沿与下一代对话的人，这种交流就经常受到代际差异的纷扰。社会变迁愈是迅速，"代沟"形成的周期便愈加短暂，"代沟"便愈深，沟通更困难。我们正处在这样的境况之中。

（3）教育责任

教师对学生的成长负有教育责任。教师要理解学生，有时要顺着学生，要想办法让学生开心，但教师还要让学生意识到自身的问题，直面自己的问题，督促学生改正错误。这常常给学生带来压力、敷衍和逃避。很多家长都有这样的体会，不跟孩子谈学习，父母和孩子相安无事，一谈学习，孩子就急，关系就僵。这就是教育关系的挑战性。教育专家基诺特认为，教师需要掌握管教而不侮辱、批评而不损自尊、表达愤怒却不造成伤害、认清情绪而不争执的师生沟通技巧。① 这需要高超的教育艺术。

2. 教师的不当沟通行为

教师的不当沟通行为会给学生带来严重的伤害，给教育工作设置重重障碍。可惜的是，这些行为在许多教师身上并不鲜见。

(1)侮辱

一位名叫吴裴的高中女生在课堂上睡觉，语文老师这样骂她："你在家里为什么睡不着？是不是没有人陪？到学校里睡觉是有人陪？你叫吴裴，吴裴吴裴，你一辈子睡觉都没人陪。"②

10岁的张强站在黑板前，讲不清楚一道乘法题的演算。老师说："只要你一开口，人类的智能就会减少。"

(2)指责

一位学生迟到了，老师："前几天才跟你讲的，你又迟到了，你要我跟你说多少遍？"

上课铃响了，有些同学还未坐好，老师走进教室："长耳朵没有？上课了还到处跑，一点学生样子都没有。"

学生做错了题，老师："这么简单的题你都算错了，你脑袋瓜子整天在想什么？"

(3)嘲讽

赵志龙考试成绩排年级末位，老师："赵志龙这次为我班争了光，露了脸，考了个年级状元。"

婷婷在某小学读四年级，因为儿童节这天要表演吹笛子，便在节日前夕加紧练习。那天婷婷正练得入神，一位数学老师走到她跟前说道："像人家成绩好的孩子表演那才叫好，成绩不好还参加什么表演？"这时旁边又有一同学插嘴道："还不如去跳楼。"听了老师和同学的话，婷婷的脸顿时涨得通红。

---

① ［美］海穆·基诺特：许丽玉、许丽美译，《师生沟通技巧》，广州，世界图书出版公司，2003。

② 汪涛：《"外号风波"拷问师生相处之道》，载《东楚晚报》，2007-10-31。

上课时，有学生传纸条，纸条上写的是关于今后的打算，老师看了纸条后："真没想到你还有理想。"

（4）唠叨

某小学生在日记中写道："我们的语文王老师和许多老师不一样，她爱唠叨。每节课上课前五分钟，她总是先说上几句，什么今天早上谁没戴红领巾；谁课前没准备好书本文具；谁桌下还有纸屑……她像个敏锐的侦察员，用她那双明亮的眼睛扫视一圈，准能发现谁谁有什么毛病。再比如放学排队回家吧，她的九个字'肩并拢，口闭紧、一条线'一定要记牢，要不然，她会和谁说上一通大道理，说是要有集体荣誉感啦，班级被扣分多可惜呀！有时碰上坏天气，她还会说上一顿，什么这么冷的天，穿得这么少会得病；这么热的天，不带水口渴了怎么办。从早到晚，总是她不停地说呀说，你说我的语文老师她是不是特别爱唠叨？"

（5）威胁

一个学生的家庭作业没做，老师："这次就饶了你，下次再这样，就叫你的爸爸来见我。"

有学生违反学校纪律，老师："等着吧，我叫学校开除你！"

老师警告一位学生："我整人的方法多得很，看我怎么整你！"

【阅读链接】

别让学生在教育之汤中吐进口水

有个霸道的老板，决定改变自己对待厨子的作风。他把厨子叫进来，对他说："从现在起，我要好好待你。"

厨子问："如果我迟一点煮好午饭，你不会对我大吼大叫？"

老板答："不会。"

厨子问："如果咖啡冷了些，你不会把咖啡往我的脸上泼？"

老板答："不会。"

厨子问："如果牛排煎老了，你不会扣我的薪水？"

老板答："当然不会。"

厨子说："好，那我就不再把口水吐进你的汤里。"

学生有许许多多的机会在我们的教育之汤中吐进口水，因此，减少其报复想法对我们有实质的利益。

3. 尊重是师生沟通之本

尊重学生是一个反复被强调的教育原则。教师尊重学生，就是教师在心底里把学生视为与自己平等的有人格尊严的独立个体。很多老师认为对学生的热爱和尊重是一回事，对学生有爱就足够了。其实，尊重和爱是不同的。如果你暂时还做不到爱这个学生，但你起码要做到尊重他。在教育实践中，我们也经常看到因为太爱孩子、太在乎孩子而做出种种不尊重孩子的行为。对教师来说，光有师爱是不够的，还必须有对学生的尊重。最理想的应该是源于爱的尊重和尊重地去爱。

对很多教师来讲，尊重长辈，尊重领导，尊重同事，尊重强者，也许不难做到。但要去尊重学生，尤其是那些发展不良的学生，还必须是长期一贯地，就不是一件容易的事了。

只有尊重孩子，才能唤起孩子的自尊。自尊心是个体要求人们尊重自己的言行或人格，维护一定荣誉和社会地位的一种自我意识倾向。它既是一个人尊重需要的反映，也是一个人自信、进取的动力，所以，有人把它称为是"精神的存活者"。正因为此，自尊心成为人们心理生活中不可或缺的重要情感和品质，它与人的羞耻心、进取心、自信心以及责任感、荣誉感等紧密联系在一起。对于成长中的中小学生来讲，自尊心使其看重自己在集体中的地位和作用，看重自己在他人心目中的形象和位置，看重自己在群体中的独特性和唯一性。由此可以想见，他们对来自身边的人给予自己的评价，尤其是对自己来说重要人物所给予的评价，会是多么看重，而由此引起的相应的情感反应，又会是多么的强烈。教师对学生的肯定、赞赏，会使学生激动、兴奋不已，产生更加奋发向上的愿望；诚恳的批评，能使他们反省、自责，甚至备感内疚和羞愧；但不负责任的羞辱、嘲笑、蔑视，只会招致他们的怨恨和不满，甚至表现出愤怒和反抗。一个孩子如果经常得不到尊重，他便会认为自己是一个不值得尊重的人，从而自我放弃。

（1）尊重是无条件的

尊重学生虽然经常被提及，但一个被大多数人忽视的问题是，尊重学生是无条件的，而这恰恰是尊重的精髓。无条件尊重，强调尊重是不需要条件的，也是不能附加任何条件的。成绩、品行、智力、个性、长相等均与是否应该得到尊重无关。如果一定要追寻条件的话，下面这个条件就足够了，他是一个孩子，一个活生生的人，一个生命，一个自然存在物，你就必须尊重他。美国心理学家罗杰斯把"无条件尊重"列为教育者最重要的人格特质之一。

在学校教育实践中，有条件尊重学生的现象比比皆是。经常听到这样的师生对话，学生对老师说："您应当尊重我。"老师说："我只尊重值得我尊重的人。你表现好，我自然尊重你。你表现得这么差，叫我怎么尊重你！"这便是有条件尊重。有条件尊重不是真正的尊重。

有条件尊重造成了大量丧失自尊的人。一些教师给尊重附加条件，其愿望自然是不错的，期许学生会在自尊的驱使下达到教师所预设的条件。殊不知既然要预设这些条件，就说明他尚未达到这些条件，那么学生目前就得不到教师的尊重。对于有的学生来说，达到这些条件可能有相当的难度，有些条件甚至是难以达到的，那么被教师尊重对于他来讲便是一种奢望。这必然造成大量丧失自尊的孩子。一个失去自尊的学生是很可怕的，他会令教师感到软硬不吃，无计可施。一位教师曾对我说，他已经试过好多次了，尊重对有些学生不起作用，尊重只会让他感到教师的软弱和妥协，只会让他更加无所顾忌，凶狠有时反而有效一些。这种说法是没有道理的。按照美国心理学家马斯洛的需要层次理论，被尊重是每个人都有的心理需要。这种需要越被满足，其需要就越强烈。倒是那些长期不被尊重的人，反而表现出对尊重的毫不在乎甚至是冷漠，仿佛一个冻僵了的人，对寒冷一副无动于衷的模样。挽救一个冻僵了的人，一定要给他温暖，开始时的温暖可能让他不习惯，甚至是不舒服，但持续的温暖必定会恢复他正常的感觉。教育一个丧失自尊的人，一定要通过耐心的无条件尊重，改变他因长期被尊重需要未得到满足而形成的对尊重的防御态度，唤起他的自尊，舍此无他方法。

(2)把学生视为与自己平等的人

教师要使用接纳性的语言，放弃排斥性的语言。在实际生活中，我们看到，其实很多教师并不是不会说接纳性的话，只是他对学生不使用这种语言。究其根源，乃是没有把学生视为与自己平等的个体，认为用不着顾及他们的感受。例如，当客人进教室拜访老师，临走时忘了带走雨伞，老师会怎么说呢？老师会追出去跟客人说："怎么搞得？你怎么每回都忘记带走你的东西，老是丢三落四的，你都四十四岁，老大不小了！我打赌如果你的脑袋不是长在脖子上，你会连脑袋都给忘了！你怎么不像别的同学？你总该有点责任感吧！"老师绝对不会这样说。但当学生忘了什么东西的时候，老师就可能这样说。

(3)指出学生的问题但不贬损学生的人格

无条件尊重绝不是无视学生的问题，更不是对学生的问题采取消极放任的态度。相反，它正是在正视学生问题的基础上，强调学生的问题与他是否应该得到尊重无关。它坚信，学生的问题往往是因为没有得到应有的尊重而形成的，而有条件尊重又使得本来轻微的问题变得日益严重。只有真正做到对学生的无条件尊重，才是解决学生问题的唯一途径。所以说，正是无条件尊重，给我们指明了解决学生问题的正确道路。

有些教师之所以做不到无条件尊重学生，乃是因为他们不知道应该尊重学生什么。如果一个教师认为需要尊重的是学生的行为，那么当他的学生做出不当行为时，他自然无法予以尊重，他必然只会尊重做出好行为时的学生。而如果教师明白需要尊重的是学生的人格尊严时，那么无条件尊重就变成了一件很自然不过的事情了。对于教师而言，严格区分学生的行为和行为者具有至关重要的意义。学生做出不当的行为时，不当的只是行为本身，行为者的人格尊严没有任何理由受到蔑视和侵犯。这种要求的教育意义在于，要矫正学生的不当行为，只有依靠行为者的内在力量，对行为者的尊重正是保护和培植了其潜在的积极力量。如若因为行为不当招致对行为者的全盘否定和无情打击，实际上也打压了行为者内在的矫正不当行为的积极力量，不当的行为通常会愈演愈烈。反观人的发展，发展得好的人往往在过去受到较多的尊重和关爱，发展不良的人小时候没少挨骂甚至遭打。所以，就事论事地指出问题而不贬损学生的人格，是有效师生沟通的基本原则。

【比较】

有个学生忘记把书归还给图书馆

老师甲："借书的期限已经到了，你应该把书还给图书馆。"

老师乙："你怎么这么没有责任感？每次不是拖延，就是遗忘。这次，你为什么到现在还没有还书？"

有个学生打翻颜料。

老师甲："啊，颜料打翻了！快拿水和抹布来。"

老师乙："你老是笨手笨脚，你为什么这么粗心？"

有个学生蓬头垢面、衣衫不整地上学。

老师甲："你的仪容确实需要改进。"

老师乙："你浑身上下乱七八糟，衣服皱巴巴，头发又肮脏，连脑袋瓜都不正常。你到底怎么回事？"

三、行为塑造技能

学生的行为问题是当今校园的普遍问题。矫治学生的不良行为，塑造学生的良好行为，是教师的重要任务。行为矫正是新教师必须掌握的基本技能。

1. 行为塑造的理论基础

行为塑造是行为主义学习理论的延伸和应用，是依据行为主义学习理论的基本原理，制定一定的程序来处理特定的行为，促使其产生某种变化的技术。自20世纪初华生的行为主义心理学产生以来，行为塑造技术得到了迅速发展，成为心理学应用的一个重要标志。行为塑造技术有一套规范的操作程序，对许多问题行为有明显的干预效果，是一项重要的教育技能。

行为塑造的理论基础主要是巴甫洛夫的经典条件反射理论、斯金纳的操作条件反射理论和班杜拉的社会学习理论。

(1)经典性条件反射理论

巴甫洛夫将反射分为无条件反射和条件反射两种。前者是动物和人生而具有、不学而会的反射，后者是通过学习而获得的反射。

在经典性条件反射理论中，巴甫洛夫发现以下规律：

①条件反射的形成。经过条件刺激和无条件刺激的几次结合(强化)，条件刺激取代无条件刺激，形成新的刺激—反应关系的过程。

②泛化和分化。在条件反射形成初期，类似于条件刺激的刺激也会引起条件反射，这是条件反射的泛化现象。此时如果只对条件刺激进行强化，其他刺激不予强化，一段时间后，对其他刺激的反应就会逐渐消失，这是分化现象。

③消退。已经建立起来的条件反射，若不再强化，反应的强度就会逐渐下降，直至不再出现。

(2)操作性条件反射理论

斯金纳强调环境对行为的塑造和行为的持续的作用，认为行为既可作用于环境以产生某种结果，又受控于环境中偶然出现的结果。一种行为之后出现了好的结果(强化)，这种行为就趋向于保持下来，持久下去，就形成习惯。如果效果不好，则趋向于消除。

强化有正强化和负强化之分。前者如给予一个愉快的刺激，后者如撤销一个厌恶刺激。强化有全部强化和部分强化两种方式。前者是百分之百地强化，后者只给予部分强化。部分强化学习过程较慢，但一经学会便不易消退。

(3)社会学习理论

班杜拉的社会学习理论特别强调榜样的示范作用，认为人的大量行为是通过对榜样的学习而获得的，不一定都要通过尝试错误学习和进行反复强化。

榜样学习的过程分为四个步骤：

①注意。榜样的行为引起学习者的注意，可以是有意识的，也可以是无意识的。

②记忆。学习者通过不断再现榜样的表象，将榜样行为保持在记忆中。

③认同。学习者将榜样的行为纳入自己的行为之中，并赋予自身的人格特征。

④定型。当模仿的行为得到外部或自我的不断强化之后，习得行为相对稳定建立并保持一定的形态。

2. 行为塑造的具体方法

行为主义论者认为，所有行为（正常的、异常的）都是学习的结果，不当行为乃是个体在过去经历中的不当强化或模仿造成的，革除不良行为，要经历一个重新学习的过程。通过重新学习，用对刺激的适当反应来替代原有的不适当反应。这里列举系统脱敏法、厌恶疗法、代币强化法和示范法。

（1）系统脱敏法

系统脱敏法是 20 世纪 50 年代由精神病学家沃尔朴创立的。沃尔朴的实验研究和临床治疗表明，当引起焦虑的刺激存在时，造成一个与焦虑不相容的反应，就能引起焦虑的全部或部分抑制，从而削弱刺激与焦虑之间的联系。也就是用放松的方法减弱当事者对引起焦虑刺激的敏感性，鼓励其逐渐接近所焦虑的事物，直到消除对该刺激物的焦虑感。

系统脱敏法的一般治疗程序如下：

①建立焦虑等级层次。依据求治者的主观感受，治疗者与当事者共同设计出一个对焦虑情境的由轻到重的分级表。

②进行放松训练。放松训练是对身心活动的自主控制学习。治疗者指导求治者学习放松身心的技巧，把注意力集中在身体肌肉的活动及保持心境平静上，养成随时可借放松自己以抵制外在刺激干扰的习惯。通过放松训练，用身心松弛的反应来替代焦虑反应。

③想象脱敏训练。让求治者在身心松弛的状态下，从最低层次开始，想象引起焦虑的情境，并用手指示意主观不适层次。如果在想象焦虑情境时，身心可保持松弛，就进入较高层次的想象。如果在想象时出现焦虑情绪，应尽量忍耐，不可回避或停止，并同时进行放松训练予以对抗，直至达到最高层次的焦虑情境也不引起焦虑反应时为止。

④实地适应训练。让求治者在实地情境中，从最低级到最高级，循序渐进逐级训练，最终能够平静地对待焦虑情境。

(2)厌恶疗法

厌恶疗法是应用具有惩罚性的厌恶刺激来矫正和消除某些适应不良行为的方法。其基本原理是将想要戒除的目标行为与某种不愉快的惩罚性刺激结合出现，以对抗原已形成的条件反射，形成新的条件反射，用新的行为习惯取代原有的不良行为习惯。

临床上常用的厌恶治疗方法有电击厌恶疗法、药物厌恶疗法和想象厌恶疗法三种。教育实践中常用的是想象厌恶疗法，这是将对厌恶情境的想象与异常行为相结合的治疗方法。如果有某种不良行为习惯者，当其出现不良行为或欲望时，让其立即闭上眼睛，想象着自己曾因此种行为被批评、惩罚场面和由此产生的痛苦情绪，以达到减少或控制这种不良行为或欲望的目的。有时也采用由电击厌恶疗法演变而来的橡皮圈疗法，在手腕戴上橡皮圈，当不良行为和欲望出现时，立即用橡皮圈弹击皮肤予以阻止。

(3)代币强化法

代币强化法是一种利用强化原理促进更多的适应性行为出现的方法。代币是一种象征性的强化物，如小红旗、小五星、小红花、小票券等，他们可以兑换有实际价值的奖励物或活动。如孩子作业全对了，家长就在图表上画一朵小红花，红花达到一定数目，给他一个奖励(旅游、购买心仪物品等)，以培养孩子认真完成作业的习惯。代币奖励可使奖励的数量与良好行为的数量、质量相适应，运用较为灵活，且不会像原始强化物那样产生"饱足"现象而使强化失效。

(4)示范法

教育者提供范例，让学习者模仿，以习得适应性行为。不良行为的形成不少是缘于过去身边缺乏适宜榜样而对不当对象学习所致。示范可采用多种方式，如治疗者本身的示范，生活中他人所提供的示范，电视、录像或有关读物提供的示范，在角色扮演中模仿、再现角色的行为等。

3. 行为塑造技能的训练

行为塑造技能的训练要注意以下问题：

（1）准确选择目标行为

行为塑造的目标行为，是指有待处理的行为，或者说是努力使之发生变化的行为。目标行为可以是需要革除的不良行为，如抽烟、网络成瘾行为等，也可以是有待培养的良好行为，如按时完成作业、积极举手发言等。目标行为应该是客观的、可观察和可测量的，如强迫数数行为，不可模糊笼统，如缺乏学习动机。

在选择目标行为时，还必须分析行为和环境因素的对应关系。明确问题行为是因为受到哪些背景线索的强化而习得的，在什么样的情境中会出现适应行为，以便于随后的行为干预。

判断学生的某一行为是否确实属于问题行为，是行为矫正中极其重要而又通常被忽视的问题。被某些家长、教师甚至学生本人认定的"问题行为"，可能是一个很正常的行为，强行矫正，会带来严重的不良后果。

【阅读链接】

这是孩子的问题吗？

一位家长反映，孩子在做作业时，经常看电视，注意力不集中。经详细询问发现，原来这位家长边看电视，边督促孩子做作业。电视节目导致孩子的注意力分散，这是一个正常现象。解决问题的方法是，家长为孩子做作业营造一个安静的环境。

（2）采用适宜方法塑造行为

行为矫正的方法分为两大类，降低行为发生率的技术和提高行为发生率的技术。前者适用于矫治不良行为，具体方法有消退、暂停、反应代价、刺激控制、系统脱敏和厌恶疗法等。后者适用于塑造期待行为，主要方法是强化，实际操作时可在遵循强化原则的基础上灵活变化。

（3）正确评估行为塑造的效果

行为塑造评估是对干预效果的测量和评定。它有直接评估和间接评估两种方式。直接评估是对目标行为直接进行的记录和测量，如直接的观察和对一些行为产品的测量等。间接评估是采用间接的方式评估目标行为，如与当事人及其亲朋好友讨论、问题核查表、第三者评价、角色扮演等。在可能的情况下，应尽量采用直接评估方式。

直接评估包括对目标行为的记录和对记录数据的分析评估两个环节。行为记录可以根据需要选择记录行为的下述特征：

①行为的出现率

指定时间内目标行为出现的次数。如学生在一节课内出现的违反课堂纪律的次数。

②行为的质量

按照行为质量的不同水平，观察记录目标行为所达到的程度。使用这种记录方式，要先对目标行为的质量等级进行定义和划分。

表 2-1　从低质量到高质量的举手等级表

1. 坐在椅子上，双臂搭在桌上——学生抬臂，手和前臂离桌 5.08 厘米
2. 坐在椅子上，双臂搭在桌上——学生抬臂，臂和下颌等高
3. 坐在椅子上，双臂搭在桌上——学生抬臂，臂和眼睛等高
4. 坐在椅子上，双臂搭在桌上——学生抬臂，臂略高于头
5. 坐在椅子上，双臂搭在桌上——学生抬臂，臂高过头 15.24 厘米，但肘部弯曲
6. 坐在椅子上，双臂搭在桌上——学生抬臂，臂直举，高过头部

③行为的持续时间

记录目标行为的持续时间。如生气的持续时间，注意力集中的时间等。

④刺激控制

观察记录目标行为发生的相关条件，如时间、地点、有关人物、行为前后发生的事件等。

分析数据时，可将记录数据制成统计图表，增加直观性。在评估疗效时，还要考虑当事人及其周围人对效果的满意程度。

(4)激发行为改变的动机

激发学生的行为改变动机，取得学生的主动、积极配合，才能收到较好的行为矫正效果。与学生形成良好关系，提高其思想认识，帮助其树立决心和信心，应贯穿于行为矫正的全过程。

(5)通过塑造好的行为来纠正不良行为

通过生长、巩固适应行为来纠正不良行为，是行为矫正的最佳策略。一味惩罚不良行为，通常会招致学生的不合作甚至反抗，可能情况越弄越糟。而对好行为的积极强化能使学生产生愉悦体验，将好行为养成习惯，从而替代不良的行为习惯。例如，通过强化学生的助人行为来消退他的欺辱行为。

(6)注意观察奖惩的客观效果

有时当我们表扬好行为，批评坏行为时，却发现客观效果与我们的主观预期相差甚远。这就要仔细分析其中的原因。也许是此时的表扬变成了惩罚，批评变成了强化，必须调整奖惩措施。如某学生试图吸引注意的捣蛋行为因被批评反而受到了强化，教师就可以采用不予关注的策略。

【阅读链接】

行为塑造案例一则

费如军

陈澜是一个10岁男孩，四年级，智力正常。他的不适当行为特别表现为上课随便插嘴，有时站起来离座与人讲话，严重影响课堂正常教学。对陈澜的这种表现，他的幼儿园老师、小学各任课老师及家长都甚感头疼，曾想过许多办法试图制止，但效果不佳。我尝试运用行为塑造技术干预他的上课随意插嘴行为。

确定目标行为：减少陈澜上课随意插嘴的次数，不影响课堂正常教学。

测定基准线：采用"事件取样"观察法。在上课45分钟内记录随意插嘴的次数，为求准确性，选择不同节次的数学、语文课，共观察5天，观察数学平均每节课插嘴4~6次，语文约5次。

选择增强物：由家庭访问得知，该生很喜爱看课外书，又与该生交谈，知道他更喜欢班内墙上的红星，因此，约定以红星作为增强物。

详细过程与结果：我事先和陈澜谈话，帮助他进一步认识上课随便插嘴行为的不良后果，增强他减少这一不良行为的意愿，向他说明协助他改变的办法。取得该生的同意后，订立口头契约。

第一阶段，减少数学课插嘴行为，若做到一节数学课插嘴次数比基准线少1次，可得代券1张；少2次，可得代券2张，以此类推，3张代券可换1颗墙上的红星。若超过基准线平均数1次。则罚代券1张，以此类推。时间两周，效果非常显著：处理期第一周即下降到平均每节课3～5次，第二周2～3次。

第二阶段，数学、语文课上同时控制。数学课要求保持第一阶段的平均3～5次，就可得1张代券；若少1次。可得2张代券；超过4次，罚券1张。语文课也以基准期5次为界，减1次奖1张券。超1次罚1张券。其他以此类推，时间4周。结果表明他能够达到预定要求。

第三阶段，数学、语文、外语课同时控制。数学插嘴保持第二阶段的平均水平3次，即可得1张券，其他同上。语文以4次为界，其他同上。外语以3次为界，其他同上，时间4周。

第四阶段为追踪期，取消增强物。改用"有时提醒，有时鼓励"的方式。陈澜插嘴次数仍保持在每节课3～4次，一周平均每节课不超过4次。实际上。从第一阶段开始他就一直维持在这个水平。而且，每次插嘴时间都极短，一经暗示，就能自觉控制，一改过去非要一吐为快、止也止不住的状况。

成果检查与追踪评估：陈澜上课随意插嘴行为由基准期的数学每周平均每节课4～6次、语文5次，下降到3～4次。从处理第一阶段开始到追踪结束，从数学单课控制开始，到数学、语文、外语3课同时控制，从有强化物到无强化物都能保持这个水平，而且每次插嘴时间极短，自我控制意识大大增强，不至于影响课堂教学。在处理过程中，由于强化水平是事先约定的，而陈澜对此强化物又非常在意，所以他努力以减少自己插嘴行为来获得强化物。换句话说，争得强化物的主动权在他手里，这样，就激发了他控制自己行为的主动性。这也许正是用行为改变技术处理这一行为行之有效的关键所在。

四、个案教育技能

对个别特殊学生的转化能力是教师教育能力的重要体现。校园里这样的学生相对人数虽然不多，其破坏力却不可低估，且人数呈日益增长、破坏力日渐加强之势。一个教师引以自豪的不仅仅是他培养了多少杰出的学生，更重要的是他转化了几个别人转化不好的学生。

1. 个案教育的意义

个案教育，是在确定个案学生的基础上，在教育学、心理学等理论的指导下，运用多种辅导方法，调动多方面的积极力量，针对学生个体进行有目的、有计划、有步骤的连续教育过程。

个案教育是教师解决个别学生问题的有效工作方式，是学校教育中不可替代的工作途径，在教育工作中具有十分重要的意义。

（1）促进个体学生的发展

个案教育能有效解决个别学生中的一些相对严重的问题，促进每一位学生的健康发展。这在学生问题日趋多样化、个性化、严重化的今天更凸显出其必要性。个别问题严重的学生给教育带来了严峻的挑战，有时甚至会让教师对教育的作用丧失信心。但"不让一个学生掉队"、"不放弃任何一个学生"应成为教师的永恒追求。

（2）促进整体学生的发展

对个别学生的教育就是对全体学生的教育。个别学生的严重问题会给其他学生的发展带来极大的不良影响，他们的转变同样会给其他学生以示范和启迪。教师既是通过集体教育个体，也是通过对个体的教育来引导、实现集体的发展。

（3）促进教师教育能力的发展

个案教育对教师的教育能力提出了更高的要求，反过来又能极大地促进教师教育能力的提高。教育能力不是当了教师就自然具有的，而是在教育实践中磨炼形成的。个别需要特殊教育的学生虽然不时给教师造成痛苦和折磨，却也提供了教师师性养成和能力提高的契机。

2. 个案教育技能的构成

个案教育技能是一项综合技能，主要由以下技能构成：

(1)了解学生的技能

了解学生是个案教育的基础。教师了解学生的技能包括：教育观察技能、与学生沟通的技能、同感理解学生的技能和把握学生心路历程的技能等。

①教育观察技能

教师有极强的教育敏感性，善于发现学生的长处和不足，善于透过学生的外显行为认识其内在的行为动机、认知过程和情感体验。

②与学生沟通的技能

教师善于建立良好的师生关系，给学生充分的安全感，促进学生的心灵向教师开放。

③同感理解学生的技能

教师能设身处地地理解学生，仿佛自己变成了学生，学生的心理变化仿佛发生在自己的身上一样，与学生同喜同悲。

④把握学生心理历程的技能

教师清楚学生心理发展的过程，如过去在他的生活中发生了哪些对其产生了重大影响的事件，这些事件的影响是怎样的，这些影响在今天的作用如何。

(2)分析学生问题成因的技能

弄清学生问题形成的原因，是帮助学生解决问题的前提。要准确分析学生问题形成的原因，必须做到全面、具体、主次分明。所谓全面，是指对影响学生的家庭环境、学校教育、社会活动和自身原因进行全面考察，没有遗漏，并深入研究各种因素相互作用的情形。所谓具体，是指对各方面原因的分析明确、到位，如家庭教育的问题，是教育观念、教育态度、教育方法、父母身教还是家庭结构的问题，其问题的具体情形又是怎样的，不模糊笼统。所谓主次分明，是指既全面把握原因，又能抓住关键原因，明晰原因之间的内在联系。

（3）设计教育方案的技能

转化一个学生，必须有一套明确、系统、个性化、有效的教育方案。它是在了解学生现状和问题成因的基础上，确定教育目标、整合教育资源、组织教育内容、选择教育方法，设计出有计划、分步骤开展的系列教育活动的预案。教育方案的设计，能有效避免教育的随意性和零散性，使个案教育前后衔接，贯通一致，取得良好的教育效果。

（4）实施教育方案的技能

实施教育方案的技能，是教师个案教育技能的核心成分。它要求教师善于与家长、其他教师、社会有关人员进行有效的沟通，能协调各种教育影响，为学生营造良好的发展环境。教师本人具有极大的教育影响力，每一次谈话、每一次教育活动都能达到预期的教育效果，帮助学生向着教育目标发展。在实施教育方案的过程中，能准确评价教育效果，善于发现原定教育方案的不足，调整完善教育方案。

3. 个案教育报告的撰写

撰写个案教育报告是个案教育不可缺少的环节。它是帮助教师展示教育成果，反思经验教训，提高教育能力的重要方式。个案教育报告的一般内容包括：

（1）个案基本资料：姓名、性别、年龄、籍贯、班级、教师等。

（2）主要问题概述：一般表现、学习成绩、人际关系、主要问题等。

（3）背景资料：家庭背景、学校背景、社会活动背景等。

（4）分析与诊断：问题形成的原因、问题诊断的结论等。

（5）教育策略及其实施：教育方案设计、教育过程纪要等。

（6）结果与思考：结果评价、成功的经验、失败的教训等。

在发表或交流个案教育报告时，应隐去个案学生的姓名和其他可能暴露其身份的资料。

【阅读链接】

个案教育报告

袁炳陆

一、个案基本情况

1. 个案问题表现

倪×，男，12岁，十堰市××小学六年级学生。学习成绩较差，平时考试几乎都是班上最后一名。胆小、多疑、自卑、不爱动。在交往方面的主要问题有：不合群、孤独、害怕参加活动；自卑感强，回避与老师同学相处、说话，曾经因学习上的事对老师撒过谎。上课从不主动举手回答问题，即使被老师喊到也因紧张而回答不完整，语言表达能力差。

2. 家庭生活背景

倪×的家离学校比较远，他属于借读生。他的父母开出租车，平时都工作到很晚才回家，没有时间也没有精力与倪×交流沟通。唯一的交流就是问考试成绩，一听说成绩不理想，就是一顿打骂，长期这样，倪×也不再有实话对父母讲。

二、问题原因分析

通过几个月的观察与了解，我发现倪×与人交往时最主要的表现是：自卑心理、孤独心理、压抑心理。这三种心理的形成主要有以下三方面的原因：

1. 父母期望值过高

通过家访我了解到倪×的父母都属于聪明能干的人，他们在工作上都很成功，对倪×的要求很高，希望他成绩优异，出人头地，为父母挣面子。但五年来，倪×的成绩一直很不理想，让他们很失望。但他们又不能承认现实，还为倪×请了一个大学生做家教老师，仍然希望倪×能提高成绩，为他们家争光。而这五年来是倪×的童年最重要的阶段，也是他性格、交往意识的形成期。他需要父母爱护、关心，需要父母设身处地、从他的角度提要求，需要父母对他的各个方面进行指导。而倪×的父母不针对孩子的实际，一味地提出高要求，不顾及孩子的感受与需要。这一切使得倪×长期处于孤独之中、高压之下、悲观之间，缺乏安全感，缺乏自信心，缺乏理解，心理负担过重，造成其性格的缺陷，形成自卑、压抑心理。

2. 由于倪×总是达不到父母最起码的要求，他们倍感丢面子，对倪×的教育方法非常粗暴，只是单纯的打骂，很少有耐心地说理与交谈。这导致他总是在父母的严厉呵斥下生活、学习，内心非常苦闷，而且无处诉说，长期这样必然形成他孤独漠然的个性。这种性格进一步阻碍他交往的需求，导致他很少主动与人沟通，语言能力发展不足，这样，他更难与人交往，更加孤独、压抑。

3. 集体的排斥

倪×所在的班级，大部分同学尤其是男同学都很机灵、活泼、性格外向。倪×在班上总是很"显眼"，经常考试不及格，题目做错，早读迟到……甚至，老师说今天有一个同学作业做错了，全班学生会异口同声说是倪×。这种歧视导致倪×自卑、自闭，排斥在群体之外，他不愿、不敢，也没有信心和同学交流。作为一个十一二岁的少年，不能被他所向往的群体接纳，不能得到正常的伙伴之间的交往，内心的孤独可想而知。

因此，作为老师，只有给予他相应的心理疏导和帮助，促使他改掉自卑，忘却孤独，增强自信，自由地与家长、老师、伙伴交往，促进心理素质不断优化，心理逐步健康，成绩也才能得到提高。

三、教育措施及实施

(一)帮父母改变

1. 适当地降低要求

通过家访，开家长会，家长学校讲座等到方式，劝说倪×父母为孩子减压，还给孩子一片自由发展的天空。我把倪×这几年来的学习情况、性格、交往的发展状况以及他的智力发展分析给家长听，建议他们综合考虑倪×的实际情况，适当地降低要求，提出一些他能够达到的目标，并帮助他实现这一目标。克服望子成龙的急切思想，要注意观察他实现目标后的表现，及时调整，循序渐进。同时，我还和倪✕的家教老师经常联系，调整对他的辅导方法，建议他根据倪✕的现状确立教育目标，减轻倪✕的心理压力，为他能轻松地面对学习，面对交往奠定心理基础。

2. 增加沟通

通过给家长写信，学校联系簿等方式，建议家长对倪✕多鼓励少批评，多关心少打骂，为倪✕营造一个温馨、和睦、充满爱的家庭环境。这样促进了家长与孩子间的沟通，有利于减轻孩子与家长交往时的紧张感，消除家长和孩子的隔阂，增进家人间的亲情与温暖。同时也能帮倪✕树立自信心，增强自尊心，这是促使倪✕自信地与人交往的起点。

3. 说出对孩子的爱

我还鼓励倪✕家长把心中对孩子的爱说出来。我了解到尽管倪✕父母对他要求很高，也很严格，但他们都是非常爱倪✕的。而这一点，倪✕却毫无感觉，这也是造成他封闭、自锁的原因。因此，我建议倪✕父母能把心中对孩子的爱与关心用语言表达出来，让倪✕知道。并以此唤起倪✕对父母的爱，对父母的体谅，融化他们家庭中的坚冰，也促进倪✕对与家长交往的重新认识，并提高他的语言表达能力。

(二)促同学关心

集体的力量是无穷的，我在培养倪✕交往自信心方面，还注意发挥集体和伙伴的作用，通过同学的关心与爱护，帮助倪✕在集体中找回自信，学会交往。

1. 用爱心去温暖

首先为倪✕营造一个平等友爱的学习环境。我安排一个外向、活泼、乐于助人的中队委做他的同桌。这样当倪✕有困难时，同桌能热情地帮助他，让他感受到集体的温暖，帮助他恢复对自己的信心。同时，也能让倪✕在与同桌交往的过程中懂得，热情、帮助人是赢得同学喜爱的首要条件。在潜移默化中，帮助倪✕走好人际交往的第一步。

其次，我还鼓励"环保假日小队"的队员们吸收倪✕参加假日小队，发挥倪✕在小队活动中的作用，让倪✕爱劳动这一优点得到大家的认可，帮助倪

×找回自尊，恢复信心。

另外，我还注意到倪×没有知心朋友，就在班上开展"手拉手"活动，活动一开始，暗示班内好同学和后进生交朋友，互相帮助。同时，通过这一形式促进倪×大胆地与优等生交往，逐步领悟到交往的方法，领略到交往的乐趣。

2．用耐心去巩固

利用队会、班会、晨会等恰当时机，引导同学明白像倪×这样的学生，自卑、压抑、怕交往的心理形成是长期的结果，不会也不可能在短期内得到根除，要允许他有反复。并且教育大家要以发展的眼光看待倪×，要正确对待他的变化。以我们集体的耐心，接纳他的缺点，他的变化，他的进步，帮助他从封闭走向交往，从自我走向群体，以巩固前一阶段的成果。

3．用信心去期待

在倪×接受全班同学的帮助，逐步改变原来的自卑心理的过程中，有一次考试，他的成绩不理想，老师批评了他。他又开始疏远同学，回避老师。他的同桌，他的伙伴，有点泄气了。我及时引导大家懂得：要想帮助倪×树立交往的信心，我们自己首先得充满信心，这样才有助于他对自己充满希望。这一说法不久便得到证实，那天，语文课上，有一道题比较难，没有人举手，我看出倪×有想发言的意思，便喊他回答，果然是对的。全班同学自发地热烈鼓掌予以表扬，倪×当时没有喜形于色。但中午休息时，主动与周围同学交谈，有说有笑，其乐融融。在全体师生充满信心的期待下，他又回到了我们中间，又走上了自信交往之路。

（三）激个体自强

在教育过程中，个体的努力才是最重要的。因此，我通过激励的方法，发挥个体自身的主观能动性，循序渐进，帮助倪×树立交往的自信心。

1．自我命令定目标

自信心的形成，很大程度上取决于自己的奋斗目标，要确定短期能见效的目标，这样，他们在不断取得一个个交往成功的满足之后，就能激发起一个个新的成就感，从而培养起交往的信心。对倪×这样的后进生，我帮他制订一学期的总目标，同时结合本学期学校开展的"自我命令"成绩表，把大目标从"与家长交往"、"与老师交往"、"与伙伴交往"、"与陌生人交往"四个方面按周制订小目标，月与月之间逐渐增加难度，采用大目标，小步子，不断通过自我命令，自我激励，培养自信。

2. 发掘闪光点找位置

每一颗星星在天空中都有自己的位置，每一个学生在班上都有自己的作用。后进生自卑之处就在于，他们找不到自己的位置，倪×也是这样，他不知道自己的长处，不知道自己在同学心目中的位置。我建议中队召开"闪闪的星星"中队主题会，在中队主题会上，大家争相发言，指出倪×的优点，如爱劳动、忠厚老实、爱帮助人、文静、不打架……倪×听了大家的发言非常激动。课后，他对同桌说："我没想到，我还会有这么多优点！"在中队会的最后，我趁热打铁，鼓励倪×在发扬原来优点的基础上，再创造新的优点，并对他交往方面提出新希望。这样，通过帮助他挖掘自身的优点，在集体中找到自己的位置，他积极性高涨，为赢得集体的承认，他在交往方面更加主动，更加自信。

3. 给予信任促发展

信任是一种人格力量，它促人奋进，促人努力。对倪×来说，只有信任他，才能赢得他的信任，使得教育工作顺利开展下去。同时信任他，也是尊重他人格的表现，也只有这样，才能帮助倪×这样自卑、压抑的学生唤回自尊，找到自信，也是激发其交往自信心的突破口。这学期的一天早读，倪×又迟到了，我询问原因，他说因为火车挡道。上学期他曾因为这个原因经常迟到。我犹豫了，难道他又撒谎了，我想这一学期他从未迟到，我应该相信他。我没有批评他，只是叫他注意调整时间，果真，他再也没有迟到过。也因为老师对他的信任，师生关系明显改善，师生之间交流明显增多，这一系列变化都是信任所催化的。

4. 提供机会找自信

在班级活动中，在课堂教学中，要多为倪×提供表现机会。帮助他找回自信，赢得与同伴平等相处的机会并获得交往的快乐，激发起努力向上的勇气。因此，在集体活动时，我总是设计他能独立完成的活动让他参与，让他获得成功的喜悦，得到同学的夸奖。课堂上，把一些简单容易的问题留给他，暗示他学习能力在不断提高，引导他充满自信，充满希望去面对学习，面对交往，面对将来的人生之路。

四、教育效果

倪×的交往自信心明显提高，家长反映他不再孤僻、难管了，能主动和父母谈学习上的事，有一定的自觉性，对父母不再报喜不报忧。在校内，能和老师进行交流，下课有时还会主动问老师问题。以前，他孤独，不说话，现在有了一群知心朋友，平时也能主动去帮助同学。因为有了良好的交际关系，学习成绩也有所提高，毕业考试，语、数、外三门均获得了"良"，一举跃入中等生行列。

第三节　构建教育关系

教师的教育人际关系是教师在教育活动中形成的一种特殊社会关系。它由师生关系、教师之间的关系、教师与学校领导的关系以及教师与学生家长的关系构成。教师在良好的教育人际关系中成长，教育人际关系的构建、深化和冲突妥善处理的过程也是教师专业发展的过程。因为教育人际关系的重要性、复杂性及处理的高难度性，国外通常把教师职业与外交家、谈判专家划归一类，尊称为"人际交往艺术家"。

一、新教师与学生的关系

美国教育心理学家林格伦说过，教师的教育效果取决于师生交往的质量。教师与学生的关系是教师教育人际关系的核心，教师的其他人际关系都是围绕着这一关系构建并为之服务的。

师生关系应当是一个社会的人际关系的楷模，因为它直接制约青少年的社会性发展，决定了这个社会未来的人际关系。可怕的是，纯洁、温馨、深厚、融洽的师生关系正遭到破坏，极端的"辱生现象"和"辱师现象"开始在校园里出现。笔者的调查发现，迫于对新时期师生关系的不适应甚至是恐惧，一些老年教师在"盼"退休，中年老师在"熬"退休，年轻教师在谋他路。一位老师问学生为什么不填报师范院校，有学生说："我们这么难教，看到你经常被气得半死的样子，这辈子发誓不当老师。"

1. 师生关系的特点

师生关系是一种制度性的人际关系。与日常生活中的人际关系不同，它具有以下特点：

（1）教育性

教育性是师生关系的最根本特征。师生关系的缔结是为了让学生在教师的教育下得到健康发展。教育性决定了师生关系必须以学生为中心，学生的发展是教师的最高利益和追求，这里容不得任何的功利算计。一事当前，权衡其得失与功利是常人再自然不过的反应了。所以有人说，教师是神。而担任教师的都是现实社会中的普通人，当凡夫俗子去从事如此崇高的事业时，自然有相当的难度。

（2）不可选择性

作为一种制度性安排的人际关系，教师不能任意选择学生，更不能随意终止客观存在的师生关系。无论遇到什么样的学生，教师都要接纳他，热爱他，培养他。这与日常生活中的自主自愿的人际交往大不相同。日常生活中，对于你不愿意与之交往的人，你可以回避他，甚至拒绝他。而作为一名教师，对于你不喜欢的学生，你不仅不能回避，反而需要更多地与他接触，学会真正地从内心里喜欢他，因为他们通常是需要教师给予更多帮助的孩子。

2. 师生关系的一致性和冲突性

师生关系既有一致性，又有冲突性。一致包含着冲突，冲突的有效解决又增强了一致性。只强调一致性，忽视甚至回避冲突性，这样的师生关系可能就缺乏教育性。只有冲突性，缺少一致性，就是对立的师生关系。

（1）师生关系的一致性

教师和学生是为着一个共同的目的而走到一起的。学生是为了实现自身

　　黄石三中的一位姓王的老师说，其实有很多学生给老师取的外号真的很形象，只要是善意的，就没什么错。有的学生则认为，取外号不尊重师长。

　　黄石十四中的李老师说，学生给老师取外号有些是非恶意的，这样反而会觉得亲切，让老师和学生之间的关系更好些。但是这种情况少些，大多数外号带有侮辱性质，让老师很反感，这样会产生矛盾，所以不提倡取恶意外号。

　　黄石八中的胡副校长介绍，学生给老师取外号有三种情况，一种是发自内心的尊重和热爱，有的学生思维比较活跃，他们会用比较时尚的、文雅的名字来称呼老师，会让人觉得很亲切。第二种情况是，外号带有恶意，可能有部分学生对老师有抵触情绪，对老师的严格要求或者教学方式不认同，给老师取贬义的称呼。对于这种情况，老师要主动和学生沟通，要寻找不满产生的原因，看学生有没有厌学、偏科等情况，及时地将信息反馈给班主任。老师要以一种宽容的心态面对这种事情，从教学方法上积极引导学生，同时也要加强自我学习，提高教学水平，改善师生关系。还有一些学生受网络影响，沾染上不良风气，喜欢给老师取外号，他们取外号比较随意，没有恶意。对于这类学生，学校应引导学生树立健康向上的价值观，用主流的文化思想教育他们，帮助他们克服身上的不良习气。

　　(3)对学生心怀感激之情

　　教师要永远对每一个学生心怀感激之情。曾看过一篇《镖师与山贼》的文章，令我对过去镖师们的胸怀敬佩不已，让我难以想象的是，镖师们竟对会取他们性命的山贼满怀感激之情。镖师家里通常会有山贼的牌位，每年春节，他们会像供奉祖宗的牌位一样供奉山贼牌位，因为他们明白自己的这碗饭是山贼给的。教师的岗位又何尝不是学生提供的，学生既是教师的教育对象，又是教师的衣食父母！正是这些难教育的学生，才提供了教师提高教育能力的机会。因为有了不爱学习的学生，才锻炼了教师激发学生学习兴趣的能力；因为有了不会学习的学生，才锻炼了教师教学生学会学习的能力；因为有了各种有问题的学生，才锻炼了教师转变学生的能力。

　　(4)对学生的问题多做教育归因

面对学生的问题，面临师生冲突时，不要一味责怪学生，而要多想想造成这些问题的教育原因、想想自己在处理问题时有哪些不妥当的地方。学生在老师面前，通常不会无理取闹，无事生非。反复深入反思自己的教育心理和行为，能有效提高自身的育人能力。即便有些学生由于过去的特殊经历对教师和教育有偏见，让自己代人受过，也要理解和接纳，并通过自己的努力予以弥补。

(5)正确对待异性学生对自己的"牛犊恋"

"牛犊恋"是美国心理学家赫洛克提出的。是指进入了性萌动期的青少年在经历了"性反感期"（或称性疏远期）后，对长者产生了向往、仰慕和爱恋。这就像牛犊靠近母牛行走、对年长者产生依恋式的爱，是青春期少年在和异性交往中的一个特殊阶段。新教师由于既有长者身份，又与学生年龄接近，和学生朝夕相处，教师角色给了他们大量的展示才华的机会，极容易成为异性学生"牛犊恋"的对象。遇到这种情况，新教师要正确应对，既不能简单处理，更不能陶醉其中。要本着切实替学生负责的精神，帮助学生顺利度过这一特殊人生发展阶段。

二、新教师与同事的关系

良好的同事关系是教师专业发展和身心健康的重要支持系统。教师是一个社会的高素质群体，又担负着神圣的育人使命，与其他人际关系相比，教师关系相对单纯、易处。但也并非必然如此，文人既可能"相亲"，也可能"相轻"，在一起工作时间长了，难免产生人际摩擦和矛盾。教师要妥善处理师师关系，让自己在教师群体的发展中成长。

1. 教师关系的一致性和冲突性

教师集体是一个利益共同体，但每一位教师又是一个相对独立的利益主体。教师之间既有着根本利益的一致性，又有着具体情境中的冲突性。

(1)教师关系的一致性

教师劳动虽然主要以个体的形式进行，但教育成果却是教师集体协作努力的结晶。学生的发展是教师集体教育的结果。学科知识相互渗透、互为基础、彼此促进，一个教师的学科教学效果依赖于相关学科的教师教学状况，又反过来制约其他学科的教学。学生不当行为的革除和良好行为习惯的培养，需要教师集体的通力合作。

教师群体是教师个体成长的重要资源。教师个人的专业发展，需要从教师群体中吸取营养。优秀教师集中的学校，往往带出更多的优秀教师，形成良性循环，反之，则很可能出现恶性循环。优秀的教师群体，能激发教师个体的成长动机，给教师个体提供多方面的榜样示范，给教师个体提供更有效的指导。

（2）教师关系的冲突性

教师关系的冲突性主要表现在教师之间的相互竞争和利益冲突上。俗话说，"同行是冤家"，因为同行之间更容易出现名利之争。在同一所学校里，名利资源毕竟有限，难免出现你争我夺的情况。尤其是当今的学校，多采用量化考核、名利刺激、优胜劣汰的评估和管理机制，教师关系的冲突性较往日更为剧烈。

2. 新教师如何处理与同事的关系

和谐教师关系的建立，关键在于妥善处理统一性和冲突性这对矛盾，正确处理由冲突性所造成的各种问题，在冲突中寻找统一，追求统一。

新教师在处理同事关系时，要注意以下问题：

（1）不妨把自己视为学生

新教师在学生面前要注意树立教师形象，而在同事面前，不妨把自己定位为学生角色。其实这种定位通常也符合实际情况，因为不少教师就年龄、资历和教育水平而言，本身就是我们的师字辈。有了这个定位，便容易形成尊敬和谦虚的心态，不去计较同事对待我们的言行，更容易形成良好的同事关系，更容易得到同事的帮助而有利于自身的成长。有些新教师觉得，当了这么多年受气的学生，好不容易熬到做老师了，还得当同事的学生，不能与他们平起平坐，可不能这样小瞧了自己。其实，只要不是看不起自己，许多时候把自己看小点，看轻点，看低点，更可能让别人重看自己，高看自己。

（2）积极关注同事

积极关注是指要看到他人的积极面、光明面，这样才有利于自身的进步。一个老是看他人缺点看自己优点的人，是难以自我完善的。由于大家的起点不同，受教育的时代不同，成长的经历不同，行业新手很容易瞧不起自己的行业前辈。的确，许多中老年教师的知识略显陈旧，普通话不够标准，现代化教学手段生疏，理解当代学生有些困难，教学方法比较传统，甚至衣着打扮不入潮流，却掌握着评价新教师的话语权，这很让一些新教师愤愤不平。其实，学习是一个取他人之长补自己之短的过程。因为他人有欠缺而拒绝学习其优点，这实在不是一个明智者所为。作为初入行的新教师，有这种故步自封的心态，是很可怕的。实际的情形通常是，新教师与中老年教师相比有自己的优势，而中老年教师的优势恰恰是新教师的不足。新教师要虚心向中老年教师学习，理解他们身上的某些局限性，并时时惊醒自己，刻苦钻研，与时俱进，避免被时代淘汰。

（3）珍惜同事这份缘

古语有云："同船过渡，前世所修。"茫茫人海，能彼此相识，已属不易，而贵为同事，自当格外珍视。尽自己所能，热心帮助同事。新教师在人我关系的问题上应当有这样的认识，助人就是助己，自私不会自利。生活中和职场上常见的情况是，要么自利利人，要么害人害己。

（4）认同朋辈强者

朋辈中的强者容易使自己产生嫉妒心。但强者是自己成长的动力，强者为自己的成长提供了榜样。新教师要做一个会"自私"的人，正是强者的存在，让自己意识到了差距和不足，有了可供效仿的示范，他们是求之不得的师者。要克服"武大郎开店"式的心态。"武大郎开店"提供的是一种虚假的不堪一击的安全感，它只会增长盲目乐观、不思进取的心理。虽然可能求得一时的安逸，却贻害了自己专业发展。

（5）不怕"吃亏上当"，得失从长计议

新手在单位里可能做的事多，得到的名利少。新教师不要埋怨"多劳"的艰辛，而要看到付出后的收获。不要羡慕"旁门左道"、"投机取巧"得到的好处，一段时期之后回头看，"旁门左道"、"投机取巧"者往往得不偿失。对得失的评估要放长眼光，年轻人只管踏实做事，有名利来固然是好事，没得到名利的奖赏也不要去计较。不仅如此，新教师若能意识到自己以后的机会很多，做到在必要的时候放弃名利，把好处让给别人，则不仅提升了自己的境界，而且会赢得别人的赏识和帮助。

三、新教师与学生家长的关系

随着人们对学校教育的日益重视，教师与学生家长的联系愈加密切。教师与学生家长关系的好坏，不仅关系到学生培养质量的优劣，而且影响到教师社会声望的高低。与过去显著不同的是，现今教师需要花费大量的精力来处理与学生家长的关系。

1. 教师与学生家长关系的一致性和冲突性

教师在学生面前，学生家长在孩子面前，都扮演着教育者的角色。由于有着相同的角色，教师与学生家长的关系便存在根本利益上的一致性。但教师和学生家长的角度、关注点通常会有差异，因而难以避免冲突性。

（1）教师与学生家长关系的一致性

教师与学生家长有着相同的出发点和愿望。他们都希望孩子学习好、品行好、身体好、希望孩子身心健康发展。为了实现共同的目标，他们在积极履行自己职责的同时，高度关注对方的教育情况，互通信息，共商对策，彼此补台，相互配合。

（2）教师与学生家长关系的冲突性

教师在与学生家长合作的过程中，难免出现相互指责和责任推诿现象。对于孩子的问题，教师归因于学生家长的教育不力，家长归因于教师的教育失职。教师指责学生家长惯坏孩子，不以身作则，不配合学校，学生家长指责教师没有方法，工作上没花心思。

教师要致力于全班学生的发展，而家长多关注的是自己的孩子。家长通常会提出一些个性化的甚至是特殊化的要求，如要求孩子坐在前排，要求孩子担任班干部，要求孩子得到老师更多的关注等，当教师难以满足时，就可能产生冲突。

2. 新教师如何处理与学生家长的关系

新教师由于年纪轻，资历浅，经验少，处理与学生家长的关系时难度更大，就需要特别的留心、细心和用心。

(1)尊重学生家长

新教师尤其要尊重学生家长，尊重每一位学生家长。不要事无轻重缓急都找学生家长，能家访的就不要轻易"请"家长。平等对待学生家长，切忌数落、指责学生家长，更不能把学生家长当作自己的出气筒。要讲究沟通艺术，若要求学生家长改正缺点，应当用商讨、建议的语气交流。对于学生的问题，要进行一分为二的分析，探讨原因，寻求对策，不能一味告状，甚至点燃学生家长的怒火，煽动家长打孩子替自己出气。

(2)理解学生家长

常听到有些教师这样埋怨学生家长："我一个人要管那么多学生，你们两个人管一个孩子都管不好。"这说明，学生家长需要教师的理解。其实，自己的孩子不好教。有些优秀教师教育学生很有办法，面对自己的孩子则束手无策。通常情况下，家长都希望自己的孩子有好的发展，都努力尽到自己的责任，都注意运用好的教育方法。但许多家庭有自己的实际困难，有些家长为家庭的基本生计而忙碌奔波，没有太多的时间顾及孩子的教育，有些家长确实教育方法欠妥，因为他们也从未接受过如何教育孩子的教育。教师当然要指出学生家长存在的问题，但要建立在理解的基础上，否则容易产生抵触情绪。新教师由于没有为人父母的经历，没有对"父母心"的切身体验，容易"站着说话不腰疼"，委屈学生家长。

(3)虚心听取学生家长的意见和建议

学生家长在多年的家庭教育实践中探索、积累了许多有益的教育经验，而且由于与孩子长期相处，对自己的孩子比较了解。新教师应主动征求、衷心感谢并虚心听取学生家长对自己教育工作的意见和建议。学生家长是新教师专业发展不可忽视的重要资源。

（4）正确对待学生家长对新教师的不信任

学生家长往往对新教师持怀疑、观望心理，信任不足。此乃人之常情，新教师大可不必介意，更不可产生逆反心理。换了你是学生家长亦难免如此。其实这也未尝不是一件好事。因为你是一位新教师，学生家长就可能对你没有太高的期待，对你的工作就不会太挑剔，就更可能谅解你工作中的过失，就更可能发表他们的观点和意见，让你既没有太大的压力，又能得到他们的指导。新教师若有一点出色的表现，学生家长往往会给予更高的评价。

（5）避免陷入利益诱惑的陷阱

教师拿着国家的俸禄，就不应该再企图从学生身上捞取物质利益。教师不仅应该在主观上没有以教谋私的想法，而且对于学生家长的种种物质馈赠要妥善拒绝。学生家长或出于对教师辛勤劳动的感激，或希望自己的孩子得到教师的特殊关照，送老师钱财，其心情固然可以理解。但对于教师而言，教育学生乃自己的职责。俗话说得好，吃了别人的嘴短，拿了别人的手短，收了别人的心短。教师若收受了学生家长的钱财，就既有可能对学生不公正对待，且将自己陷入被动、受制于人的境地。新教师尤其要注意严格自律，若年纪轻轻就习惯于接受学生家长的钱财，并以此为乐，甚至主动营造机遇，就使自己跌入利益诱惑的深渊，使自己的心态变得浮躁，误导了自己的追求，损毁了自己的形象。在中国，既有"靠山吃山，靠水吃水"的渊源，又有行业不正之风较盛的现实，为人师者自当格外自警。

四、新教师与学校领导的关系

学校领导掌管着学校的诸多资源，是新教师专业发展的"重要他人"。新教师要妥善处理与学校领导的关系，为自己的专业发展创造良好的管理支持。

1. 教师与学校领导关系的一致性和冲突性

教师与学校领导既有着根本利益的一致性，又存在局部利益和具体情境中的冲突性。

（1）教师与学校领导关系的一致性

教师与学校领导都是学校的一员，区别只在于分工的不同。学校的发展关系到每一个学校成员的切身利益，做好本职工作，促进学校发展是学校教师与领导的共同追求。教师与学校领导的工作是密切联系、相互制约的，每一位教师积极主动地做好自己的教育工作，有利于学校领导集中精力抓大事，谋发展，学校领导做好了学校管理工作，给教师提供了良好的工作环境，能有效调动教师的工作积极性，帮助教师获得良好的教育业绩和专业发展。

（2）教师与学校领导关系的冲突性

通常情况下，教师是被管理者，学校领导是管理者，教师希望个人利益最大化，学校领导要协调、制衡各方面的利益关系。学校领导在监管、评价教师劳动时，如果缺乏完善的管理制度和评价体系的保障，就会产生较多的分歧和对立。实际上，制度总是抽象的、刚性的，设计再好的制度都难以顾及丰富多样的个体需求和差异，教师与学校领导关系的冲突性，只可能是尽量地减小，完全消除是难以办到的。

2. 新教师如何处理与学校领导的关系

妥善处理与学校领导的关系，是新教师的一项重要的专业发展能力。调查发现，新教师中存在着惧怕学校领导、回避学校领导、一味讨好学校领导等问题，严重影响了他们的专业发展。新教师在处理与学校领导的关系时，要注意以下几点：

（1）尊重领导

尊重领导，无须什么功利性的理由，因为我们应当无条件地尊重他人。学校领导是学校的管理人员，又多是行业的业务能手，作为初入道的新教师，敬重他们是一件再自然不可的事情。一些新教师对学校领导者持有偏激的认识，认为他们是业务平庸而善于钻营的人，疏远甚至瞧不起学校领导，以显示自己的"骨气"和"气节"，这种以偏概全的错误观念必将导致自误前程的不当行为。纵然学校有个别这样的领导，新教师也应当尊重他，因为一个人有这样或那样的缺陷跟他是否应该得到尊重是两个全然不同的问题。只尊重领导，不尊重同行、学生，固然是"势利小人"所为，但不尊重领导同样是一个人缺乏修养的表现。

(2)服从管理

服从是职场人的必备特质。有从军经历的求职者之所以受到青睐，就是因为他们有那种不讲客观条件、不折不扣服从管理的可贵习惯。没有大局观念的各自为战，有时可能越辛苦，破坏性越大。即便是那些看似缺乏人性关怀的管理制度，如果每个人都强调自身的特殊性而不予遵守，最后必将招致自身利益受到损害。不服从绝不是有个性有创造性的表现，个性孕育在共性之中，创造性不排斥规范性，不服从者让自己游离于集体之外，沦落为异类，反而丧失了个性、创造性。

(3)善于与领导沟通

沟通是解决冲突、加强理解、和谐共处的有效手段。新教师有什么不同意见，有什么委屈，完全可以与领导沟通。通过沟通，说明情况，消除误解，学会站在对方的角度看问题，增进领导对自己的了解，加深友谊。不要害怕与领导交流，领导也是普通人，也有沟通的需要。不要自责沟通耽误了领导时间，给领导添了麻烦，既为领导，与教师沟通就是他们的义务，你主动与他沟通，其实是配合、支持他的工作，是令他高兴的事。

(4)用工作业绩赢得领导的关注和赏识

全心全意做好本职工作，是搞好与领导关系的最好手段，也是最根本的手段。领导最需要的是能做好本职工作的人。教师在做好本职工作过程中同时得的良好的专业发展，是搞好与领导关系的资本。通过吹捧、套近乎、小恩小惠等手段巴结领导，无异于缘木求鱼。但凡有一时的回报，反倒是对自己更大的误导，使自己在错误的道路上越滑越远。

(5)避免陷入领导层的派系争斗

由于各种复杂原因，有些学校的领导层内形成了不同的派系，各派系都在积极物色、培植、发展自己的力量，以应对派系之间的争斗。圈内之人，相互照应，圈外之人，备受冷落，甚至被不公正对待。新教师千万不要被眼前的利益所诱惑，历来的经验证明，派系争斗的结果注定是两败俱伤。以学校的利益为重，坚持做人的伦理规范，哪怕自己的利益受点损失，在艰难环境中生存发展，反而让大家更认识了你的人品和操守，会被更多人接受。

第四节　塑造教师人格

"人格"一词，源自古希腊语，此词的原意是指希腊戏剧中演员戴的面具。在古希腊戏剧中，不同的人物角色戴着不同的面具，以体现角色特点和人物性格，类似于我国戏剧中的脸谱。

我们日常生活中也经常使用人格一词，如"人格尊严"、"人格高尚"、"出卖人格"等，但这些主要是法律、道德意义上的人格，与心理学所讲的人格并不是同一个意思。

心理学中的人格，类似于我们平常所说的个性。它是构成一个人的思想、情感和行为的特有统合模式，这个独特模式包含了一个人区别于他人的稳定而统一的心理品质和行为习惯。如同相貌、身高、体态等特点从生理上将一个人与他人区别开来一样，一个人长期稳定表现出来的人格特质从心理上将自己与其他人区别开来。例如，诚实、冷静、风趣、谦虚、热情、厚道、易冲动、好攻击等，都是我们用来描述人格特质的词语。

一、教师的人格特质

大量的研究表明，一个教师除了应当具备高尚的职业道德、合理的知识结构、娴熟的教育技能和健康的身体状况外，还必须有良好的符合教育工作需要的人格特质。有人认为，人格特征居于更基础的地位，"被认为是与有效的教学有关的特定行为，仅仅是那些卓有成效的教师的内在人格特征的表现而已。"[1]美国教育家保罗韦地在搜集了 90000 名学生关于喜欢什么样的老师的看法后，概括出优秀教师的 12 种素质；①友好的态度。"她的课堂犹如一个大家庭，我再也不怕上学了。"②尊重课堂上的每一个人。"她不会把你在他人面前像猴子般

---

[1]　[美]特拉弗斯著，马立平译：《教师个性品质的塑造》，见瞿葆奎主编《教育学文集·教师》，北京，人民教育出版社，1991。

戏弄。"③耐性。"她绝不放弃，直至你能做到为止。"④兴趣广泛。"她带给我们课堂以外的观点，并帮助我们去把所学到的知识活用于生活。"⑤良好的仪表。"她的语调和笑容使我很舒畅。"⑥公正。"她会给予你应得到的，没有丝毫偏差。"⑦幽默感。"每天她会带回来少许的欢乐，使课堂不致单调。"⑧良好的品性。"我相信她和其他人一样，会发脾气，不过我从未见过。"⑨对个人的关注。"她会帮助我去认识自己，我的进步赖于她使我得到松弛。"⑩处事有伸缩性。"当她发现自己有错，她会说出来，并会尝试改正方法。"⑪宽容。"她装作不知道我的愚蠢，将来也是这样。"⑫有方法。"忽然间，我能顺利念完我的课本，我竟然没有觉察这是因为她的指导。"这其中的绝大多数都属于人格特征。

有些人之所以不能成为一名合格的教师，是因为他的人格特质不适合于当老师。一位大学数学系的优秀毕业生到某中学任教，工作业绩不佳，教学不受欢迎，自己也很痛苦。素来对他寄予厚望的大学恩师在得悉这一情况后，心里十分不安，他决定去这位学生所工作的学校，与他共同生活一段时间，为他提供一些帮助。经过一段时间的深入了解，他发现自己的这位学生之所以当不好老师，主要源于他的两个心理特点：一是对人不感兴趣，只对问题尤其是数学问题感兴趣，很少与同事和学生交往，极度缺乏研究学生的意识和能力；二是思维的跳跃性很大，讲课时常常从一个问题跳到另一个看似毫不相干的问题上，其内在的联系有时连专业的数学研究人员一时都难以领悟，中学生自然是理不清头绪，摸不着头脑。但他认为，这两个心理特点对于专业的科研工作者却是非常宝贵的，这种兴趣特点使得科研工作者的科研注意力高度集中，这种思维特点常常孕育着突破和创新。后来老师经过努力，把自己的学生调进专门的数学研究机构，这位学生果真在数学方面取得了不凡的研究成就。美国学者特拉弗斯曾指出："有一些师范生，在入学时已经形成了不能适应丰富多变的课堂环境的固定的个性品质，对这样的学生，应当劝他们另谋一种不以对人和对社会的适应为成功之关键的事业。"①"对一个师范

---

① ［美］特拉弗斯著，马立平译：《教师个性品质的塑造》，见瞿葆奎主编《教育学文集·教师》，北京，人民教育出版社，1991。

生来说，假如他个性里充满着潜在的敌意，那他就可能难以形成教师所应表现的那种热情的、有支持力的而又有条理的行为模式。一个人可能把自己塑造成什么样子，取决于他开始塑造时所具备的材料，在这一点上，我们每个人在这方面都有自己的局限性。所以应该帮助师范生对自己的实力作出估量，同时，假如估量的结果指出他不具备成为一个成功的教师的建筑材料，他不应把这当作是自己的失败。"①苏联及欧洲一些国家早就在师范院校招生考试中加试资质测试，了解考生有无同情心、仁慈心、对心灵世界的理解力以及鼓励影响他人情感的能力等。除此之外，发达国家的师范教育和教师在职培训都极为重视教师人格特质的培养。

【阅读链接】

以前的教师，包括传说中的和历史上的，常常有冷峻的气质。严厉是他们的个性的共同标记，在有关对 18 世纪和 19 世纪课堂的描写中，经常写到校长用拐杖、鞭子和戒尺对他们的倒霉的学生施加体罚。在《荒凉的山庄》中，奥利弗·歌德斯密斯把一个这样的教师描绘成"一个在观念上严肃……苛刻的人"。

"我很了解他，每一个逃学者都知道他；这些浑身发抖的人未卜先知，学会了从他早晨的脸上追踪一天的灾难。"

现在，很少有人可能成为歌德斯密斯所描绘的那种"严厉的人"。今天，成功的和得到赞赏的教师为人所注意，更有可能是因为他们的和蔼性情、良好的幽默感和宽容，而不是他们严格的纪律和紧皱的眉头。这并不是意味着他们常常是逗乐的小丑——他们必须不是——但是它确实意味着过去教育职业所包含的那种厌世者动辄发怒的乖张脾气现在几乎看不到了。教师的个性，或者它所具有的传统的观念，如果没有迷人之处，至少应该有点吸引力。毕

---

① ［美］特拉弗斯著，马立平译：《教师个性品质的塑造》，见瞿葆奎主编《教育学文集·教师》，北京，人民教育出版社，1991。

竟，正是因为音乐和一个逗乐小丑的古怪服装，花衣魔笛人使哈默尔恩的所有孩子都跟着他走。

——班纳和卡农：《教师的素质》①

我国的教师选拔中尚缺乏人格的测评和筛选，教师的职前教育又缺乏对学生教师人格特质的培养，致使一些本不太适合当教师的人加入了教师队伍。这些新教师如果不注意自身教师人格特质的塑造，必将为以后的专业发展造成严重的阻碍。实际上，对于每一个新教师而言，教师人格特质的塑造都将是一个长期的过程。

二、淡泊之心的培养

教师的淡泊，指的是教师既注重自己的工作业绩，又不过分追求名利。它是优秀教师必备的人格特质。

区分教师的事业心和名利心，对教师的专业发展有着十分重要的意义。事业心是教师从事教育工作的强大推动力，它表现为教师为了学生的发展，不计个人得失，处于忘我的工作境界。名利心是教师把自身名利作为从事教育工作的追求。它表现为教师的教育动机、教育情感和教育行为被名利所左右。一个教师正确的教育动机应该是强烈的事业心而不是名利心。

然而，在教育实践中，名利心强的教师为数不少，他们和事业心强的教师在表面上常常有许多相似之处，使得人们不易分辨。比如，两者可能都很忙碌，可能都拥有较多的荣誉。其实，深入辨析就会发现，事业心强的教师和名利心强的教师在教育过程中的出发点和着力点往往有着根本的区别，这给他们的教育效果和自身发展带来截然不同的影响。

（1）事业心强的教师关爱每一个学生，尤其是学生中的弱势群体；名利心强的教师难以公正地对待每一个学生，他喜欢那些给自己带来名利的学生，不喜欢甚至讨厌那些不能给他带来名利甚至破坏他的名利的学生。

---

① ［美］James M. Banner，Jr・& Harold C. Cannon 著，陈廷榔等译：《教师的素质》，见《现代教师与学生必备素质》，北京，中国轻工业出版社，2000。

（2）事业心强的教师关注教育实效，以学生的发展为教师的根本追求。名利心强的教师在教育实践中好搞形式主义，他们更多地关注形式，而不是脚踏实地地追求实效，他们的一切努力主观上不是为了学生的健康发展，而是自己的名利，尽管这也常常造成学生发展的事实，但当学生的利益与自己的利益发生冲突的时候，他会毫不犹豫地维护自己的利益，放弃甚至侵犯学生的利益。一位在当地颇有名气的小学教师这样要求他的学生：老师讲公开课的时候，大家都要举手发言，会回答的举左手，不会回答的举右手。有些小学生因为左右分辨不清，常常发生举错手的现象，自然免不了课后被训斥。可怜的孩子最后不得不在自己的两只手上做出"左"、"右"标记，以免出错。这哪里是在扮演"释疑解惑"的教师角色，这种人根本就不配当教师！

（3）事业心强的教师不去刻意追求轰动效应，能遵循教育和学生身心发展的客观规律，追求学生的可持续发展；名利心强的教师往往追求教育的近期成效，一种急功近利的心态使得他们常常出现揠苗助长的行为，学生的后续发展乏力。

（4）事业心强的教师大多有对教育工作的直接兴趣，忙于教育活动本身；名利心强的教师则怀着对教育工作的间接兴趣，通常忙于教育活动之外，如与学校管理者和学生家长结成过分密切的关系，争抢出头露脸、自我宣传的机会等。

（5）事业心强的教师往往拥有良好的同事关系，在教师中口碑甚佳；名利心强的教师容易忌妒同行，工于算计，钩心斗角，同事关系紧张。

（6）事业心强的教师无疑会赢得绝大多数学生的喜爱，最终也会赢得学校领导和学生家长的好评；名利心强的教师也许会得到一些领导和家长的赞许，但必然会招致大多数学生的不满和怨恨。

（7）事业心强的教师会从教育过程中体验到更多的乐趣；名利心太强会给教师的身心健康造成危害，因为人的许多烦恼和挫折来自对名利的过分追求。

处于转型期的当今社会有许多因素很容易诱发教师的名利心，但教师的神圣职责却要求教师必须是一个有着强烈事业心的人。卢梭说："有些职业是这样的高尚，以至于一个人如果是为了金钱而从事这些职业的话，就不能不说他不配从事这些职业……教师所从事的，就是这样的职业。"①

新教师正处在无名少利的入职初期。无名就更想出名，少利却面临着较大的经济压力。急需名利却又不能计较名利，既严峻地考验着新教师的淡泊心，也修炼着新教师的淡泊心。新教师树立强烈的事业心并淡泊名利，要从以下几方面作出努力：

1. 树立积极正确的职业观

教师从事教育工作不仅仅是为了满足自身生活的基本需要，更是为了自我价值实现的需要。只有那些具有高尚精神境界的人，才有可能把教育工作提升到更高的水平。如果说一个教师开始几年的教育效果主要取决于他的知识和技能的话，那么教师的毕生发展则源自于他的人格力量的支撑。

2. 养成正确对待名利的态度

名利本当是对教师所取得工作业绩的自然奖赏，它绝对不应成为教师从事教育活动的出发点和落脚点。对名利的过分追求，常常是在自寻烦恼，因为成绩可以自己干出来，而名利在现实生活中通常受到多种因素的制约。教师对名利应当保持一颗平常心，来之可喜，去之不忧。实际上，就一个较长的时期来说，社会对于个体付出的回报基本上是公正的，许多杰出教师的成长历程已有证明。只要你付出了，不追求名利反而带来更多的名利；而刻意地计较名利，则常常使人的眼光变得近视、心态变得浮躁，使人常有欲望受阻、渴求遭挫之感。

3. 潜心感受教育工作的内在乐趣

善于体验教育工作的内在乐趣，是教师基本的心理技能。教师对教育过程之外的名利的过分追求，大多缘于他们难以从教育过程本身获得乐趣，得不到自我肯定、自我赞赏、自我满足和自我激励。其实，教育活动本身充满了乐趣，孕育着多重收获，是教师愉悦心境的不竭刺激源。当我们陶醉其中的时候，必定会淡化对名利的关注，甚至不惜名利的受损。

4. 不断提高自己的精神境界

精神境界并不空洞，它渗透在人们的一言一行之中。精神境界不高的人，

---

① 陈永明：《现代教师论》，上海，上海教育出版社，1999。

低层次需要占优势，即使这些需要已经得到了较好的满足，需要层次仍然得不到提升，趋迎时髦，丧失自我，为世俗的评价标准所导向。在一个物欲横流的时代，这种人必定唯名利是求。精神境界高的人，低层次需要基本满足后，高层次需要便占优势，他们有自己的价值追求、奋斗目标和评价标准，在社会时尚面前不丧失自己的独立性，这种人既能有所作为，又不为名利所累。提高精神境界是一个长期的无止境的过程，也难以设计一些操作性很强的练习，笔者认为，对广大教师而言，多交几个精神境界高的朋友、多读几本好书，不失为切实可行的提高精神境界的方法。

三、移情的培养

移情，简而言之，就是设身处地地领悟他人的所思所感所为。美国心理学家罗杰斯把它理解为能体验别人的精神世界，就好像那是自身的精神世界一样的一种能力。

教师的移情，指的是教师善于透过学生的外显行为，迅速准确地理解学生的真实想法、内在情感和行为动机。有人把它形象地描述为"进入学生心灵世界的能力"。正如魏书生老师所说的，一名优秀教师，每天看到的不仅仅是一张张学生的面孔，而且看到了他心灵的组合方式，看到了他外表的喜怒哀乐与心灵变化之间的联系及原因。

育人必须先知人，准确的移情是教师的一个极为重要的能力。苏霍姆林斯基指出："不理解孩子的内心活动便没有教育文明，便不可能实施对学校的科学领导。"①美国学者班纳和卡农认为："教育中的道德要素要求教师把他们自己放在学生的位置上，去想象学生所遇到的困惑，去想象他们想得到对他们自己的利益进行指导的愿望。教师必须回想起他们自己早期易受影响的弱点、他们自己在学习上的困难和他们自己对赞扬和名声的焦虑。"②移情使教师能够准确把握学生的思想意图，深刻体验学生的内在情感，客观地了解学

---

① ［苏］苏霍姆林斯基著，肖勇译：《教育的艺术》，长沙，湖南教育出版社，1983。

② ［美］James M. Banner, Jr. and Harold C. Cannon 著，陈廷桦等译：《现代教师和学生必备质质》，北京，中国轻工业出版社，2000。

生，宽容地理解学生，这是教育成功的前提条件。一项调查表明，"通情达理"、"善解人意"、"能设身处地地体验学生的所作所为"是受学生欢迎的教师的共同特点，也是优秀的必备特征。美国学者瑞安斯、弗兰德斯、西尔斯等人的研究发现：教师的移情和学生的学习成绩呈相关性，善于移情的教师，学生对他所教的学科更容易产生兴趣，更愿意多花时间去学习；善于移情的教师，其学生的行为表现更为丰富多彩，富有个性；善于移情的教师，其学生的成就更富创造性。

值得注意的是，在教育实践中，由于教师和学生各自的知识经验、思维水平、生活经历、所处地位和特定情景下的动机、态度等方面的差异，师生间的相互了解并不是很容易的，一些教师经常曲解学生的思想和意图，不了解学生的烦恼和忧虑，即便是优秀教师有时也是难免的。所以，教师有意识地对自己进行移情训练是十分必要的。一个教师如果不注意探究学生的思想意图和情感体验，仅仅是凭主观、想当然地武断揣测，对学生的心态根本就没有了解却自以为"什么都懂"，就时常会伤害学生、伤害师生关系、伤害教育效果。

新教师刚刚走过自己的学生时代，按理说理解学生应该不是太困难的事情，但也不可掉以轻心，因为"好了伤疤忘了痛"的现象也时常发生。以下建议有助于塑造新教师的移情特质。

1. 掌握心灵观察的显微镜

爱因斯坦说过："你能不能观察眼前的现象，取决于你运用什么样的理论，理论决定着你到底能够观察到什么。"①新的理论能够使人们发现以往看不到的东西。科学的教育学心理学理论和丰富的教育实践经验犹如心灵观察的"显微镜"，借助它，教师能够发现许多在实际教育活动中容易被忽视的心灵变化的事实，认识到许多单靠感官无法把握的心灵变化规律。

在教育科学理论中，教育心理学和儿童心理学是移情的最基本的知识基础。教育心理学是研究学校情境中学与教的基本心理学规律的科学，它告诉

---

① 周昌忠：《创造心理学》，北京，中国青年出版社，1983。

人们学生在学校教育的特定条件下，在与教师的协同活动过程中，形成道德品质、掌握知识技能、发展智慧与个性的一般心理规律。儿童心理学是研究儿童心理发展规律和儿童各年龄阶段的心理特征的科学，它告诉人们儿童心理发展的年龄特征和个性差异的知识。年龄特征是在一定社会和教育条件下，在儿童发展的各个不同年龄阶段中所形成的一般的、典型的、本质的心理特征。个性是具有一定意识倾向性的各种心理特征的总和，指一个人有别于其他人的整个精神面貌。移情就是去体验学生特有的知识经验、年龄特征和个性特点在特定教育情境的作用下所形成的特殊心态。

教育心理学、儿童心理学讲述的是关于学生心理活动的理性的共性的知识，有些教师系统地学习过教育科学理论，但他们对学生的心理世界仍知之不多，这在很大程度上是由于长期以来，教育科学理论课程空洞的学习内容和僵化的学习方法造成的。要解决这个问题，必须大力倡导教育、心理案例的教学与研究。19世纪后期，斯托夫·哥伦布·兰德尔被任命为哈佛大学法学院院长的时候，为了改变当时哈佛法学院死气沉沉的教学风气，他倡导让大学生通过接触案例来"发现"法律。在他的领导下，法学院的教师们不再专注于法学理论的阐释和法律条文的注解，而是把大量的法律案例引进课堂，培养出一大批热爱法律、熟知法律、谙悉法律真谛的法律专门人才。案例处于感性认识向理性认识过渡的中间环节，它兼具感性认识和理性认识的特点，既生动直观，又有概括性和典型性。教育科学理论的学习和能结合丰富的教育、心理案例，让学员搜集、学习、研究案例，在案例中发现理论，让案例支撑理论，一定会有比现行教学好得多的效果。

积累教育经验和大量阅读文学作品中关于心理活动内容的描写也是极为重要的。教育经验来自于实践，有利于对教育问题进行直觉判断；文学作品提供了许多活生生的、个性的、感性的有关心理活动的描写，并激发着阅读者对他人内心世界的敏感性，对移情能力的形成起着潜移默化的促进作用。

2. 洞悉非言语行为

人际沟通有言语行为和非言语行为两种手段。非言语行为指的是面部表情、身体姿势、声音特征、时空情境、衣着打扮等言语行为之外的交流手段。

非言语行为可分为如下三类：一是动态无声的非言语行为，又称"体态语"。通过身体的运动传递特定的信息。它主要包括面部表情和身段表情，其中面部表情是最重要的，它是由面部肌肉和腺体的变化来表示的，伯德惠斯特尔声称，人类的面部表情大约有 25000 种，面部表情又以眼神最为丰富，故有"眼睛是心灵的窗户"一说。二是静态无声的非言语行为。它主要指交流的特定情境、空间距离、衣着打扮、沉默等。三是有声的非言语行为。它包括"辅助言语"和"类语言"。辅助言语是指言语的非词语方面，如声音的音量、音质、声调、语速、节奏等。类语言包括口头语、叹息、呻吟、笑声、哭声、咳嗽以及各种叫声等。日常生活中讲的"听话要听音"即是指要善于发现交流中的有声非言语线索，分析其话语的真实含义。

人类的非言语行为非常丰富，即便是人们沉默地坐在一起，那里的气氛中也充满着各种信息。非言语行为不仅通过修饰和限制等方式来影响言语表达的效果，而且自成一套交际符号系统，在人类交流中起着独特的不可替代的作用：非言语行为可以表达言语行为难以准确表达的意图和情感；非言语行为可以表达个体怯于用言语行为表达的意图和情感，如不敢当面顶撞而用沉默以示反抗，用面部表情传递一些微妙情感等；非言语行为通常传递着个体企图掩盖的意图和情感，言语行为受意识的监护，它经常有修饰和伪装的成分，非言语行为大多是潜意识的自然流露，所以它更能透露个体的真实信息，即"泄密"。

梅尔贝因及其同事通过研究指出，交流的总效果等于 7％的言语加 38％的声调加 55％的面部表情。这种说法中的百分比是否准确尚有待考证，但非言语行为在传递个体内心世界的有效性上却是确信无疑的。教师要善于接受学生非言语行为的信息，准确快速地予以破译。

3. 注重换位体验

换位体验历来为教育家们所强调。卢梭说："儿童是有他特有的看法、想法和感情的，如果想用我们的看法、想法和感情去代替他们的看法、想法和感情，那简直是最愚蠢的事情。"苏霍姆林斯基则进一步指出："孩子们在生活中对于善与恶、荣与辱以及人的尊严有自己的看法；他们评价美有自己的标准；他们甚至衡量时间也有自己的尺度：童年的一天好像一年，而一年则无限久远。在探寻童年这座神话之宫的入口的时候，我总认为有必要在某种程度上使自己变成一个孩子。只有在这种情况下，孩子们才不会把你看作一个偶然出现在他们的童话世界大门的人，才不会把你看作监护这个世界的看守人——一个对这个世界内部发生的事情漠不关心的看守人。"①

阅读链接

用教师的心灵去感知学生的心灵

魏书生

教师是从学生时代走过来的，学生的今天就是教师的昨天。学生犯了错误时的心情，教师通过回忆自己当年犯错误时的心情，就能认识得更真切一些。这是用回忆方法去感知。

再一种就是用心灵位移的方法去感知。一位失去父亲、家庭困难的孩子学习成绩不好，教师如果不设身处地去想问题，就很容易因为他给班级背处分而恼火，但如果设身处地想一想，孩子家务劳动的繁重与上学的艰难，就可以观察到孩子心灵上斑斑点点的伤痕，了解到这些，教师自然会采取措施治愈这些伤痕，而决不会再去砍上一刀。

第三是用心灵交换的方法去观察。学生心灵的门并不总是敞开的，特别是对他们不熟悉、不信任、不知心的老师，常常在心灵的门口设一个警戒的哨兵，不把真情实感的心理活动流露出来。如何突破这一岗哨，使学生的心灵与教师的心灵交流呢？最好的方法是和学生一起去参加他们感兴趣的活动，如，和他们一起唱歌、野游等，当玩得很开心的时候，学生变得无拘无束了，这时他们心灵的岗哨不知不觉地撤掉了，师生心灵之间好像搭起了一座宽阔的桥，感情在交流，心灵在互换，什么心里话都肯告诉老师，和老师成了忘

---

① ［苏］苏霍姆林斯基著，肖勇译：《教育的艺术》，长沙，湖南教育出版社，1983。

年之交。如果能有一段和学生一起下厂、下乡劳动的时间就更好了，师生心灵的交流进行得更自然，教师可以探索到平时的课堂上几年也发现不了的心灵奥秘。

有两名同时从大学毕业分配到初中教数学的女教师，由于观察学生的能力不同，五年以后，两人工作相差悬殊。孙老师致力于探索学生心灵的奥秘，总是回忆自己念书时的心理过程，设身处地地想学生的难处。工作之余，她也像个孩子一样同学生们一起唱歌、打球，学生既不怕她也格外尊重她，什么心里话都跟她说。这样，孙老师的话能说到学生的心坎上，学生听了她的话即使牺牲多少个人利益也不感到痛苦。尹老师呢？总习惯于指责学生不听自己的话，总在一厢情愿地琢磨"制服"学生的办法，搜集一些噎得学生喘不过气来的语言，学生的心灵对她来说一直是一个未知的世界，师生关系一直处于教训与反教训的紧张气氛之中。结果，工作对她来说成了怄气的同义词，她的阴云密布的脸上便少有阴转多云的时候，她的学生当然也得不到学习的乐趣，师生之间由于互不了解，彼此都付出了沉重的代价。

5. 善于表达移情

教师不仅要予学生以准确的移情，而且要善于把自己对学生心灵世界的领悟，选择每个学生所适宜的方式，传递给学生，使学生清晰地接收到，这就是移情的表达。仅仅产生移情，那还是老师心里发生的事，只有把这种移情有效地传达给学生，才可能形成真实的教育效果。

教师移情的表达，使学生感到被老师理解，促进了学生在与教师交往中的自我表达，能有效阻止学生的不良行为。移情的表达常常被一些教师所忽视，他们习惯于追求在学生心目中树立一个"冷静"、"理智"的"师表形象"，即使能体验到学生的情感，往往也不习惯于反馈给学生，这会给学生造成冷漠、拒绝的印象，良好的师生关系难以建立。

【练习】

1. 认真阅读一本自传体人物传记，请特别注意体会有关青少年时期的心理活动描写。

2. 重温自己学生时代的日记，或者回忆自己学生时代特殊时刻(如遇到困难、遭到老师误解、受到情境诱惑、做好事、犯错误、受表扬、挨斥责等)的心态，并把它记录下来。

3. 以"老师在哪些事情上误解了你"为题，在学生中做一次调查。要求营造良好的调查氛围，打消学生的思想顾虑，确保学生讲真话。

4. 仔细观察学生的某一问题行为，不立即评判，自己先对可能产生这一问题行为的动机进行推测、分析，然后通过自己的调查核实，看看自己的移情是否准确。在几次练习的基础上，对自己的移情能力进行分析，发现其中的优势和不足，拟订出自我提高移情能力的计划。

四、其他重要的人格特质

以下人格特质对于新教师而言也是特别重要的。

1. 宽容

宽容本身就是教育。苏霍姆林斯基说："一般来说，我谅解犯错误，做蠢事的孩子。这种谅解能触动孩子自尊心的最为敏感的一角，使孩子心灵中产生一种促使他纠正错误的积极向上的意志力。孩子不仅深深悔恨过去所犯的错误，而且以积极的行动将功补过……常有这种情况：比起那种情况下可能采取的惩罚行动来，谅解所产生的道德感召力要强烈得多。"① 宽容要求教师坚信每一个孩子的本性都是好的，每一个正常孩子都具有完成基础教育所要求的基本学习能力，孩子的问题不过是镜子上沾染的灰尘，拭去了灰尘，镜子依然光彩照人。宽容要求教师接纳孩子的弱点，视学生犯错误为必然，正如美国一位教师在教室的黑板上方张贴的一句话："教室：出错的地方"。教师要坚信孩子的许多错误常常是大人从自己的角度认定的，而就孩子本身来说，都有其内在逻辑和合理性。宽容要求教师尊重孩子的天性，遵循孩子的天性施教，搞人性化教育。有些教师连孩子的天性都不能容忍，上课要学生

---

① [苏]苏霍姆林斯基著，肖勇译：《教育的艺术》，长沙，湖南教育出版社，1983。

坐得纹丝不动，课间休息也不许孩子跑动（这可能有安全方面的考虑），孩子忍受不了就说这些孩子有"多动症"，要家长带他们去看心理门诊。

2. 细致

教育是一项非常细致的工作。苏霍姆林斯基这样描述道："在每个孩子心中最隐秘的一角，都有一根独特的琴弦，拨动它就会发出特有的音响，要使孩子的心同我讲的话发生共鸣，我自身就需要同孩子的心弦对准音调。"[①]"我每天见到孩子们的时候，都过细看他们的面庞。孩子忧伤的眼睛可能是教育的复杂过程中最难捉摸的东西。如果孩子心里难过，……他好像一根绷得紧紧的琴弦：只要不小心轻轻地触动一下——便会招致痛苦。"[②]粗心大意、马马虎虎的人是不可能搞好教育工作的。

3. 耐心

耐心就是给自己和学生以时间；耐心就是充分考虑到学生的个别差异；耐心希望和帮助学生逐渐成熟起来，但并不期望他们已经成熟了；耐心永远不丧失对目标的追求。粗暴是教育的大敌，冲动总是把事情办砸。青年时代的邹韬奋曾当过七八年兼职英语教师，虽然他感到这是一件很有趣味的工作，但最后还是辞职不干了。他在《经历》一书中写道："我的性太急，看见学生有时答不出，或是错误多了一些，我很容易生气；对于这种学生，我易于疾言厉色，似乎予人以难堪，事后往往懊悔，第二次遇着同样情形时仍不免再犯这个毛病；这样容易生气，不但觉得对不住我的学生，对于我的健康也有损害。我觉得忍耐性也是做教师的应有的特性，我的忍耐性——至少在教学方面——太缺乏，因此我觉得自己还不十分适宜于做教员。"[③]

4. 善良

善良要求教师心肠好，富有同情心，为学生的痛苦而痛苦，学生的痛就好像是痛在自己的身上一样。许多教师一辈子都没有达到这一境界。有些教师不仅不够善良，甚至有时有一种置某些学生于痛苦之地而后快的心态。例如，有位老师对自己看不顺眼的学生，慑于学校的教育纪律不敢予以体罚，

---

① ［苏］苏霍姆林斯基著，肖勇译：《教育的艺术》，长沙，湖南教育出版社，1983。

② ［苏］苏霍姆林斯基著，肖勇译：《教育的艺术》，长沙，湖南教育出版社，1983。

③ 于漪：《教师的修养》，上海，上海教育出版社，1985。

便把学生家长叫到学校来，历数孩子的种种"罪责"，直煽动得家长火冒三丈，对孩子抱以拳脚，他表面上进行劝阻，内心中却出一口恶气，舒坦不少，这哪里是善良，分明是恶毒！有些教师喜欢在家长联系册上告学生的状，苏霍姆林斯基说这"是向学生书包里塞进一条鞭子，父亲就用它来鞭打自己的孩子。""孩子憎恨打他的人。他十分清楚地理解和感觉到，教师在指挥父亲的手。他开始憎恨父亲和教师，学校和书本。"①

5. 诚实

教师应当是一个诚实的人，一个不掩盖自己错误和未知的人。只要是人，就不可能不犯错误，不可能什么都懂。教师出错不是问题，不懂不是问题，企图掩盖出错和不懂才是问题。看到一位美国教师理直气壮地对学生说"我不知道"时，我感受到什么是教师的成熟与诚实。诚实丝毫无损于教师的尊严，只会使教师更有威信。诚实的老师最轻松，因为她没有欺骗的需要和压力。想起我的一次听课经历，讲课老师不小心在黑板上写错了一个字，学生当堂指出来了，没想到教师竟得意扬扬地说："我就是故意把这个字写错，看你们能不能发现！"教研员在评课时赞赏这位教师的"教育机智"。天啊！这哪里是什么教育机智！这是欺骗！你可能可以骗过一个学生，你甚至可能有时骗过所有的学生，但你不可能在所有的时候骗过所有的学生。你会为自己的不诚实付出沉重的代价。

人格是遗传、环境和个体自身等因素交互作用的产物。已经形成的人格特质具有相对稳定性，改变起来就更需要理智和韧性。教师要认清自身人格特质对从事教育活动的积极或消极的影响，有利于教育活动的人格特质要自觉地稳固、弘扬，对于不利于教师职业的人格特质，首先要有改变的信心和决心，并在教育实践中不懈修炼，为事业的成就打下坚实的人格基础。

---

① ［苏］苏霍姆林斯基著，肖勇译：《教育的艺术》，长沙，湖南教育出版社，1983。

第三章　新教师专业发展的途径

　　新教师专业发展的目标、内容和途径是三位一体的结构。目标是专业发展的导向，内容是达成目标的载体，途径是实现目标的手段，三者缺一不可。探寻教师专业发展的有效途径，一直是教师专业发展研究的重要问题。随着近些年教师的校本培训和校本研修日益受到重视，对这一问题的探讨也取得了较大进展。一些在教育实践中存在已久并被证明是行之有效的教师培训方法，得到了理论上的总结和升华。国外的一些教师培训理念和方法也被介绍进来，与本土的做法相互补充和融合。当今的教师专业发展途径已大大突破了过去单一的理论学习模式，正向着多样性、针对性和实效性方向发展。这里根据不同途径的特点，针对新教师的专业发展需要，主要介绍实践反思、拜师学习和心理咨询三个途径。

第一节　实践反思

　　没有反思的教育实践必然是低水平的重复劳动。反思已被广泛地看作教师职业发展的决定性因素。美国心理学家波斯纳认为，没有反思的经验是狭隘的经验，至多只是肤浅的知识。他提出了教师的成长公式：成长＝经验＋反思。如果一个教师仅仅满足于获得经验而不对经验进行深入的思考，那么，即便是有 20 年的教育经验，也不过是 1 年的工作加上 19 次的重复。实践反思是新教师专业发展的有效途径。

一、实践反思在新教师成长中的意义

所谓实践反思，是指教师以自己的职业活动为思考对象，对自己在职业中所做出的行为以及由此产生的结果进行审视和分析的过程。反思的实质就是自我批判——自己与自己对话，并借助自我对话来检讨自己、改善自己，是教师个人"专业自修"的一种方法、技术。成功的有效率的教师倾向于主动性地、创造性地反思他们事业中的重要事情，包括他们的教育目标、教育观念、教育行为、教育效果和人格特质对教育的适应性等。

教育实践反思对新教师的专业成长有着十分重要的意义。

1. 帮助新教师及时总结、巩固和发展有效的教育行为

对于新教师而言，知道自己哪些教育行为是有效的，为什么有效，它带来了什么样的效果，是非常重要的。通过实践反思，有助于新教师对自身有效教育行为的自觉和坚持，并在今后的教育实践中不断完善。

2. 帮助新教师及时发现、改正无效甚至反效的教育行为

按照美国心理学家桑代克的理论，教师专业发展过程是一个不断尝试与改正错误的过程。教师在专业发展过程中不犯错误、不走弯路是不可能的。犯错误不是问题，问题是不能及时发现和改正错误，一次又一次地重复被实践反复证明是错误的做法。通过实践反思，能帮助新教师及时发现错误，分析错误原因，寻求正确方法。

3. 帮助新教师提高自我觉察水平

教师的专业发展以强烈的自我觉察意识为前提。教师既要观察和思考学生，也要自我观察和省思，借助学生来了解自己、完善自己以教育学生。实践反思，是教师以自己的教育教学活动过程为思考对象，对自己的观念、行为、决策以及由此产生的结果进行审视和分析，它能增强新教师的自我觉察意识，提高新教师的自我觉察水平。

4. 促进新教师的专业学习

教师从"实践者"变成自身实践的"反思者"，虽然是同一个人在扮演两个角色，但其中的要求是大不相同的。"反思者"要对"实践者"的行为进行评估、诊断和干预，其专业水平必定要高于"实践者"。这种变化从何而来，只能是来自于"反思者"的专业学习。所以，实践反思是促进新教师专业学习的有效手段。

5. 帮助新教师体验、尝试教育科学研究

教师的教育科研主要是行动研究。实践反思就是行动研究。有效的实践反思不是一般的"感悟"和"随想"，它遵循科学研究的基本程序。通过反思，发现有意义的研究问题，查阅相关文献，形成研究假设，在实践中检验假设，总结研究成果，在此基础上，再反思，再实践，不断循环，螺旋提高。新教师通过实践反思活动，能破除教育科研的神秘感，掌握教育科研的方法，尝到教育科研的甜头，领悟教师教育科研的真谛。

6. 通过改进教育实践，帮助新教师优化发展环境

实践反思，通过促进新教师的专业发展来改进其教育实践，通过改进新教师的教育实践来优化其外部发展环境，从而进一步促进他们的专业发展，形成良性循环。

【阅读链接】

我在反思中成长
——浅析思想政治课教学后的"反思"

江苏省常州市勤业中学　莫晔

曾有这样一个比喻，说"教师就像用以识别地图的图例。"从表面上看，这是对教师职业特点的一种比喻，细究起来，却包含着另外一番深层的含义：教师必须不断丰富自己的内涵、增强自己的业务水平，才能适应教学中时刻变化的新情况，才能照亮学生成长之路中的每一个标志，才能做一名称职的人类灵魂工程师。而教师对自身的教学进行反思，是促进自身素质提高的核

心因素，只有经过反思，我们的有效经验才能上升到一定的理论高度，才会对后续的教学行为产生积极的影响。

从思想政治课教材的内容来看，它具有发展性和时代性的特点，这就导致了教学方法上的丰富性和灵活性，而教学方法的完善只有通过反思才能得以实现。从思想政治课自身的特点来看，它不仅要传授知识和提高学生的能力，相比其他学科，更要重视学生情感、态度和价值观的形成和转变，这更需要教师通过不断反思，寻找通往学生心灵深处的桥梁，少走弯路。同时，学校政治课教师又偏少，难以进行同教材交流，因此，政治教师要提高自己的教学水平，反思是最有效的途径，而课后反思，更带有批判性和思辨性，更有助于教师将教学经验理论化。

一、反思成功的教学经验

思想政治课的教学过程，应是师生交往、积极互动、共同发展的过程；有效的教学设计，应能充分体现学生学习方式的主动性、独立性、体验性和探究性；先进的教学手段，应能帮助学生更好地体验和深入地思考，如多媒体课件、网络资源的运用等。教师如果能在获得一些成功的教学经验后及时进行反思，就能从盲目的行为上升到自觉的行为，从感性的认识上升到理性的感悟，从偶然的收获走向必然的成功。如在七年级心理健康教育"性格"一单元的教学设计中，我一改以每一框题作为一课时的设计思路，而是将一单元作为一个整体来处理，第一课时和学生"聊聊你所知道的性格"，通过"描述性格——猜猜是谁"、"谈谈名著中的鲜活人物"、"故事续编"等活动激活学生对"性格"的已有经验，并对已有经验进行强化或产生观念的交锋和碰撞，引发学生的思考。第二课时让学生通过网络"找找有关性格的资料"，教师给出"性格与职业"、"性格与健康"、"性格与名人"等选题，提供"google"等搜索引擎，让学生就感兴趣的问题作相关查找，并结合自己的观点写成小文章。开拓了学生眼界，并形成对信息的初步整合能力。第三课时让学生按相同话题结成小组，通过教师抛出问题，学生讨论、辩论的形式归纳掌握本单元基本知识点，产生相应情感体验，初步形成有意识培养良好性格的能力。课后反思这种学生高兴、教师舒心的设计，实质就是运用了"激活经验——同伴互动——教师引领"的教学模式，通过转变学生学习方式、转变教师角色定位的一种尝试，力图使学生在教师指导下主动地、富有个性地学习，使政治课脱去说教的外衣，成为润物细无声的"春雨"。

二、反思教学中的遗憾

课堂教学总是遗憾的教学，课前精心的设计，周密的考虑，而在实际的教学中，往往由于学生认知、个性的差异，社会经历的不同，总会留下许许多多的遗憾。如在教学中，一些同学抢着发言，意犹未尽，而另一些性格内向的学生往往得不到表达的机会，而教学应该面向全体学生，这种矛盾使得我课后经常深感遗憾。因此，反思这种遗憾，怎样给内向的同学多一些机会，给胆怯的学生多一点心理准备的空间呢？"课前五分钟"就这样诞生了，在上课的头五分钟里，每次以两位学生为一组，就"心理健康"话题，组织活动。以全班参与面、活动形式、内容等评出每月之星。这样的课前活动，让性格内向的学生有充分的准备来表现自己，不仅使这些学生得到了发展，也带动了课堂气氛，提高了课堂效率。教学，是遗憾的艺术，有创新，就会有遗憾，不重复自我，更会有遗憾，但如果抓住遗憾，并反思遗憾，一个新的教学灵感也许就在此时诞生。

三、反思教学中突发的灵感

课堂教学凝聚着教师的创造性劳动，在课堂教学中，由于教师进入"角色"，往往"灵感"顿生，创造出成功的精彩的案例。而这些"灵感"常常"突然而至，悄然而去"，若不及时给予记录，便会遗忘，令人遗憾。因此，我们就必须在课后反思产生这些成功和精彩场面的主观原因，以及如何在今后课堂教学中再创成功和精彩场面等。如在心理健康教育"情绪的作用"教学中，教师正好因车祸而肿胀着半张脸、眯缝着一只眼赶来上课，引起学生一片惊呼。面对此景，教师放弃原来教学设计，重新导入："如果你们像老师一样遭遇车祸，而且假设脸永远就这样了，怎么办？"学生的直接反应是"躲在家里"、"自杀"、"整容"，在最初的喧闹过后，有同学提出"平静地接受自己，乐观地活下去"。教师因势利导，引导不同观点的学生讨论、辩论，援引例证，这样学生得到的体验和得出的观点是切身的、真实的，"知情意行"是统一的。在课后反思中，我认识到灵感来自于教师教学观念的变化：教学不仅仅是教师"有目的、有组织、有计划的过程"，更意味着把学生看成是活生生的发展的人，意味着教学是师生双方彼此分享理解、彼此交流促进的过程，意味着教师的主导角色更多表现为师生平等交往中的首席。反思教学中突发的灵感，实则就是检验教师的教育理念，促使教师进一步学习的过程。

四、反思学生的智慧火花

俗话说"是金子总会发光的"。同样，在课堂上，学生是学习的主体，他们总会有"智慧的火花"在闪烁，教师不仅要在课堂上充分肯定和表扬学生这些独特的见解，激励学生的这种求异思维。同时在课后反思学生的这些"智慧的火花"，就能够对提高自己的教学水平和教学经验起到互补的作用。

五、反思教学上失败的事例

撰写教学案例，并以"教学病历"为主，这是教师超越自我，取得进步的关键所在。出现失误后教师如果不进行反思，不仅不能提高自己的教学水平，而且贻误学生，给学生以思想上、思维上的误导。因而教师在课后一定要反思自己的失误所在，以及产生失误的原因，反思应该对失误采取的补救措施。比如说：教学过程是否是师生交往、积极互动、共同发展的过程；学生学习过程是否是学生发现问题、提出问题、分析问题、解决问题的过程；是否由于高估了学生的学习能力，所设计的教学内容难度偏大或者创设的情境学生不理解；由于上课时随意性太强，以致主次不分；喜欢出怪题，或者对学生的评价不恰当，挫伤学生的学习积极性和主动性等。把它们记录下来，并对这些事例进行认真的反思、探究和剖析，从中吸取教训，以避免类似的情况在今后的教学中再出现。记得在心理健康教育的前言课上，为了使学生感知良好心理品质的作用，我设计了一则绕口令游戏"蛤蟆歌"，在游戏结束后请学生说说怎样才能玩好这个游戏，学生踊跃发言，可我始终觉得没有答到"点子上"，焦虑地等待"正确答案"，在没有教师鼓励性的反馈下，课堂气氛由热转冷，最后只好由我索然寡味地说出所谓的"正确答案"。课后反思，才惊觉原来是没有"正确答案"的，学生所说的，不就是他们由实践得来的，并且符合他们年龄特征的切身感受吗？在教师的潜意识里，尊重和赞赏的不是学生，而是知识本身，不是对学生引导、帮助，而是替代他们的头脑来思考，这样谈何培养充分发展的人？失败，使我重新反思，重新审视自己的角色观，审视自己的教学行为。

六、反思教学过程并对课堂教案再设计

一节课下来，坐下来静心沉思，把所上过的课，教法上有哪些创新，组织方面是否有新颖的突破，学生主动、合作、探究的学习方式是否做到，知识和能力、过程和方法、情感态度和价值观三个维度的目标是否到位等，及时记录下来，进行归纳和取舍，并反思原因及改进方法，对所讲过的教案进行重新设计。这样可以扬长避短，精益求精，把自己的教学水平提高到更高的一个层次。

课后反思是痛苦的，课后反思也是快乐的。反思不是对事物简单的回顾或分析，而是从事物现有的层面出发，向更深层探索，在新的层面上看到现实的不足。思想政治课教师如能及时反思、坚持反思，并把反思结果记录下来，必定会积累一笔十分宝贵的物质和精神财富，我们也将伴随着反思不断成长。

二、实践反思的类型

实践反思范围广泛，形式多样，下面介绍一些常用的实践反思类型。

1. 专题反思与整体反思

根据反思内容的信息覆盖面，可以将反思划分为专题反思与整体反思。

（1）专题反思

专题反思有着明确的问题取向，常常围绕一个特定的问题进行多方面的思考，这种反思目标明确，针对性强，分析也相对较为深入。在教育教学中，可选择作为反思对象的专题是很多的，比如从教学各因素的角度来看，可以是教育任务的完成程度，或是教学内容确定的适宜程度，或是教学策略选择的得当程度等；从教学实施的具体要求来看，可以是教学与学生生活实际相联系的程度，或是学生自主支配时间和空间的程度，或是信息技术与学科教学整合的程度等。在一定程度上，凡是教育教学中存在的问题，都可以成为专题反思的对象。

（2）整体反思

整体反思常常不把反思的对象集中在教育教学的某一个具体问题上，而是整体把握教育教学各方面的行为，就其中突出的问题进行思考。比如，一堂课后，教师可以分析自己教学中的以下行为：①这堂课是否达到了预期的教学目标？如果说达到了，标志是什么？如果说没有达到，原因是什么？②这堂课在哪些方面是成功的？在哪些方面还可以进一步改进？后续教学的打算有哪些？③这堂课的教学设计与实际教学行为有哪些差距？我在课上是如何处理这些差距的？处理的方法是否恰当？④这堂课上发生了哪些令我印象至深的事件？这些事件对我来说意味着什么？我以后需要关注什么？这些行为涉及教学的各个方面，虽然缺乏专题反思的针对性，但可以对自己的教育教学有较为完整的认识，有利于改进日后的教育教学行为。

2. 活动前反思、活动中反思与活动后反思

根据反思发生在教育活动进程中的时间，可以将反思分为活动前反思、活动中反思与活动后反思。

（1）活动前反思

活动前反思发生在教育活动进行之前。这种反思具有前瞻性，能使教育成为一种自觉的实践，并有效地提高教师的教育预测和分析能力。

（2）活动中反思

活动中反思发生在教学活动之中，即及时、自觉地在行动过程中反思。这种反思具有监控性，能使教育高质高效地进行，并有助于提高教师的调控和应变能力。

（3）活动后反思

活动后反思发生在教学之后，即在行动结束后进行的反思。这种反思具有回溯性，能使教学经验理论化，并有助于提高教师的教育总结能力和评价能力。

3. 内省式反思与外援式反思

根据反思是否有他人参与，可以将反思分为内省式反思与外援式反思。

（1）内省式反思

所谓内省式反思，是指通过自我反省的方式来进行反思，即自我对话、自我批判。

（2）外援式反思

所谓外援式反思，是指通过与他人交流（包括专家引领）来进行反思。它借助集体智慧帮助个体更全面深入地反省自己的教育行为。

三、新教师实践反思应注意的问题

为了确保实践反思的有效性，新教师在实践反思中要注意以下问题：

1. 注重反思类型的综合运用

各种类型的反思各有所长，其针对性不同。新教师要善于根据自身专业发展的需要，选择适宜的反思类型，并综合运用各类反思，力求全面收获反思的效果。

2. 注重对育人活动的反思

只反思教学，而不关注育人活动，不利于教师的全面成长，也阻碍了教师教学有效性的提高。而这恰恰是当前实践反思的倾向性问题。新教师的实践反思要注重全面性，要强化对育人行为的反思。

【阅读链接】

当表扬不再有

湖北省黄石市沿湖路小学　杨胜兰

占博从一年级开始就获得了各种各样的荣誉：三好学生、优秀学生、学习积极分子，奥数、作文分别荣获一等奖和二等奖，一连串的荣誉使得占博学习起来劲头十足，老师不间断的表扬更是他好好表现的不竭动力。在老师的心目中，他是当之无愧的好学生。

随着时间的流逝，越来越多的优秀学生得到了老师的关注。而一向表现良好的占博，因为没有超越自己原有的表现，老师对他的表扬逐渐减少，甚至消失。每当他偶尔出现表现不好或考试失利的情况时，就有一些来自家庭或老师的埋怨和批评。渐渐地，有同学开始抱怨他课间欺负女生，玩耍时口吐秽语，组长发现他有不完成家庭作业的现象，这样一来，老师、家长和同学的批评指责也逐渐多了起来。

我觉得有必要找他谈一谈。"占博"，我找了个合适的机会开始了我对他的谆谆教导，"你是老师心目中的好学生，老师以你为骄傲。好学生应该各方面都表现好，你知道吗？老师希望你能像以前一样，成为大家学习的楷模。"他点点头，似乎有些不好意思。

我满以为可以轻松一段时间，然而，让人不可思议的事情发生了。那天队列练习时，因为小队长喊的口号不响亮，占博多次嘲笑他，使得对方恼羞成怒，继而两人打了起来。闻讯而来的音乐老师劝架半天，占博并没有停止进攻，当着老师的面一再伸出脚去踢对方。

一个众人心目中的好学生为什么顷刻之间成了"无恶不作"的坏孩子呢？我百思不得其解。

我决定弄个水落石出。在翻阅了大量的教育专著，请教了身边的教育专家后，这件事使我内心产生了巨大的震撼。

当学生达到一定的高度时，也就是他成了老师心目中的好学生时，周围的人对他的要求就比较高，只有当他取得更好的成绩时，老师才会去关注他，同学才会去赞誉他，而他和其他同学取得同样的成绩时，老师认为他取得这样的成绩是理所当然的事情，表扬时也只会表扬那些学习进步的学生，同学觉得他考砸了则是一件丢人的事情。正如大家在观看奥运会时，当运动员创造了世界纪录时，观众和教练就会为之激动。在下一次运动会上，他只有再一次破纪录才能激起观众往日的热情。然而对于运动员来说，要想再次来突破自己创下的纪录则是一件很艰难的事情。因为达不到更高的高度，观众和教练对他的热情和赞扬就会逐渐减少，而他的成绩也会一路下滑，直至最后狼狈地离开赛场。

得到应有的关注是每个人的内在需求，尤其是孩子。因为不能取得更好的成绩，占博便失去了老师的关注、同学的赞扬，因为缺乏"关注"这种内在动力，他的表现自然越来越差，学习越来越不积极，成绩自然直线下滑。

适度地表扬那些各方面表现好的学生是防止好学生变坏的唯一途径，不要让好学生成为老师表扬遗忘的角落。

3. 避免应付差事、浮于表面、自我检讨式的"假反思"

反思深度制约着反思效果。浮于表面、应付差事、抽象笼统甚至回避自己批判他人之类的反思，难以达到预期的效果，有些甚至是在浪费时间。反思一定要"到位"，找到问题行为背后的深层次原因。

4. 注重反思成果的实践运用

反思只是专业成长的开始。通过反思发现问题，弄清原因，找到新的方法，尝试新方法，评价由此带来的结果，再反思，再实践……这是教师专业发展的必经之路。

5. 注重反思结果的文本化表达

反思不能仅仅停留在思想中、口头上，要勤于动笔，记录反思过程和结果。记录不追求形式，有话则长，无话则短，有感而发。教育随笔、教育总结、教育叙事、教育案例等都可以是记录实践反思的文本形式。

【阅读链接】

偷吃零食的孩子

湖北省黄石市沿湖路小学　杨胜兰

"你怎么又在上课时吃东西？"我怒气冲冲地对坐在第一排的小熊说，顺手将他正吃着的苹果扔进了垃圾箱。

小熊上课偷吃零食已成习惯。五毛钱的零食他上课偷着吃，一颗水果糖他上课偷着吃，早餐剩下的馒头他上课偷着吃，就是白开水他也要上课偷着喝，今天倒好，居然在课堂上津津有味地吃起苹果来。

"请你注意，以后不要再在上课时吃零食，你吃什么我丢什么，知道吗？"

我大声地对他说。他似乎有些害怕，频频点着头。看来，有了这一次的经历，他一定会有所收敛。

可是，事与愿违，第二天的语文课上，他仍然偷偷地吃起了零食。这一次，他吃的是干脆面。一只脏兮兮的手伸进抽屉里，掏出一小撮干脆面，趁老师不注意时，偷偷塞进嘴里，一边哼哧哼哧地嚼着，一边若无其事地望着我。

他上课偷吃零食的习惯怎么老是改不掉呢？难道是我管得不够严？看来得再严厉些才行。于是，我走上前去，将抽屉里的干脆面扔进了垃圾箱。"站起来！"我厉声喝道，"为什么又在上课时吃东西？"他用一双无神的眼睛直勾勾地望着我，似乎在听我的训斥，又似乎什么都没有听到。"你看你，一双手这么脏，还用它来拿东西吃，把细菌都吃进了肚子里，你不怕生病吗？"我情不自禁地数落开来，"你怎么就那么好吃呢？你就不能少吃点吗？"同学们哄堂大笑，他居然也笑了。唉，这孩子，真是不可救药。

一年过去了，两年过去了，时光悄悄流逝，他偷吃零食的习惯一成不变。因为这个偷吃的习惯，他不知被老师丢了多少零食，不知挨了多少批评。可是直到如今，他都没有改掉这个坏习惯。

为什么会这样呢？两年时间，我居然对学生这样一个小小的坏习惯都无法纠正，问题到底出在哪里呢？我带着疑问请教在儿童心理学方面颇有些研究的丈夫。"你问过他上课为什么吃零食吗？"丈夫提醒我道，"他这样冒着风险上课吃零食肯定有一定的原因。"我怎么就从来没有想到弄清他上课吃零食的原因呢？当问题出现了，我除了批评就是责备，从来就没有站在孩子的角度想想他为什么会有这种不正常的举动。

当问题出现时，我想到的只是如何快速解决问题，而从没有去思索问题产生的根源。没有找到问题的根源，得到的也只是一时的解决，是无法从根本上解决问题的。

在他又一次偷吃零食之后，我没有扔掉他的零食，而是放在了讲台上。

"只要你回答老师几个问题，老师就将零食还给你，好不好？"

"真的吗？"他睁大眼睛望着我，将信将疑。

"当然！"

"你为什么在上课的时候吃零食呢？"

"因为嘴馋。"

"为什么不在下课的时候吃呢？"

"下课时，我玩去了，没有时间。"

"那你一般在什么时候偷吃零食呢？"

"我——我——"

"你说吧，我不会怪罪你的。"

"你讲的内容我听不懂时，我就想去吃零食。"

"哦？"

"我怕你发现我没有听懂，我就去吃零食，那你只注意我吃零食的事，而不问我上课听没听懂。"他低着头，仿佛被人当场逮住的小偷。

我回顾了一下最近几次他偷吃零食的细节，果然是讲到深奥难懂的地方。讲练习、读书识字的时候他还真的没有吃过零食。

一语惊醒梦中人。吃零食是一个警报，它提示我，我讲的内容太难了，成绩差的同学听不懂，我得及时调整我的讲课思路，更好地适应全班同学的思维。问题的根源找到了，解决起问题来就十分容易了。

6. 注重对实践反思的反思

将实践反思作为反思的对象，是一种重要的而又容易被忽略的反思形式。通过对实践反思的反思，发现实践反思中存在的问题，优化反思活动，提高反思能力，使实践反思更好地为自身的专业发展服务。

第二节　拜师学习

师徒结对，是我国学校青年教师培养的一项传统做法。实践证明，它能有效帮助青年教师的专业发展，是需要坚持并进一步完善的教师校本培训制度。

一、拜师学习在新教师成长中的意义

"师徒制"的教师专业成长模式是指通过新手教师与资深教师合作的形式，使新教师通过对资深教师教学实践的观察、模仿和资深教师的具体指导，逐渐体悟职业的隐性经验或缄默知识，不断掌握专业技能和智慧的一种对新教师进行培养的方式。"师徒制"是新教师专业成长的必由之路。

1. 帮助新教师尽快掌握教育实践的隐性知识

国外学者关于"知识"类型的研究告诉我们，知识可分为两类：一类是显性知识，它与概念有关；另一类是隐性知识，与实践知识、技能、诀窍相关。教育实践的隐性知识正是新教师所缺乏的。显性知识可以通过语言加以传递，而隐性知识只有通过行为才能展现出来，因此，要学习优秀教师的教学经验、技能与智慧，必须通过实践和直接参与的方式，采用"师傅带徒弟"的方式加以传递和获得。众多教育实践表明，通过"师徒制"的方式，新手教师可以更有效地体悟到教师职业的隐性经验，不断地掌握专业技能和智慧，从而能使自己尽快地成长为一名合格教师。

2. 帮助新教师形成良好的学校适应

指导教师对任教学校有深入的了解和研究，并有着良好的学校适应。通过他们的指导和示范，有助于新教师尽快熟悉学校情况，确立适度的自我期待，弄清适应困难的原因，通过有益的自我改变，脚踏实地地在学校成长，形成良好的学校适应。

3. 帮助新教师营造良好的发展环境

指导教师通常业务能力强，在学校有较高的威望，人际关系融洽。他们对自己的徒弟有一种特殊的感情，牵挂徒弟的专业发展，把徒弟的表现与自己的荣辱连在一起。他们会把自己所拥有的资源转化为徒弟的发展资源，在悉心指导的同时，也会推介自己的徒弟，为徒弟争取各种锻炼、表现的机会，帮助徒弟营造良好的发展环境。

【阅读链接】

成长路上有你们扶持①

近年来，温州市涌现出许多年轻的名教师、名班主任、优秀教师。在优秀教师年轻化的背后，站着一大批默默支持他们、帮助他们迅速成长的优秀骨干教师。9 月 22 日，温州市实验中学举行了以"我的目标，我的责任"为主题的首届青年教师发展论坛。在论坛上，四位青年教师回顾了自己的成长历程，畅谈了自己的教育教学感悟，无一例外满怀感激地表示——成长路上有你们扶持。

让我站稳脚跟的垫脚石

曹茉莉

2005 年 9 月，我与任何一位刚从大学毕业的新教师一样，满怀着对未来教育生涯的憧憬。当我在鹿城文化中心参加第一次教工大会，看到那么多优秀的教师时，我默默地对自己说：我一定要成为一名优秀的教师。

学校对我们青年教师甚是关注，让我们进行了师徒结对。对我来说，师徒结对是我能够站稳脚跟的重要垫脚石。我的教学指导老师是温海滨老师，她年轻，富有活力，在教学中极具感染力。她对我的指导不仅仅是在教学设计、教学方式、与学生沟通等方面，她还对我的专业发展及教学业务发展等都极其关心。对于我在教学上得到的成绩，她都会及时鼓励，给我信心。在过去的两年教学中，我上了许多公开课，而在每节公开课背后都离不开温老师、杨老师等同事的指导，也离不开周围一些年轻老师的支持。记得教学第一年，为了准备一节公开课，李萍萍老师在放学后当了一回我的学生，认真配合我直到我将一节课完整地试讲完，并给我提了许多很好的建议，使我成

---

① 载《温州日报》，《今周教育》专刊，2007-10-01。

功地上了这第一节公开课。

这两年教学中，另一位让我非常敬佩的老师是陈秋莲老师，陈老师学识渊博，阅书无数，总能够让我与学生一起学到许多做人的道理。她对待学生一视同仁，对于在学习、行为习惯上比较弱的学生，更是关爱有加。"待人首先要真诚"，是一次她在QQ上对我说的话。而这句话帮助我改善了与一位学生的关系。这位学生曾经与我发生过冲突，曾经让我觉得丢失了自己当老师的尊严。在陈老师出差期间，我与他真诚地谈了自己对他的看法。之后，有一天放学时，他竟然走到讲台上对我说："曹老师，我觉得你班主任当得越来越好了。"这话让我油然而生一种感动，更感觉到当老师是幸福的。

这两年里，反思也是促我成长的一个重要方面。我没有每天反思的习惯，但是每当我上课很失败，或者是很成功的时候，我都会写些自己的感想，对近段时间的教学，学生的情况等作一个分析，为下一阶段更好的教学做好准备。

（作者曾获温州市直初中英语课堂教学评比一等奖）

一等奖的背后

陈姬姜

一年年的工作总结翻看过去，我发现我感觉最苦最累却也收获最多成长最快的竟然是工作的第一年。现在我还依稀记得第一次走上讲台时的情景。面对着端坐在教室里的初一新生，我的脑子里一片空白，事先想好的开场白、自我介绍忘得一干二净，连教唱歌曲时的钢琴伴奏都弹错了。

在课堂上能说好话、弹好琴、教好歌是我那时的目标。在家里对着镜子上课，在教案上工工整整地写上每个教学环节完成于几分几秒，现在这些看起来似乎很土的办法当时我都用过。那时候我们学校的办学规模没有现在这么大，组里所有的音乐老师都在一个校区任教，我们也有自己的音乐组办公室。闲暇无事时，大家都会聚在办公室里，谈谈各自对教材的看法，对上课效果的体会，对付头痛学生的绝招。正是在他们的帮助下，我才能较快地调整好自己的状态，完成从学生到老师的转型。

要说成长的契机，现在回想起来应该就是 1999 年 10 月的那次"温州市第二届音乐学科说课比赛"吧！那时候我刚刚参加工作 1 个月。我报名参加了这个比赛，然后就开始了非常痛苦的准备工作，因为没有经验，头几次写出的说课稿就像是纸上谈兵，毫无实用价值。组里的老师看我像个无头苍蝇似的乱窜，就告诉我说课不是简简单单的说课堂，它其实是对教师教法、学生学法的阐述，以及在上课的基础上对课堂效果的一种预设、把握与反思。于是，在我的教室里经常会看到她们的身影：曾月娥老师、颜红霞老师、严伊娜老师，甚至是当时已调到教研院担任教研员的沈珠琳老师，只要她们有空，就会过来听我的课，帮我分析教学中的亮点和不足之处，甚至拿来她们自己的教案给我做参考。说课稿完成之后，她们又是我的第一批听众和评委，从各个不同的角度去设想比赛时可能会出现的意外情况，比如万一停电了、磁带卡带了等。当我拿到教师生涯中这第一个一等奖的时候，很多人都说看到我在上面侃侃而谈完全不像是一个初出茅庐的新教师，其实他们哪里知道，这是因为在我的身后有一个强大的团队在支撑着我，推动着我啊！

（作者曾获浙江省第三届中小学音乐优质课评比一等奖）

没有人能独自成功

周　莹

2003 年是我从教的第三年，对我来说，这是意义特别重大的一年。我担任了七(10)班班主任和广场校区七年级段段长一职，接到通知的那一刻，我的心情只能用"震惊"来形容，我由衷感谢学校对我的信任，但底气不足的我同时也觉得压力仿佛铺天盖地而来。

倍感幸运的是，我一路走来，得到了很多人的帮助与指点，让我少走了很多弯路，因此，感恩、乐观、平和、阳光等都是我常常喜欢对自己说的话。

在教学工作上，成书文老师教会了我严谨的教风，让我懂得了语文课姓"语"，得有规有矩、有方有圆，课堂需要精细化设计，做事不能含糊；也正是成老师的严谨、严格，让我避免了年轻人做事情容易犯的浮躁和丢三落四的毛病，让我不至于成为一个浮夸的人。

阙银杏老师让我明白了语文课堂教学不是简单的知识传授、机械训练，也不是隐形变幻、虚无缥缈的，而是用自己的热情、激情来点燃学生心中求知的火焰，用自己的人格魅力真正走进每一个学生的心中。

这些优秀老师总是在我由于其他事务对教学有所忽略的时候，给我以善意而适时的提醒，使我不断地反思自己。

在班主任工作上，感谢学校给我将近一年的副班主任工作的机会，也很感激我的班主任指导老师陈小慧老师。她的细心、耐心，强烈的责任感、分析解决班级中存在的各种问题和处理突发事件的能力，无一不让我佩服。虽然只有短短的将近一年时间，但是已经使我受益匪浅，为我今年独立带班积累了丰富而宝贵的经验。

在其他事务上，我还要特别感谢倪彤老师和林晓斌老师，在我做团委工作的那两年，是他们手把手教会了我如何在纷繁复杂的琐碎工作中理清头绪，如何换位思考，如何以全局的眼光来看待问题，如何努力争做一个大气平和的人。也要感谢现在和我朝夕相处的卢淑真、何倩、陈彪蓉老师以及另外六个年轻而又亲爱的战友，是他们的包容、体谅与配合，让我在做段长一职时不至于惶惶不可终日。

一个青年教师要想得到较好的发展，除了由衷地热爱本职工作外，离不开学校的培养，离不开教研组这片沃土，更离不开前辈同事的指导，没有人能独自成功。

（作者曾获温州市直初中语文"新生代"教师优质课评比一等奖）

让感激浸在心底

张笃孟

有一句话很有道理：没有当过班主任的老师不算是真正的老师。我很幸运，2003年时学校就给了我尝试的机会，让我体验了教师这份职业的真正含义。那段时间，早出晚归是家常便饭，学生的日常学习生活琐事和突发事件让人焦头烂额，成绩不好让人忧心如焚，总之一切你都要操心，即使心碎了，你还得自己捡起来粘好重新投入。这期间，办公室的前辈们给了我很多的意见，还有校区主任、包括主管校长在内都在帮助我不断成长。

正是在这段时间，我完成了角色的变换，也实现了教学生涯的转型。在此不得不提对我帮助和影响很大的几位老师。

高波老师：一个影响了我的工作态度，乃至修补了我的价值观的好朋友。他对工作的热情和细心，对同事的真诚和体贴，都深深打动了我。让我开始重新审视教育，对待工作的态度发生了重大改变。

邓权忠老师：一个始终关心我成长的老师。我在担任班主任工作的几年时间里，是我去图书馆密度最高的时期，收集了不少的教学素材和德育资料。没想到这些积累竟派上用场，2004 年浙江省举行了思想品德教学案例评比活动，在邓老师的鼓励和帮助下，我把思品教学和德育工作结合起来写了一篇案例，机缘巧合拿了个三等奖，这可是我教学生涯中拿到的第一个省级奖。

黄慧老师：一个不能再聪明的女人！这是我对她的真实感叹！2003 年学年开学初，市教研院组织了几批老师送教下乡，我也在其中。为了准备这堂课，真的是费尽心血，我自己是三易其稿，九年级教研组、甚至七、八年级的老师都赶到西区充当智囊。黄慧老师更是连听了我三节课，不断修正我的课堂设计，指点我的授课细节，甚至每一个提问每一句总结过渡语的推敲。

要感谢的人真的很多，就让这些感激浸在心底，慢慢释放吧。

（作者曾获温州市思想品德学科"新生代"教师优质课评比一等奖）

二、拜师学习的内容

新教师要从指导老师身上全面吸取营养。对于新教师而言，拜师学习的内容应该包括以下三个方面。

1. 教学能力

教学是学校中心工作。教学能力是教师的基础能力。教师教学能力主要由下面能力构成：

（1）理解教材和教学设计能力

它包括：理解教材、充分利用教学资源的能力；分析学生特点和组合教学内容的能力；确定教学目标的能力；选择教学模式与教学方法的技能；应对课堂情形变化的能力；适应课程改革的能力等。

（2）教学语言表达能力

它包括：教学语言体现教育性和启发性的能力；教学语言符合学生特点的能力；准确流利说好普通话能力等。

（3）课堂组织与管理能力

它包括：实施教学计划方案的能力；营造课堂学习气氛的能力；调动学生积极参与教学过程的能力；驾驭课堂能力等。

（4）运用现代教育技术和动手操作能力

它包括：根据实际灵活运用多媒体技术来辅助教学的能力；将现代教育技术与学科教学进行整合的能力；动手操作能力等。

（5）教学评价和教学反思能力

它包括：掌握教育教学理论开展教育科研的能力；对学生的学情和学力进行评价的能力；对教学进行反思和调节的能力；参与继续教育提高自身素质的能力等。

2. 育人能力

教师承担着教书育人的双重职责，这就要求教师必须具备教学和育人两种能力。教师育人能力是教师出色完成教育任务，提高职业生命质量的必要条件。

（1）育人能力有助于教师培养学生良好思想品德和提高学生心理健康水平

良好的思想品德和健康的心理是学生全面发展的重要组成部分，对学生进行德育和心育是每一位教师的职责，育人能力是教师履行上述职责的基本保证。一个育人能力低下的教师，不仅不能有效地帮助学生解决思想品德和心理问题，反而使学生的问题愈演愈烈。眼下的教育实践中，日益严重的学生思想品德和心理问题与急需提高的教师育人能力已经构成了一对十分突出的矛盾。教师应当把育人能力的提高作为其职业成长的紧迫工作。

（2）育人能力有助于教师充分发挥其教学能力

学习成绩是学生的学习动机、知识基础、学习能力、思想品德和心理状况等多方面因素综合作用的结果。教学效果受到教师教学能力和育人能力的双重制约。育人能力和教学能力的良性互动，会极大地提升教师的教学能力水平，发挥教师教学能力的绩效。缺乏育人能力支撑的教学能力，其功能的发挥必定大打折扣。考察当今的教学实践，教师育人能力的欠缺已经严重妨碍了其教学能力的水平提高和功能发挥，构成了制约教师整体素质提高的瓶颈。

（3）育人能力有助于提高教师的职业生命质量

当代的教师发展理论，不仅关注教师的教育效果，而且关注教师的职业生命质量。强调教师在做出教育贡献的同时，自己应当是快乐的、轻松高效的、可持续发展的。以压抑职业倦怠、损害身心健康为代价取得教育业绩的教师，固然可敬，却也说明其职业成熟度不高，尚未达到为师的高境界。教师的许多烦恼表面上看是由日益增多和加重的学生校园问题导致的，实质上却是教师自身缺乏解决这些问题的能力造成的。教师的不良教育情绪，靠合理宣泄、调整认知，可以收一时的缓解之效，却无法从根本上解决问题。关键的措施是提高教师解决学生问题的能力，并确保这种能力在教育实践中能与时俱进地得到发展，从而消除教师的烦恼之源，为教师热爱教育、享受教育打下坚实的基础。

遗憾的是，考察当今的教育实践，相对于教师的教书能力而言，育人能力明显欠缺；相对于教师的教书能力培养而言，校本培训对育人能力的培养明显忽视。

（1）从校本培训的目标看，育人能力的培养定位模糊甚至缺失

绝大多数学校的校本培训，对教师教书能力的提高往往有明确的规定，并且把它分解成具体的知识和技能要求。而育人能力的提高，通常是笼统的一句话，甚至连空洞的规定都没有。

（2）从校本培训的内容看，育人能力的培养几乎是一个空白

这几年的校本培训，在教师的教书能力培养方面做了大量的工作，如教师"三字（毛笔字、钢笔字、粉笔字）一话（普通话）一画（简笔画）"训练，现代教学技能的训练，新课程标准的学习，学科知识的更新和拓展等，取得了明显的成效。与此形成鲜明对比的是，育人能力的培养被搁置一边，虽然师德

教育和教育观念的更新有利于教师的育人工作，但这远不是对育人能力本身的训练。

(3)从校本培训的组织形式和方法看，育人能力的提高几乎处于任其自然的状态

在教育实践中我们看到，一个教师走上工作岗位后，学校有一些行之有效的组织形式和方法帮助其提高教书能力，最常见的是通过教研组的教学研究活动，如说课、集体备课、讲公开课、听课、评课、优质课竞赛、教案评估等，培养教师的教书能力。我们似乎看不到学校在提高教师育人能力方面所做的工作，就连对班主任(学校最重要的育人队伍)也只是布置和检查工作。教师育人能力的提高处于自发状态，只有一些有心研究育人的教师有所提高，有些教师教了几十年的书，却连跟学生谈话都不会，不了解学生，找不出学生问题的成因，对于学生的问题无能为力。

对于新教师而言，有意识地自觉地向老教师学习育人能力就显得极为重要。

3. 专业发展智慧

学问有两种，即科学的学问和人生的学问。对这两门学问的学习，通俗地讲，就是"学知识"和"学做人"。科学知识和人生学问并不完全是一回事，我们通常会把掌握科学知识的人叫聪明人，把做人经验丰富的人叫有智慧的人，聪明人并不一定就有智慧，有智慧的人并不一定都显得很聪明，有时却可能在常人眼里看来有些笨拙，即所谓"大智若愚"。就知识和做人的重要性而言，有人提出"大智慧，小聪明"的观点。值得注意的是，科学知识和人生智慧有时所遵循的逻辑并不一致，甚至是矛盾的。例如，科学讲求精确，1就是1，2就是2，要么这样，要么那样，不能模棱两可。做人太求精确就是机械，就痛苦，很多时候要抱着这样也行、那样也行的心态，"随便"反映了中国人的人生智慧。再如，1-1=？，科学的答案是0，人生问题的答案却常常不是这样，你有一个苹果，送给了别人，你就什么都没有了吗？你可能得到了更多。中国人的"得失"一词蕴涵着深刻的人生智慧！一个人如果总是用科学思维去解决人生问题，就是人们常说的"书呆子"。人固然需要知识，但具

备了基本的科学知识后，决定人生发展境界的往往是人生智慧。

专业发展同样如此。从教育实践看，专业发展良好的教师都是那些富有专业发展智慧的人，他们懂得怎样经营自己，怎样弥补专业知识和能力的缺陷。有些教师专业知识扎实，专业潜质不错，却没有一个理想的发展，甚至在专业的发展道路上屡屡受挫，这大多是因为发展智慧的低下。有一位中年教师，总觉得自己怀才不遇，遭遇不公，情绪十分低落，教育业绩平平。他跟校长是师范学院时的同班同学，他说校长过去读书时成绩比他差多了，现在却成了管他的人。其实我们不难发现，这是一个缺乏专业发展智慧的教师。一个只看到自己优点、盯着别人缺点的人注定了是一个痛苦的人，他老觉得这个世界欠他的。一个看不到自己不足和别人长处的人是一个难以进步的人，他必然招来更大的痛苦。一个真正能够得到成长的人，他懂得分析自己的缺点，寻找别人的优点，这样既能使自己接受现实，又给自己提供了学习的机会。

三、拜师学习的途径

1. 借鉴指导教师的教学方案

优秀教师的教学方案对教学目标、教学内容、教学方法和学生特点进行了有机的整合。他根据学生的特点，运用适宜的方法，通过教学内容展开和推进，帮助学生达成学习目标。他能够预知学生学习中存在的困难和课堂上可能出现的意外情况，并设计出种种应对预案。相比之下，新教师的教学方案则缺乏针对性，显得简单和一般化。

【比较】

优秀教师与新教师的教学方案①

优秀教师的教学方案

课题

运用不同资源的重要性

内容

为使学生了解可供利用的信息资源的多样性、许多资源具有趣味性，特定资源与特定学科之间的联系而专门设计的一项活动和讨论

方法

1. 让学生尽可能多地说出各种不同的信息资源。如果学生有困难，可以提示教科书就是一种信息资源，由此来启发他们。把学生的答案写在黑板上。

2. 检查一下已经列出了多少种信息资源。其中一些（可能是大多数）会是印刷物（如书、报纸、杂志等）或者印刷物的集中地（如图书馆、书店等），其他的可能是互联网、电视和电影。

3. 现在让学生思考一些不常见的资源：

• 列出的单子上包括人吗？什么样的人可以是信息资源？必须是某方面被承认的专家才能被当作信息资源吗（民意调查和口述历史是两种重要的信息源，因为它们不用去咨询"专家"）？

• 这个单子包括一些不是印刷物集中地的地方吗？什么样的地方可以成为信息资源（如旅游景点、博物馆、商店、工厂、历史景点等）？必须是能拥有或者提供印刷物的地方才能被当作信息资源吗？

• 这个单子上包括一些不是印刷物或其他现代传媒的东西吗？什么样的

---

① ［美］Robert J. Sternberg，Wendy M. Williams 著，张厚粲译：《教育心理学》，北京，中国轻工业出版社，2003。

东西可以是信息资源(如楔形符号或旧影集等)?

4. 在课堂上,运用头脑风暴法列出另一个信息资源的单子。这一次尝试着把目标集中在那些非印刷物组成的信息源,这个单子可以包括:

- 你的母亲
- 旧墓地
- 当地学院的一位考古学家
- 一块来自月球的石头
- 外国使馆或领事馆
- 一个旧影集
- 你的一位仍然健在的年龄最大的亲戚
- 一个移民到美国的邻居
- 博物馆(如自然历史、艺术、体育、交通)

......

5. 当头脑风暴法结束后,再回头看一遍单子,并让学生解释是什么原因使他们认为这些是信息资源;从每一个资源当中能够获得什么(例如,你的母亲可以提供她在你这个年龄时的生活情景,一个年代久远的墓地可以提供当时人们存活的平均年龄以及当时什么样的名字最常见)?

6. 为了强调一遍,再让学生回想他们曾经遇到过的其他的信息资源:

- 班上有谁记得自己的一次野外旅行?
- 那次旅行是在什么地方?为什么那里会成为信息资源?
- 有谁记得班上曾经来做过报告的客人?
- 为什么那个人会成为信息资源?
- 是否曾经有人把某些东西带到班上作为信息资源(一个养鱼缸、一只外国猫)?是什么东西?它们提供了有关什么的信息?

......

7. 告诉学生运用其他信息资源要求掌握信息搜集的技巧,这与学生们习惯使用的方法不同。当你从百科全书中寻找信息时,你只需要查看相关主题,阅读有关文章。因此,显然没有太多的挑战性。而从其他途径寻找信息更像是侦探工作，你需要到处查找，问很多问题，记下线索，还要尽可能多地查询各种信息来源。这比只阅读一个标题文章更要求有想象力，同时也更有趣。当然，看百科全书并不意味着浪费时间，你通过查看百科全书还可以发现其他相关的信息资源。

8. 选择一个主题，布置一个写作任务。让每个学生思考或列出三种可能的信息资源，然后写下他们将怎样从这些资源中搜集信息。例如：

• 安排一次对当地人或专家的采访计划

• 给远方的某个人或组织写信做一次文字采访，并请他们通过书信或录音的方式进行答复

• 参观当地的某个地方，进行拍照，收集文献

• 记录外地某个地方的情况

• 向图书管理员咨询

• 通过互联网查询信息

• 租借有关的录像带并做记录

······

9. 在班级中分享各自的观点，并讨论其他可以获得信息的途径。

思考题

• 如果你要研究古代文明，可以使用什么方法呢？因为你所研究的对象发生在久远的过去，你会把信息资源仅限于一些书和相关的文章上吗？如果你的主题是有关古代的，那么你会把什么样的人、地方或事物列入信息查询范围呢？

• 如果你要采访某个人，在采访前你需要考虑哪些问题？例如，被采访的人会很配合吗？有没有一些特别需要对方回答的问题？你怎样才能记住那个人所说的话，做笔记还是录音？如果你无法当面见到那个人怎么办？通过电话可以进行采访吗？

10. 课程结束时要求学生把他们认为运用多种信息资源的优点和缺点列下来，与学生交谈，看看怎样可以解决学生列出的问题。

新教师的教学方案

课题

运用不同资源的重要性

方法

1. 问学生在他们完成学校作业、设计和任务时，通常采用什么样的信息?

2. 让学生讨论可供利用的信息种类，提供三种教师最常见的搜集有关讲课内容信息的方法。

3. 让学生提出一些不太常用的信息类型和资源，将它们分类列在黑板上。问学生他们以前是怎样使用这些资源的，以及他们运用这些资源都完成了哪些任务。

4. 选择一个主题布置一个写作任务，学生可以对选择什么样的题目发表意见。当具体题目确定以后，要求每一个学生提出三个不同的涉及该题目的信息资源，强调三个信息资源中至少有一个是不太常见的。要求学生在家中完成任务，第二天在课堂上展示给其他同学。

2. 听指导老师的课

上课并非教学方案的简单解读。课堂是师生相互激发、共同创造的场所。课堂教学水平是教师综合素质的反映，新教师在听课过程中，能够最直观地发现自己与优秀教师的差距，从而提高课堂教学能力。

【阅读链接】

新教师如何听课

常发荣

听课是新教师钻研业务的一种好形式。那么，新教师应如何听课?

一、听课前的准备

对于新教师来说，听课主要是学习、吸收和借鉴其他教师上课的经验。为此，听课前应做必要的准备。首先是知识准备：了解授课教师的教学进度和教学内容；了解课程标准对教材章、节或单元的教学目标设定；了解教材知识的编排体系；分析教学内容的重、难点等。其次是教育对象准备：了解学生目前状态、已有的知识基础及其当前的认知结构和能力。第三是自我准备：考虑由自己来处理这一部分教材可能会遇到什么样的问题，应怎样处理。也就是说，要带着问题去听课。

二、听课的内容

听课的内容要因人、因课而异，我认为，应该听以下两个方面的内容：

1. 听教育观念

教育观念是指导教学的思想基础，用于指导教师的备课、授课等，它贯穿于教学的全过程，是教师教育理论水平的具体体现。所以，听课应听授课教师在教学中应用什么样的教学原则，是否注重以人为本的思想；是否注重抓基础、重方法、练技能；是否充分体现教师"导"的作用，注重培育学生的学习兴趣以及学生终生学习能力的培养。

2. 听教学过程的设计与实施

主要包括教师对教材的处理，教师对教法的运用，教师对课堂教学的驾驭等方面。也就是听教师的教学基本功和教学过程。（1）听教师在教学中反映出来的教学基本功：教师对课堂教学的组织、教材的把握、教法的运用、板书的设计、教学态度、教学语言以及教师驾驭课堂、驾驭学生的能力；教师的教学思路、方法是否符合学生的认知结构，并与自己的"自我准备"比较。（2）看学生在课堂教学中的表现。学生是教学效果的主要体现者。听课者应该听学生与教师的配合，学生参与教学的程度，接受知识的能力。看学生是否在教师的引导下充分发挥主体作用，随同教师一起进入情境，探讨问题。（3）听教学全过程。教学过程是由教学任务、教师、学生和教学手段构成的教学运动过程。听课者应看课堂教学的气氛与节奏，分析授课者采取的教学手段、教学方法是否突出重点，突破难点；是否同学生一起将抽象的问题具体化，枯燥的问题趣味化，静止的问题动态化，复杂的问题简单化，从而优化教学过程。

三、听课的方法

听课有助于个人积累教学经验，拓宽视野，完善自我，灵活把握课堂教学技巧，提高课堂效率。听课应注意抓住"听"、"看"、"思"、"记"四个环节。

听：听的过程便是将所学的经验储存到记忆中的过程，只有认真仔细地去听，才会提高自身的教学能力。重点应该听取课堂导入语言是否精练、引人入胜；过渡衔接是否承上启下、自然流畅；问题启发是否科学准确、深思熟虑；课后小结是否规范完整、概括性强。

看：只有观察才能分析，要有目的地看。看教师的教学姿态是否自然大方，看教师上课时的精神是否饱满，看教师的板书设计是否精练概括，看教师的作业布置是否适中等。

思：也可称教学比较，实际上也就是教学思考，包括课前思考与课后反思，这是听课的一个重要环节。主要是比较上课教师与自己教学思路、教学方法的不同点，分析教学设计、问题处理的区别点，发现教材处理、知识挖掘的详略点。只有通过同自己的教学思想、教育观念的比较，对教学现象及教学效果进行反思，才能捕捉到别人的闪光点，弥补自己的差距；只有勤于思考、善于思考，才会有较大的收获。

记：听课时要做好听课笔记，记录整个教学过程。在记录授课教师的主要教学环节时，要写出简要的评语，听课结束后，要写出听课体会，以便日后交流借鉴。

3. 观摩指导老师的育人活动

参加指导教师的班会活动，观摩指导教师如何与个别学生谈话，聆听指导教师如何与学生家长交流，能提高新教师的育人能力。

4. 与指导老师个别交谈

新教师要主动寻找与指导教师个别交流的机会，汇报自己的思想，倾诉工作中的困惑与烦恼。这种非制度性的私下沟通，往往产生更融洽和真实的交流，有助于解决教学专业成长中的实际问题。

第三节　心理咨询

心理咨询是一种特殊的助人活动。它能帮助人们过上更有意义、更有效率、更有幸福感的生活。心理咨询发展到今天，其服务范围十分广泛。职业咨询一直是心理咨询的重要内容，且在长期的咨询实践中，职业咨询获得了长足的发展，服务质量不断提高。与社会职业的日趋细化和快速变迁相适应，职业咨询的专业化程度明显提高。一位咨询师同时从事多种职业咨询的情况将会越来越少见，取而代之的是，职业咨询走向细化，那些既受过心理咨询训练又对某种职业有深入研究的咨询师，能为该职业的从业者提供更有针对性更为有效的帮助。

教师心理咨询属于职业咨询，是发达国家职业咨询中发展得较为完善的一个领域。教师心理咨询帮助教师更好地实现专业发展，获得教育业绩和身心健康的双丰收。近些年，由于教育和教师专业发展受到高度重视，我国的教师心理咨询研究和实践蓬勃展开。尽管我国目前所提供的教师心理咨询服务还远远不能满足广大教师的实际需求，并且这种服务的途径、形式、机构和保障机制还有待探索和完善，但还是有不少教师创造条件，充分利用各种资源，寻求专业咨询人员的帮助，较好地解决了自己在专业成长中的问题。新教师在学校适应中，难免遇到仅靠自身现有资源无法应对的困难，这时，求助于心理咨询是一个很好的选择。

一、心理咨询概述

心理咨询是在一种建设性的人际关系中，咨询师运用心理学理论和技术，通过与求询者的交谈、协商和指导过程，针对正常人及轻度心理障碍者的各种适应和发展问题，协助求询者进行研究和探讨，借助于求询者的有益改变，帮助求询者自立自强、增进健康和提高生活质量。

社会之所以需要心理咨询，心理咨询之所以有较好的助人效果，是由心理咨询的特点决定的。

1. 心理咨询是一种专业的助人活动

不是任何安慰和开导都可以称之为心理咨询。心理咨询是由经过专业训练的咨询人员，运用专业知识和技能，为求询者提供帮助的活动。心理咨询涉及哲学、心理学、生理学、教育学、社会学等多学科知识，其中心理学知识占重要地位。心理咨询师需要掌握倾听、同感、澄清、面质、自我袒露、行为改变、认知改变等专业技能。

心理咨询活动受到专业伦理的规范。心理咨询人员必须遵循专业操守。如保密性原则要求咨询师做到以下几点：不把求询者的资料作为社交闲谈的话题；除了在培训教学中，求询者的身份务必被充分隐藏；不在公开讲演和谈话中提及咨询个案资料；避免有意无意地以个案举例来炫耀自己的能力和经验；所做的个人记录，不让他人查阅；不得将记录档案带离咨询机构；建立健全的储存系统以确保求询者档案的保密性。保密例外只适合以下情况：求询者有明显的自杀意图；求询者有明显的伤人倾向；司法调查的需要等。即使遇到保密例外的情况，也要尽可能控制知情范围，并告知知情者注意保密。

2. 心理咨询提供的是心理帮助

不同的助人者提供帮助的内容不同。心理咨询给求询者以心理帮助。如一位失恋者，他可以求助婚介机构，婚介机构会给他介绍新的恋爱对象。他也可以求助身边的人，希望他们劝说对方回心转意，重续旧好。当他求助于心理咨询时，咨询师通常会提供以下帮助：帮助他宣泄那些未曾表达或未完全表达的失恋消极情绪，避免他由此形成关于婚恋和异性的极端认识，探讨他在恋爱能力上的欠缺表现及改进策略。这些就是心理帮助。

因为心理咨询提供的是心理帮助，所以它是一项助人自助的活动。它不代替求询者解决问题，而是帮助求询者挖掘出自身资源，培养出解决问题的能力，促进其可持续发展。例如，在失恋咨询中，咨询师不是扮演"媒婆"角色为其介绍对象，而是培养求询者的恋爱能力。这是更为根本的解决问题的方法。因为如果一个人的恋爱能力有缺陷，纵然给他介绍对象，也往往会以失败而告终。

3. 心理咨询是在建设性的人际关系中进行的

心理咨询本质上是一种人际互动的过程。咨询关系是决定咨询成败的首要因素。咨询者若能成功建立起一种充满信任、理解、真诚、关爱、尊重、宽容、接纳、自由和托付感等成分的关系氛围，那么即使不考虑特别的咨询理论和技术，也能取得一定的咨询效果。反之，如果没有构建良好的咨询关系，即便有正确的技术，咨询效果也不好。

良好的咨询关系有助于求询者自由、深层次的自我探索，开放、无压抑的情绪表达，自尊、自信的提高，对咨询者的认同和模仿，从而发生积极的自我改变。这种人际关系是建设性的，从中可以诞生崭新的精神生命。其实，求询者的心理问题正是产生于过去成长经历中破坏性的人际关系，这种关系充满了猜疑、主观、虚伪、冷漠、训斥、挑剔、对抗、压制等，它玷污、摧残了稚嫩纯洁的心灵，阻碍甚至歪曲了个体的自我实现之路。

4. 心理咨询是求询者的一种学习和成长的过程

心理咨询是求询者的一种学习形式，是求询者的一个成长途径。其学习内容和成长收获极为丰富，最核心的是健康人格的养成。这种学习既包括习得新的资源，也包括改变个体已有的既往生活中沉积下来的根深蒂固的不当的认知、情绪和行为等人格特质。这是一个充满着艰辛的过程。

心理咨询活动的主体是求询者。咨询过程不是咨询师自我表现的过程，而是求询者通过学习获得成长的过程。与任何学习、成长一样，这个过程是缓慢的、长期的。求询者必须有充分的心理准备，有足够的耐心，不可急于求成。

5. 心理咨询源于求询者的主动求助

只有当一个人主动寻求心理帮助时，咨询关系才能形成，心理咨询才有效果。实际上，主动求助的意义不仅仅表现在咨询的开始阶段，它贯穿于整个咨询的全过程。一般说来，在心理咨询初期，咨询师的理解、尊重和接纳通常让求询者产生一种相见恨晚的"蜜月"体验，能够强化其求助动机。而到了咨询中期，需要求询者直面自己的问题，做艰难的改变时，一些求询者的逃避、排斥心理就产生了。这时，除了咨询师的正确应对外，求询者的自我坚持就极为关键。如果求询者此时放弃咨询，就会功亏一篑。万一出现这样的结局，咨询师也不可强意为之，而应当尊重求询者的意愿。这就是心理咨询中的"来者不拒，去者不追"的原则。

二、教师心理咨询

教师心理咨询既有心理咨询的一般特点，又有自身的特殊性。

1. 咨询目标：促进求询教师的专业发展

咨询目标是心理咨询活动的方向、动力和评估依据。教师心理咨询有着明确而独特的目标，就是促进求询教师的专业发展。咨询者虽然要协助求询教师解决他们遇到的实际教育问题，但更注重引导教师分析问题产生的自身原因，找出妨碍教师专业发展的各种因素，探寻克服诸种因素的有效方法，促进教师专业发展的可持续进行。在实际的教师心理咨询活动中，求询教师通常是抱着请教有关教育方法的初衷而寻求心理帮助的，随着咨询进程的展开，他们逐渐认识到，教育方法的缺少和不当通常只是表面现象，教育方法是否丰富，使用是否得当，受制于内在的教育观念、教育情感、人格特质，科学的方法根植于正确的观念、成熟的情感和健全的人格，通过内在教育资源的优化，实现自身的专业发展。如果咨询者不能站在教师专业发展的高度，只是就事论事地给点建议，不能给予求询教师有效的帮助。

2. 咨询者：既擅长心理咨询又深谙教师成长规律的专业人员

教师心理咨询对咨询者有更专业的要求。要求从事教师心理咨询的人，既受过心理咨询的专门训练，又对教师成长规律有相当的研究。他们应当有多年的成功教育经历，或者本身就是发展到一定境界的优秀教师。

3. 求询者：不能自行解决教育实践困惑而主动求助的教师

教师心理咨询的对象是教师。当教师带着教育问题来寻求心理帮助时，咨询者面临着较大的挑战，因为咨询者要解决的是专业人士的专业问题，没有相当的实力是难以应对的。但教师心理咨询也有着极为有利的条件，因为教师都有较好的文化素养、沟通能力、领悟能力和学习能力，咨询者只要应对得当，教师心理咨询大多能收到较好的效果。

【阅读链接】

"一巴掌"引起的谈话①
——教师心理咨询手记

2005年5月，我应邀去一所小学做《教师心理素质修养》的报告。报告结束后，受校长之托，与该校一位姓郭的年轻老师进行了一次谈话。起因是郭老师前不久打了一个学生一巴掌，学生不愿上学了，家长找学校理论，影响很坏。学校责成郭老师给被打学生和他的家长道歉，并在全校教师大会上做检查。事态表面上算是平息了，但校长感到郭老师的态度并不十分诚恳，甚至隐藏着一些抵触情绪。希望我能与郭老师谈一谈，给他一些帮助。下面是这次谈话的摘要记录，笔者简称"王"，郭老师简称"郭"。

王：郭老师，你好！很高兴有机会跟你交流。你能就我刚才的讲课给点建议吗？

郭：讲的还是蛮有道理的，举例也比较切合实际，不过，说起来容易，真做起来可就太难了。

王：听说你最近遇到了一件不开心的事情，我们能谈谈这件事吗？

郭：怪只怪自己的运气不好，别的老师打学生就没事，我打了一巴掌，学生不上学，家长来扯皮，学校要我道歉、检查，没完没了。

王：你好像感觉有些冤。当时怎么就打了学生一巴掌呢？

郭：你不知道有多气人！这个学生经常不交作业，总是扯各种理由来撒谎，这次我实在是忍不住了，冲动起来，顺手就给了他一巴掌。

王：看来是克制不住的愤怒在作怪！不过，如果你不介意的话，我想和你一起探讨一下，当时真的是忍不住还是根本就没去忍？

---

① 王文：《"一巴掌"引起的谈话》，载《班主任之友》，2005(9)。

郭：当然是忍不住！

王：假设当时引起你愤怒的是你的校长而不是你的学生，你会顺势一巴掌过去吗？

郭：当然不会！

王：看来愤怒并不是唯一的原因。还有你当时没有意识到的其他原因。

郭：你说的有些道理。现在想起来可能真的有其他原因，可是这原因是什么呢？

王：我这样去猜测不知你赞不赞同，比方说，可能你下意识觉得校长是不可以打的，而学生是可以打的，所以面对校长时，你可以忍住愤怒不出手，面对学生时，忍都没忍就出手了。好像关键不是忍不忍得住的问题，而是是否真的去忍了。这样看来，似乎你当时并不冲动，甚至反而是理智的。

郭：仔细分析起来，好像是这样的。

王：这个事件表面上看是由学生不交作业引起的，可我们设想一下，如果那次不交作业的是一个平时表现不错的学生，或者是自己比较喜爱的学生，你会采用同样的教育方式吗？

郭：应该不会吧。

王：那怎么对这个学生就会这样呢？

郭：可能是长期积压的对他的不满在瞬间的爆发吧。

王：看来学生的这次行为只是一根导火线，它引爆了你心中长期累积的对他的不满情绪。这也说明你平时没有及时清理、消解自己对一些学生的不良情绪，这些累积的不良情绪在某些刺激的触发下，犹如干柴遇烈火，容易酿成过激行为。

郭：我想是这样的吧。

王：其实学生不交作业的原因很多，有些原因也不是不能原谅的。你为什么连解释的机会都不给他，就给了他一巴掌呢？

郭：我没有兴趣听他的解释，他是一个爱撒谎的人。

王：看来你是凭借自己对这个学生的固有看法来替学生的行为进行归因的。这样归因有时可能与实际情况相符，有时则是错误的。不管怎样，听听学生的解释，应该是解决问题的第一步，它会使我们在教育过程中少犯错误。抛开自己的主观经验，倾听学生的解释，许多时候会给我们老师增进不少新鲜的体验。我在学校为学生开设了一门选修课《咨询心理学》，有一次上课时，几个学生听了一节课就离开了教室，我当时心中有些不快，感到这种行为伤害了我的教学自尊和自信。后来冷静一想，学生不愿听你的课，说明自己的教学存在有待改进的地方。下一次上课时，我利用课余时间征求这几位学生的教学建议，没想到他们对我说，很喜欢听我的课，上次他们班有个很重要的活动在时间上与《咨询心理学》冲突了，他们硬是与活动负责人反复商量，想尽各种办法听了一节课才去参加活动。你看，本当是一件值得高兴的事，却让我产生了烦恼。当时为什么就压根儿没想到会是这样的原因呢？这说明我们常常被固有的归因模式所操纵。其实，面对极其个性化的学生和纷繁复杂的教育事件，再有经验和智慧的教师也难免误解学生，这时最好的方法就是给学生解释的机会。给学生机会，就是给教师自己机会。

郭：我也曾读过一些关于教师情绪调节的文章，知道教师情绪修养的重要性。但我是一个容易发怒的人，也许我的个性不适合当老师。

王：易怒更多的不是一个人固有的个性，而是过去经历强化的结果。教育者的愤怒及由此引发的发怒行为有时的确可以取得一些快速的表面的管理效果，这就使得他们可能习惯于产生这种情绪，并乐于采用由这种情绪所导致的教育方法。心理学的研究发现，发怒常常是一个人缺乏解决问题的能力而采用的控制他人的手段，反过来，发怒又常常使他丧失了提高解决问题能力的机会，于是，解决问题的能力越差，越容易发怒，越发怒，解决问题的能力越差，形成恶性循环。一个教师如果经常依靠发怒去解决学生的问题，他付出的代价是沉重的，他扼杀了自己的专业成长。要使自己有良好的教育情绪，一个较为根本的措施是提高自身解决教育问题的能力。自我改变注定要经历一个艰难困苦的过程，而为了避免承担这种痛苦，"易怒是我的天性"这个颇具迷惑力的借口就产生了，有了这个借口，既可以不去改变自己，又可以免受内心的谴责。

郭：您在讲座中介绍了埃丽斯的情绪ABC理论，埃丽斯认为情绪不是由刺激事件产生的，而是由当事人对这一事件的看法决定的，道理虽然不错，可当你遇到学生的问题时，怎么看都只能是生气，又怎么会高兴得起来呢？

王：我曾经接触过两位英语老师，我发现他们在教学中对学生学习错误的情绪反应是迥然不同的，每当学生暴露出读音、语法等错误时，一位老师总是很生气，责怪学生没复习、不认真，课堂气氛很紧张，学生不喜欢他，他自己也不快乐。另一位老师发现学生错误时，总是很高兴，耐心地帮学生纠正错误。我问他为什么不生气反而高兴，他说，老师的职责就是帮助学生发现错误、改正错误，正是学生的错误给我们老师提供了施教的机会，一天结束时，他经常会想，今天发现了几个学生的错误，帮助学生改掉了几个错误，总会产生满足感和成就感。

郭：真没想到当老师的学问这么大！那您说我现在该从哪儿做起呢？

王：调整好自己的教育心态。学会感激每一个学生，是他们给自己提供了工作岗位，是他们的各种问题提供了我们锻炼、提高自身教育能力的机会。对学生的感激之情，会把教师带入从教的新天地，提升到一个从教的新境界。

郭：谢谢您的指点，我会努力去做的。

王：对于学校对这件事情的处理，你还觉得是自己运气不好，很冤屈吗？

郭：过去的确是这么想的。现在看来自身存在的问题确实很大。

王：教师的不当教育行为被学校发现和处理是一件再自然不过的事情了，相反，过去发生在你和其他教师身上的类似体罚事件未被发现和处理倒真算是你们的"走运"。不过，走这种运付出的代价是惨重的，它使我们错失了自我反思和成长的良机，使我们的错误日渐加深却不自觉。如果通过这次的事件，你开始反省自身的问题，并有自我完善的实际行动，那么你应当感谢这件事，感谢那个学生和学生家长，感谢学校，因为这种有益的改变，一定会使你在以后的教育实践中交上好运。

三、从教师心理咨询中获益

利用教师心理咨询来帮助解决自己在专业发展中遇到的各种问题，是新时期教师应有的意识。在寻求教师心理咨询帮助时，教师要注意以下问题：

1. 正确认识教师心理咨询

心理咨询虽然日渐被人们接受，但民众中仍存在一些普遍的错误认识。最为突出的依然是，认为只有心理疾病的患者才需要寻求心理咨询，与心理咨询者打交道是不光彩、需要隐藏甚至见不得人的事。这常常使得许多人心理潜能得不到有效的开发，生活质量得不到应有的提高。这种错误认识在一些教师中同样有市场。这就使得他们在急需帮助时却错失了被帮助的机会。其实，寻求教师心理咨询，扫除自己在专业发展道路上的障碍，犹如在陌生之地向人问路、有字不识查阅字典一样，是一件再自然不过的事情。善于利用外界的发展资源，是教师专业发展的一项重要技能。

2. 寻求合格的咨询者

好的心理咨询助益人的发展，不当的心理咨询则误导人的发展，不仅无助于问题的解决，反而会恶化问题、泛化问题。当前，社会对心理咨询需求强烈，合格心理咨询者供给严重不足，心理咨询行业管理混乱无序，求助者应当有一双能识别的慧眼。这一点做起来是很不容易的，要求一个有心理问题的人能判别一个有心理咨询专业资质者的实际资质本身就有相当的难度，何况"病急乱投医"是一种普遍心理。这就造成时下不少心理咨询悲剧的上演。

教师心理咨询对咨询者的专业素养有着更高的要求，其资源供给自然就更为稀缺。新教师要做专业发展的有心人，了解、熟悉当地的教师心理咨询者。如果身边没有合适的求助对象，可以通过报刊、网络查找，采用电话、通信、网络聊天等方式进行咨询。

【阅读链接】

教师心理信函咨询

王文老师：

您好！

我是一位与您素不相识的中学语文老师。前不久，我在《班主任之友》杂志上读了您的《"一巴掌"引起的谈话》这篇文章，觉得您分析得很细致，也有道理，猜想您是一位教师心理研究方面的专家。因此，我鼓起勇气，向您咨询并请教一个困扰我多年的心理问题，请您在百忙之中为我看一看，在此我深表谢意。

我大学毕业从事高中语文教学工作已有五年了。在工作方面，我自己觉得还是挺努力的。有很强的进取心和事业心，现在教师之间的竞争很激烈，我不想干得比别人差。但是，我现在有强烈的职业倦怠感，觉得做老师太累了，身心疲惫，没有意思。主要是这样一个问题始终困扰着我，使我对教学工作失去了兴趣。

可能我这个人是个完美主义者，课堂上我对学生的纪律要求特别严格，具体表现为不允许学生随便讲话，左顾右盼，交头接耳。2003年带高三，班上有几个男生好讲话，我在课上骂过多次，但并不见效。特别是我板书的时候，他们喜欢乘机窃窃私语，这让我非常生气，因为我上课习惯于不讨论问题时教室里要保持绝对的安静，哪怕有一个人小声讲话，都是我所不能容忍的，肯定想把他揪出来，找他算账。这件事大大影响了我上课的心情，从此，只要上课无端有人讲话，我的心情便会急转直下，心中很难受，几乎不想把课讲完。这几乎成了我的致命伤，大大影响了我的教学兴趣和教学效果。有时，我也这样想，是不是我对学生要求太苛刻了，以致庸人自扰。但是《中学生日常行为规范》明确规定，学生上课不允许随便讲话，这也不是我故意为难学生啊！难道上课有人讲话能置之不理吗？

2004年我教高二，相对于高三来说，班上的情况要好得多，但也不是风平浪静，也有几个学生较活跃，时不时也有人交头接耳，因此上课时我总是盯着这几个人，生怕他们讲话。如果没人讲话，这节课自然上得较舒服；如果有人讲话，我心里就不舒服，闷闷不乐，上课没有激情，甚至有时大发雷霆，影响了课堂气氛。长此以往，学生都以为我这个人严肃死板，有点怕我，这让我很苦恼。因为生活中我并不是一个死气沉沉的人，我很懂得幽默，如果不是课上有人讲话，我也会把课上得有声有色，学生爱听。我有一个顾虑，如果课上放开点，活跃点，有些学生就会乘机讲话，这是我所不能容忍的。因此我上课气氛自然就不能活跃，可是看看学生的评价，我真的很委屈。凭我的才华，凭我的刻苦，我应该是能把课教好的，这一点我很自信。可是由于产生了这样一个心理问题，使我深感力不从心，回天无力。再看看我的同事，似乎很少有人像我这样的，有时我觉得自己很怪，很可笑。从2003年到2005年，这个问题一直困扰着我，使我很少有快乐的时候。我的教学兴趣在一点点消失，我觉得我再也不是大学刚刚毕业时那个血气方刚的我了。如果要摆脱这个噩梦，我想只有放弃教学工作，因此我对教师这个职业有非常强烈的倦怠感，我只有干点别的……

有时，我静心想想，产生这样一个心理问题，可能跟我的性格有关系。追求完美，争强好胜，同时又多愁善感，敏感多疑，很小的事情容易想得过于严重。有事憋在心里，不肯与人交流，哪怕是妻子，痛苦只是一个人独自承受。性格上的这些弱点，我想也是产生心理问题的诱因。

王老师，您在大学任教，时间很宝贵，冒昧给您去信，心中很不安。可是我被这样的问题困扰，我真心希望得到您的指导。请谅解我的冒昧与无礼。

盼复！

祝

工作顺利！

××

2005.11.24

×老师：

您好！

很感谢您对我的信任。我出差刚回，你的来信至今回复，请您见谅。

"老师难当！"这是时下教师的共同感慨。应该说，这是时代对教师提出的要求越来越高。我以为，改变自己是当今教师适应时代发展的唯一选择，因为学生的改变是教师的自我改变换来的。不知道您会不会认同这一观点？

您来信所提到的问题，我认为涉及教师如何看待学生在课堂上讲话和如何对待学生在课堂上讲话两个方面。这两个方面其实也是相互联系的，不能平和看待自然就难以宁静对待，不能有效解决自然就更加反感和厌恶。

先说第一个方面吧，不知您为什么对学生在课堂上讲话如此生气，甚至发展到后来的担心？不知道您发现学生讲话时心里是怎么想的？其实学生讲话并不都是有意破坏课堂纪律，更不都是有意挑战教师的权威，有的可能是一种不良习惯，有的可能缘于自制力较差，有的只是当时有一些急于要说的话。课堂上鸦雀无声当然是好事，但出现一些人讲话也并不是无法忍耐的坏事。我猜想您工作的学校可能生源不错，其实现在有很多教师的课堂吵闹得连正常教学都无法进行。如果说是学生的讲话败坏了您的教学情绪，不如说是你理想化、绝对化的要求败坏了自己的教学情绪。

再说对待学生课堂讲话的问题，"愤怒时切勿行动"，因为愤怒时的行动通常不仅解决不了问题，反而把问题弄得更糟糕。可愤怒中的人很容易行动，您自然也难以例外。我觉得对于课堂讲话的学生，除了及时的暗示、善意提醒外，课下的沟通可能更为重要，了解原因，区别对待。在这个问题上，教师对学生的尊重和宽容格外重要，这有利于构建良好的师生关系。师生关系好，您的话对学生就有影响力，学生都不好意思违反您的要求。对抗便没有教育。

我刚参加工作时也有和您差不多的经历，老想管住学生，学生必须按照我的要求办，结果自己很痛苦。这些年的人生经历和教育经历让我有许多新的领悟，现在我更喜欢把学生看作自己的弟弟妹妹，看作学生时代的我，看作一个活生生的会犯各种错误的有情有义的人，与学生有一种发自内心的亲近感，学生也乐于与我一起去创造、生成教育生活。

正如您所说的，您的这些问题源自于您内在的个性缺陷。从心理学的角度看，您的性格中存在一些所谓"好过了头的优点"，如追求完美，好胜心强，过分敏感。这些缺陷在您自己过去的生活经历中通常被别人甚至是自己当作好东西而不断强化出来的。然而正是它们造成了您现在的痛苦。如果这些缺陷不能得到及时的纠正，当遇到生活和工作中较大的挫折和复杂的矛盾时，还会给您的心理健康造成大的危害。关于性格修养的问题，您可以找有关的书籍看看。

以上所言，不知对您有无帮助？

祝

如意！

王文
2005.12.12

3. 善于转化咨询成果

不要指望咨询者能够替代自己解决问题。好的咨询只是在咨访双方的有效沟通中，发现问题，明确原因，找到对策，起一种"点化"作用，真正的问题解决要靠自己在实践中摒弃错误的习惯，践行正确的方法，一以贯之，持之以恒。常听一些求询老师对我说，你讲得有道理，可我就是做不到。既然有道理，你为什么就做不到？难道你能做到的就是没有道理的事？其实，常人有一种通病，就是抵制自我改变，容易被习惯支配，为自己的不努力找借口。转化咨询成果的关键，是拿出极大的勇气和毅力，改造"旧我"中根深蒂固的势力，重塑"新我"。这种变化有时是脱胎换骨的，自然免不了一番撕心裂肺的痛。

第四章　新教师专业发展的基本策略

初为人师的你刚刚走上三尺讲台，对于每一天的生活，一定有一些兴奋也有一些紧张；很多以前看来很简单的问题会让你有一些"招架不住"，如维持良好的课堂纪律、调动学生的积极性等；花大量时间备课，上课时不敢偏离预定方案，不能灵活地根据学生的需要和兴趣做出反应；不知道怎样融入教师群体中……

本章节力求突出"实用性"，为初为人师的你提供观点上的启示与策略上的指导，为初为人师、初课入堂、初试教学提供一些实用性的技巧，但对刚出校门的新教师来说，不仅要拥有专业的知识，更有青春的活力与年轻的梦想。在这"导入期"仅仅完成这些专业素养的"原始积累"还是远远不够的，更要从新教师的职业生命出发，在更好地接受与适应的同时，启动热爱教育的引擎，引领新教师专注自己的事业，择高而立，更好更快地发展，为自己的职业生命奠基。

第一节　培训与辅导

与其他职业一样，一位教师的头几年生涯无疑是最艰难的，但很多的新教师都成功地克服了困难并能继续帮助他们的学生实现自己的梦想，他们正是通过不断发展自己的专业知识与技能才能做到的。怎样获得让你教育生涯取得成功的专业知识与技能呢？答案很简单：再当一回学生！

正如你为做一名好学生而勤奋多年一样，你现在又将努力地成为一位优秀的教师。这些努力都需要相同的技能，学习、专注于自己的目标、相信自己、寻求帮助、完成作业、与他人愉快共事、做好笔记等。不过最首要的就是，注意留心你身边的优秀教师！

一、新教师培养学习能力要解决的三个问题

新教师的学习能力的培养主要有三点：一是如何具有较强的学习内驱力；二是解决好学习什么；三是怎样学习。

1. 有较强的学习内驱力

所谓内驱力，一般是指由人的心理欲望刺激生理机制而产生的能够驱使自己从事某一活动的内在推动力。你的学习内驱力，要求你在强烈的事业心、责任感的驱使下，自我激活学习热情，使学习成为一种乐趣、一种需求、一种自觉而持久的个体活动。

由内驱力而引发的教师学习活动将会形成这样一种最直接的正向效应：拓宽知识视野、优化能力的结构——强化求知欲望、保持工作热情——激发钻研精神，提高教学效率。

2. 不断优化学习内容

学习内容的确定，关系到学习效果乃至于成效。学习者须在精选学习内容上认真思考，善于决策，不断优化学习内容。

(1)学习内容要"求博"。①求博于教育科学理论。教师通晓教育理论，可以不断丰富教育的指导思想，不断完善自己的能力结论，不断改进教育教学方法，从而有效地提高教育教学质量。尤其是在应试教育向素质教育转轨的今天，教师如果不以先进的理论指导实践，就不能适应现代教育事业的需要。②求博于相关学科知识。如果对当代教师的知识结构作一分析，应包括三方面的因素，即教育理论、专业知识以及与之相关的其他学科知识。如果教师对教科书以外的知识一无所知或知之甚少，课堂教学就难以左右逢源、得心

应手，当然对学生的教育和影响力也会大大减弱。当年鲁迅先生曾告诫文学青年"不要专读文学书，还要读自然科学方面的书"。这虽然是从文学创作的角度讲的，但对教师来说同样适用。

（2）学习内容要"求专"。①求专于学科知识。学科专业知识是教师知识结构的核心因素。现代科技的日新月异，教育对象的发展变化，教科书的常编常新，都要求教师不论是否经过系统的专业培训，都应在不断变化的教学实践中学习专业知识。一要系统全面，二要扎实精神，这样才能厚积薄发，讲起课来游刃有余，运用自如。人们常用"要给学生一碗水，教师要有一桶水"这句话来形容传授知识同掌握知识的关系。②求专于研究课题。教师在精通专业知识的同时，还应根据其专业特点和个人兴趣，有目的、有计划地选取一个或几个专业性课题，进行深入细致的探讨。这就需要广泛积累研究资料，充实大脑"信息源"，以激发对研究课题的浓厚兴趣。常见那些进取心强的学习者，对未知世界充满好奇，对已知世界又不满足，总是上下求索，永无止境。

3. 选择科学学习方法

科学的学习方法是学习者的指路灯，它可以引导你少走弯路，顺利到达理想的彼岸。学习方法的选择因人而异，但就其要求而言，一定要有目的、有计划、有步骤，循序渐进，坚持不懈。

教师学习的目的是为了丰富自己（提高自身素质）、影响他人（发表论文论著以飨读者）、指导实践（促进教学相长），其中又以指导实践为要。因此，判断教师学习能力高低的标准就在看其是否能学以致用。现实告诉我们：缺乏学习能力，仅靠一本教学课本、一本教学参考书维持教学的老师，往往工作平平，难有创新。而学习能力强的教师，则大都能把别人的经验、成果转化为自己的知识和能力，用以指导自己的工作，从而创作出不平凡的教育教学业绩。另外，在学习过程中，教师应力求把结合教学实践所获取的大量有效信息内化为研究能力，进而转化为研究成果，写出有价值的论文论著。学习而不出成果，不是成功的学习。当然，"看似寻常最奇崛，成如容易却艰辛"，厚积才能薄发。只有常年不断地坚持学习，打下坚实的业务功底，才能获得教育教学的丰富研究成果。

二、新教师将理论转化为实际的三个途径

教师头几年生涯里最令人气馁的一个话题就是，你认为班里应该发生的与实际发生的事情之间的落差。在教师职业生涯早期，应该学习的专业技能就是怎样将你在大学学到的那些有魅力的教育理论运用于你的课堂，从而缩小理论与实际之间的差距。你可以从这三种方法入手：向你的同事学习；从读书和研究中学习；实践实践再实践。

1. 向你的同事学习

要学会如何获取你所了解的以及学生需要的那些教学经验，第一种方法就是向其他教师学习。从同事那里学到的将会比其他任何支持源多得多。

新教师可以通过以下方法，充分利用同事的知识技能来帮助你实现你所期望的班级实际行为。

(1)尽可能经常观察其他老师。即便你不用逗留一整节课的时间，不用特地做观察日记，但只要你观察到了其他教师的教学，每次你都能学到新的东西。

(2)多请教问题。其他教师能回答出大多数你面临的问题，向他们寻求帮助。

(3)也让其他教师观察你。越多教师观察你的教学并给予建设性的批评意见，对你来说就越好。这么做还有另外一个好处，它能够让你迅速习惯于被别人观摩与考察，等上级来听课的时候，你就会更加自如。

(4)通过论坛或聊天室的方式加入一个网络小组。这种向其他教师学习的方式有一个优点，那就是你可以感受和分享所有教师经历的成功与问题，不管他们住哪里、在哪个地区工作。

2. 从读书和研究中学习

这一个方法也可以将教育理论转化为班级中的实际行为，那就是借鉴于读书和研究。下面有一些根据已有条件利用这些技术的建议：

(1)光顾你家附近的图书馆。公共图书馆和高校图书馆收藏了大量对教师

有用的资源，即使你并不是某特定图书馆的正式用户，你仍旧可以拜访它，并且利用它所提供的资源。

（2）使用网络上无限广阔的资源。互联网上有数以万计关于教育和教学问题的网页，这是一笔非常丰富的教育教学资源。

（3）阅读专业期刊。专业化阅读不仅会拓宽你对教育问题的知识面，而且会向你提供最新的信息和教学策略，很多专业期刊还有网络电子资源。

（4）加入专业化组织。无论是加入你所属的地区教育学会，还是加入一个与你所教的课程内容或年级水平相关的组织，你都有机会与专业人士相处，而你将获益良多。

（5）复习大学课本。既然你已经有了自己的班级职责，那么你对课文和笔记中内容的理解必然也会发生变化，可以用一种新的观点和视角重温一遍你的课本和笔记。

3. 实践实践再实践

最后一个将教育理论转化为班级实际行为的方法便是借助于实践。下面一些实用的建议可以帮你如何在实践中获取知识：

（1）请记住，取得任何一项任务的成功都需要时间。每天你都能做到以优秀教师的身份彩排，假以时日，教学将会变得更轻松。

（2）计划好每天你在班上将要做什么。虽然这个看上去可能很明显，但也很容易被忽视。不要单单计划你的学生要做什么，还要计划好你将如何利用时间。

（3）设定你自己的目标，致力于实现他们。如果不是目标向你提供了工作的重心和焦点，你将很难迅速获得成功。

（4）在你处理学年中不同任务时，花点时间计划一下怎样完成他们，并且在你完成以后，反思一下你做得怎么样。记录下你对某个教学实践所持有的赞同和反对的观点，认真思考，直到得出满意的结论！

（5）如果你尝试一项活动失败了，也不要放弃。分析一下哪里出了状况，看看你能否调整并进一步取得成功。

（6）继续塑造自己的自信。教书不应该使自己的内心变得脆弱。如果在艰苦的时期你都能继续审慎地对待教学，都能有足够的自信坚持下去，那你就一定能成为一名成功的教师。

第二节　在行动中学习

教师的专业发展是靠实践性知识来保障的，教师成长和发展的关键在于实践性知识的不断丰富，实践智慧的不断提升。实践智慧是缄默的，隐含于教学实践过程之中，更多地与个体的思想和行动过程保持着一种"共生"关系；它又是情境性的和个体化的，难以形式化或通过他人的直接讲授而获得，只能在具体的教育实践中发展和完善。我国众多优秀教师、教改先行者的成长历程无一例外地显示：在"课堂拼搏"中"学会教学"，是他们成长与发展的规律性进程。

行动学习法使教师培训者展现出一种全新的促进者的角色。何谓行动学习？行动学习是一种在小组成员的支持下，致力于解决实际问题的学习和反思的过程。它包含两组潜在的使用者。第一组是培训者，他们考虑运用行动学习发展被培训教师的自我管理能力，把行动学习作为课程学习的工具。第二组是那些可能为了发展和学习的需要来参加行动学习小组的教师，也包括那些打算组成自主小组的人。行动学习法关注反思与行动的关系，提倡行动学习小组集中大家的智慧，与提出问题的每一个成员一起通过反思和研究，对其问题采取行动。值得注意的是，行动学习小组中，其他人会帮助小组的成员去理解个人面临的形势，去探究其所面临的问题和压力，并帮助他对未来做出合理的判断。每个行动学习小组成员，通过求助自觉的意识对自己的过去和现在的情形进行反思，其他小组成员通过支持他的反思和质疑他的假设，帮助他做到这一点。

但是，小组中的陈述者（即提出问题在小组内发表的参与者）能够向小组陈述他的问题并寻求其他成员的反馈，且产生"行动要点"，即每个人决定在下次小组会议之前必须去执行和完成的工作任务。与此同时，小组其他成员作为支持者、倾听者、观察者、协商者和提问者，帮助陈述者探索问题和形成新的工作要点。这些过程的完成要依靠促进者（即小组顾问，教师培训中的培训者）的角色，才能使得小组成员之间达到有效互动。当然，当小组成员对于小组工作已经熟悉，他们可以很容易地扮演好支持者和陈述者的角色时，促进者的角色就不那么重要了，甚至可以逐渐退出。

一、做促进者的角色

我国传统的培训方式多以教师授课为主，辅以听课、评课与参观考察。受训者以接受为主，略含研讨成分，以此来实现理论和实践的结合，培训者充当的是"真理"的讲解者和传授者的角色。大多数经验表明，这种"讲解"和"传授"既远离教师身处的真实情境，又缺乏在真实环境下的可操作性，教师成为被灌输的对象。因此，这种"专家讲，教师听"的培训方式，往往难以调动教师的学习热情，教师虽能了解到新的信息，但是这些新的理念很难渗透到教师的内心，更谈不上内化为教师的教学行为，所以，教师回到自己的学校和课堂依旧难以使之付诸实践，由此，这种传统的教师培训方式多流于形式。

行动学习法的引入，使培训者不再是传统意义上的"信息提供者"、标准答案的"发布者"或"核实者"，也不再是传递上级行政命令的"二传手"，培训者成了教师的"协助者"、"协作者"、"组织者"和"促进者"，帮助并与教师一起学习，共同提高。传统意义上的"培训对象"、"受训者"或"学员"也发生了角色上的变化，教师不再被动地接受和消化信息，而是成了活动的"参与者"，是培训内容和形式的主动创造者，是丰富的培训资源，同时也是培训者的"协作者"和"合作伙伴"，受训者成了与培训者平等的一员，这样，使受训者感到自己在教学中的地位和作用，提高其在培训中自我学习的欲望，从而真正地融入培训中去，积极地配合培训工作。

培训者充当什么角色与其角色意识有着密切的关系。培训者的角色意识指的是，培训者在培训中对自我形象和功能的设计和塑造。由于不同的培训者在从事培训时期望达到的目的不同，他们在培训中可能采取不同的角色。

如"促进者"和"传授者"，而这些角色又与培训者个人所信奉的科学范式有关。

一般来说，信奉建构主义的人大都将自己看成是一名"促进者"、"组织者"和"协助者"，培训的主要目的是充分发挥受训者的主体地位，使受训者有机会把自己对教育的意见、看法抒发出来，让受训者在教育教学改革方面拥有更多的自主权和责任。承认受训教师能通过已获得的经验来反思并重新建构知识，并且在教师教育中，受训者也应该是学者、研究者。而作为培训者，应该了解他们的所作所为、所思所想，像一名"学习者"那样，谦虚认真、恭恭敬敬地倾听与观看，尊重受训者的生活经验，了解他们，在他们需要的时候给予促进，帮助受训教师共同建构知识体系，生成专业素质，而不应该像一名"专家"那样对受训者讲解和传授"真理"。与此同时，培训者还应设法了解适合受训者的培训情境、培训条件以及培训模式等，有针对性地进行培训。

推崇后实证主义的人们心中的自我形象不像建构主义那么复杂。在他们看来，培训者就是"培训者"。培训者在进行培训之前有自己的理论假设，他们的任务就是到实践中了解受训者的现状，然后根据自己对教师的研究结果对假设进行证伪。持这种态度的培训者认为，"现实"是客观实在，是不以人的意志为转移的。虽然培训者不可能完全认识"客观现实"，但是，"客观真理"是存在的。培训者的任务就是通过各种方法对受训对象进行培训，以使受训者逐渐达到理想化状态，以接近"客观真理"。

由于培训者和受训者处于相互关联、相互定义的关系中，培训者的身份定位也就决定了被培训者的身份定位。行动学习法中，"促进者"认为被培训者不仅仅是一个个有意识的主体，而且通过反思、行动和小组活动，能够促进教师的个人发展和职业发展。培训者对于参与培训的受训者来说就是引领他们将任务、问题、难题等带到小组，为小组创设一种坦率、真诚以及和谐的，同时又是互相接受和关心的、能够移情的氛围，提高被培训者理解和管理自己生活和发展的能力。而"传授者"认为，受训教师只是被动的被培训者，只能按照培训者的思路和培训模式接受培训。因此，我们可以看到，培训者的角色意识不仅对培训的实施方式有一定的影响，而且对培训的结果也会产生重要的作用。

二、促进行动学习小组

1. 促进行动学习小组运转是小组活动的一种形式

小组工作需要有好的基本人际关系技能。小组的组织形式是沿着一个连续统一体发展，从非结构组织到结构化组织，也就是说，行动学习小组适合于连续统一体朝着小组结构化形式发展。被促进小组的结构化的实质，源于行动学习采用的基本程序。即小组在学习周期内的反思部分提供聚焦，引向从经验中学习，形成由这种学习而获得的行动计划。

那么，促进者是如何促进一个行动学习小组的？对促进者来说，在第一次行动学习小组会议上，促进者介绍小组如何工作的基本组织计划，每一个小组成员如何给其他成员最合适的支持以及最好的接受支持，这里简化组织细节是非常重要的，这样可以避免产生促进者将是一个谈话者或者指导者的印象。

在小组的初期阶段，下面的几个程序和准则是必需的。

①热身活动。在最初的小组会议上，如果小组成员互不相识，促进者首先请每个成员自我介绍，然后伴随一个热身活动。进行这种热身活动是很重要的，它似乎已经成为一种模式。热身活动的作用将缓和小组中存在的紧张度，也有助于小组活动获得动力。

②时间安排和将来会议。对于小组的有效工作来讲，时间利用是关键。促进者要检查整个会议的时间利用情况，他们是如何开会的，每次会议多长时间以及小组内如何分配使用时间，陈述时用第一人称。当小组成员用自己规定的时间开始叙述关于他自己的故事（即富有情感的、现实的、真正的、充满兴趣的事情）时，促进者要建议他（包括所有的小组成员）在谈论自己时，用第一人称"我"来描述所做的某事，如何感觉以及打算做什么。这样可以使小组其他成员更清楚地看到小组成员所说的事不仅是与他有关，而且是他自己拥有的事。这样使他对自己所说的事情负有责任，而不是把它推向外界。

2. 创造一种学习氛围

促进者要创造的氛围指的是对小组成员学习最有效的条件。这种氛围使小组共同变成一个有效的学习团体，并最终变成一个有效的自我促进小组。而且使小组区别对待每一个小组成员，完成带到小组的任务，并且使小组成员获得和提高个人、人际以及小组的促进技巧。这种氛围正如麦克莱恩和马歇尔所言，就是"传统、价值、政策、信念和态度集中在一起，构成组织中我们想和做每一件事的普遍性背景"。小组的绝大部分经历是在组织背景中，也就是说小组成员有他们自己的文化或氛围，我们采用霍金斯和肖赫特的解释，对我们来说，一种学习和发展的氛围或文化应该包含以下几个要素：

①创造学习条件。强调所有不同的工作处境都有个人和集体学习的潜能，小组工作可以带来与小组成员相关的任何学习机会，并且创造学习条件。给出个人的时间和打算，出发点是自己最初的立足点，并考虑到个人的需求。小组成员个人花时间反思他们的效果、学习和发展，这已变成一种合作的过程，而不是个人的过程。

②进行好的实践。好的实践不是产生于对危机的反应，而是小组成员权衡活动的各个进程，从行动开始，经过反思——新的思考——计划，然后，再回到行动上来。也就是说，带有难题的小组成员起初是从感情反映到活动。通过与小组其他成员的合作活动进入新的行动。学习是一个过程，它包括小组成员具体经验的感觉与反思、新的挑战性思维、共同分享计划、一系列的选择以及随后采取的行动。

③允许失败。难题和危机被认为是学习和发展的重要机会。较大的危机是成长的关键。小组文化是一种安全的冒险，失败是学习的过程，而不是权力的削弱。如果小组成员遇到了自己无法摆脱的困境，而且自己无能为力，他向小组其他成员讲出来，但如果仅仅是这种情感的表露可能会使小组表现出同样的无助。然而，正是这种表露出来的感情给小组成员以反思的能力，使小组学习、经历、分享所关切的事情、实现组织采用的简单的安全需求，以及实现小组成员采取的具体行动。

上述行动学习的学习文化条件是有效的条件，这些条件是否具备，首先促进者负有责任，同时，只有把上述所期望的条件付诸行动，整个小组才能拥有它。

三、反思与回顾

布德等人提出这样一个问题：是什么把经验转化成了学习？反思过程是学习循环的一部分，这个循环过程将行动与反思紧密联系在一起，目的是促进人们从经验中学习。当人们体验世界时，直接从环境中的反馈信息中学习，观察行为的效果，或者发现一些能够帮助了解行为后果的线索，由此，通过反思继续深化理解，从而改变了人们对环境以及在这个环境中行为的效果的看法。促进者的责任就是促进陈述者陈述结束时对个人的反思和个人取得成功。怎样才能最好地促进反思？布德等人认为有 3 种因素在反思过程中非常重要。

第一，回到你当初的体验，通过某种类型的描述来重新演示它，比如向别人描述。这可以给学习者和其他人提供尽可能清楚的事实，也可以提供在经验过程中当事人没有意识到的某种特殊感觉。

第二，注意与体验相关的感觉。学习者的感觉有时会影响他对事件的反应，所以促进者的任务就是时时提醒当事人回到事件上来，能够以"旁观者"的观点看待所发生的事情，并且注意提高小组讨论时的人际敏感性。

第三，重新评价已获得的经验，并注意描述和感觉。这可以通过四个方面（因素）来完成。首先是联想，也就是建立新信息与已知信息的联系；整合，即寻找到信息之间的相互关系；证实，确定得出的观点与感觉的真实性；使用，即将所学知识变成自己的东西……然而，反思本身是一种经验，当然，它并不是终点。反思的目的是让我们准备迎接新的经验……以一种新的方法来处理事物，澄清问题，发展技能或解决问题。

圣吉根据以往的研究成果，提出了一些提高反思能力的技巧。一种反思技巧是，注意放慢思考的过程，这样我们就更能意识到我们如何形成自己的思维模式，以及影响我们行为的方式有哪些等。因为我们的思维模式不但决定我们如何理解世界，而且还决定我们怎样采取行动。在反思中需要注意的另一种技能是，识别"抽象概念的跳跃"。我们倾向于从少量的资料跳跃到对情景的概括，而不对资料进行检验。从一个或几个行为中，我们倾向于得出对情境的概括而不问更深的问题。反思更进一步的技能是一种技术，即关注我们真正所想但却没有说出来的东西，运用我们所知道的"左手栏"理论。所谓的"左手栏"是关于有两个栏目的视图，右手这一栏是我与别人对话的内容，左手这一栏是我在对话中想说而又没有表达出来的东西。促进者就是促进小组成员将左栏的信息传递给陈述者。

因此，有效使用反思是一种社会过程，如果没有交谈与对话，反思就仅限于个人的领悟。借用哈贝马斯的话说，个人反思需要与自我的一部分离开一段距离，来看自己的另外一部分。在这个任务里，小组成员在促进反思的对话中具有重要的意义。

促进者的责任就是让小组的成员了解反思的意义，学会在行动学习中运用反思的技巧。因为反思是相互的支持，而学习并不是一个期望的结果和目标，它是一种释义性的活动，这个活动指导决策和行动。学习植根于沟通的本质中。形成反思习惯，是现代社会生存中认知的核心。这正是我们控制自己的经验而不被经验所左右的一种方法。反思习惯对于个人、群体和集体的改变来说，都是必不可少的先决条件。

反思过程是学习循环的一部分，因此，反思与回顾是十分必要的。这些回顾类型包括：陈述者陈述结束时对个人反思、评估和反馈，陈述者有一个简短的机会与小组一起反思达到行动的过程，他可以反馈哪些质疑、促进和干预对他有帮助，小组和小组成员构建从经验中学习，并营造一种学习氛围。小组会议回顾，主要回顾小组成员在小组中的收获，对小组的反馈将提供小组成员收获什么和学到什么的建设性意见，同时，它也为小组和促进者表明小组对小组成员的影响程度。一个时期或者一系列会议之后对小组的回顾，主要包括对过程的回顾和小组规则的回顾。在回顾过程中，促进者首先要设计一两页纸的回顾提纲，并留有空白处供答题，回顾会议采用备忘录形式，在回顾会议上，记载小组成员的回答。

促进者倾听陈述和对话，只是偶尔插话。还可以与小组商量下一年促进者如何与小组成员继续学习，最终目的是促进形成自我促进小组。小组基本规则的建立意味着小组已经制定期望如何工作的明确的方法，这样有助于小组建立安全感和信任感。个人取得成功的回顾，主要包括在行动学习期间所从事的任务、取得的成功以及自我学习、小组过程及其与外界其他人的关系所取得的成功。最主要的小组成员可以记载他们在执行项目时学到什么，在这个过程中对"学习"的认识。

重视教师的在职培训，目前已经成为世界各国的共识，持久的、高质量的教师培训，是教师在职学习取得成功的关键。而良好的培训形式特别是培训者的角色和身份的转换，可以帮助培训形成一种"学习化组织"，有效地促进被培训教师的职业发展和个人发展。

第三节 有目标的干预

一、临床视导

为了使新教师的工作能得到来自于其导师或其他有经验教师的观察和反馈，许多国家都开发了用以支持新教师的临床视导技术。

20 世纪 50 年代末期，哈佛大学教授戈尔德·哈默、科根等为了有效视导哈佛大学教学硕士班研究生的教学实习工作，提出了"临床视导"的概念。现在，临床视导也用于教师的入职培训，它强调视导人员（专家、教研员、指导教师等）与教师进行面对面的互动与观察，使用观察工具获取客观数据和资料，以便分析并解决教学问题；观察前会议、临床视导和观察后会议是临床视导活动的三个经典步骤，同伴指导和同伴互助活动中也广泛地开展这三个步骤。同伴指导是 20 世纪 80～90 年代针对美国初任教师流失严重的问题而产生的一项制度。由于难以胜任工作以及在工作中所产生的消极体验，新教师在工作的前五年时间里极易离职，针对此现象，美国建立起新教师入职培训和教师同伴指导制度，由资深、优秀教师担任指导者，在教学、工作和学校文化适应等方面给予新教师以必要的指导。20 世纪 70 年代以来，教师专业化与"教师即研究者"的呼声日益增高，其核心理念就是要建立教师之间的合作与伙伴关系，由教师本人来研究和解决自己教学生活中出现的问题；同一时期，美国从事教师培训的研究者们发现，"理论呈现—展示—实践—反馈"这一传统的教师培训模式十分低效，为提高教师培训效果，研究人员尝试让教师同伴群体之间互相听课、评课，结合成互助小组，互相提供教学反馈、意见和建议，结果发现，这种教师培训模式的效果极佳。这些促成了教师同伴互助的出现。

在日常教学中，临床视导有显著的功能与作用，集中体现在促进教师专业发展、提高教学质量和效率、改进师生的生存状态等方面。

1. 临床视导是促进教师专业化发展的重要途径

临床视导是一种研究活动，它在教学实践和教学理论之间架起一座桥梁，为教师的专业发展提供了一条很好的途径。通过临床视导，教师借助合作的力量在实践性知识、反省能力等方面将获得新的发展，进而提高教师的整体教学质量。

(1)临床视导可以发展教师的实践性知识。临床视导即教师参与研究，教师参与研究则是教师获取、发展实践性知识的有效途径之一。

事实上，L·舒尔曼将教师专业知识分为七个部分，学科知识、一般教学知识、课程知识、学科教学知识、学习者及其特点的知识、教育情境知识、关于教育的目标、教育理念及教育哲学。

教师专业成长与知识结构变化呈现出以下趋势：

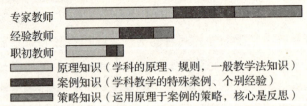

专家教师
经验教师
职初教师
■ 原理知识（学科的原理、规则，一般教学法知识）
■ 案例知识（学科教学的特殊案例、个别经验）
■ 策略知识（运用原理于案例的策略，核心是反思）

研究表明，职初教师、经验教师和专家教师的学科教学知识、案例知识和策略知识是他们的最大差异。

教师的实践性知识是由教师个人哲学支配的关于怎么做的行动规则，它来源于经验，需要教师研究自身经验。无论是观察者还是被观察者，无论是处在哪个发展阶段的教师，都可以根据自己的实际需要，有针对性地进行临床视导，经由观察他人课堂或接受同伴的诊断，反思自己的教育理念和教学行为，形成新的认识回馈，发展个人的教学实践智慧。

（2）临床视导可以增进专业反省意识。临床视导为教师提供了反思的有效刺激，课前会议的讨论，课后会议的反馈、反省与评议，足以使观察者、被观察者对于自身原有的专业实践认知与行为之间形成不平衡，进而引发批判、质疑先前行动假设的动机。由教师同伴向授课教师提供大量真实信息，提供自己的分析与判断，可以促进授课教师自主改进教学，是一种真正的发展性评价，淡化了甄别与选拔的功能。如果教师持续地开展临床视导，这种反省行为就会不断得到强化，进而迁移至其他的学校专业活动，扩大反省的范围与对象，提高教师对专业的领悟与反省能力。

（3）临床视导常常被用于教师培训，尤其是新任教师或者实习教师的培训，职前的教师培训中最重要的事情就是观察自己或他人的教学，不断改进以形成自己的教学风格。微格教学的使用就是利用一些技术设备的辅助，实现受训者事后对自己的教学的观察和分析，这对实习教师来说是一个很好的教育教学技能的学习过程。同时有经验的教师或者管理人员通过对新任教师教学的观察分析，找出不足，快速而有效地帮助新任教师掌握教学技能，顺利地开始其专业化的教学生涯。然而，对于教师个体而言，专业化是教师一生职业生涯持续不断的发展过程，教师的在职培训同样也少不了临床视导，通过观察，随时纠正教师教育教学中存在的问题，为教学创造一个更有活力的环境。

（4）临床视导可以有效提升教师的参与教育研究意识，促进授课教师自主改进教学。教师职业专业化的最大特点及其最有效的途径之一，就是教师参与研究。在传统的研究模式中，往往是大学或者特定研究机构的专家对教学进行研究，然后告知教师应当如何去做。"采用研究者的姿态后，教师从受控制的地位中解脱出来，采用这样一种批判性的方法，教师不仅是在从事一项有意义的专业发展的活动，也是在进行一个不断改善并变得更自主的专业判断的过程……好的教师应当有专业判断的自主性，他不需要被告知做什么，不依赖于研究者、监督者、改革者，但并不是说，他不可以接受专家学者的思想、建议和支持，而是接受必须是在服从他自己判断的基础上，所有教育专家的任务都是为课堂中的教师服务的，而不是相反……"

教师即研究者的起点就是临床视导。正是通过教师对自己的和同事的课堂的观察，增进教师对自己行为的意识以及对自己行为的责任心，促进其系统地、批判性地反思自己的教育和教学行为，发展其自主性的专业判断力，并通过观察研究改进教学，提高教学质量，使学生、学校得到发展的同时，也使自己的职业成为一个自我发展的过程。如果在一个学校里，临床视导在教师之间形成风气，它就像一个中枢活动，连接了个别教师，促进教师成对或成组地协作，使教师成为一个整体，使学校更有活力。

2. 临床视导的基本形式

临床视导有五种基本形式：课堂活动全息观察；关键问题聚焦观察；依据价值评判标准的临床视导；现场情境描述性观察；典型个体追踪观察。

(1)课堂活动全息观察

课堂活动全息观察，即对所有影响该主题的课堂教学因素进行观察，涉及面广，需要观察的领域多，比较适合对整堂课的全面分析，对教师观察技术的训练有好处。但一堂课涉及的观察领域过多往往难以聚焦关键问题，对课堂教学的分析会流于肢解，影响整体感。

(2)关键问题聚焦观察

关键问题聚焦观察即对观察视角、视点如何设计。聚焦需要解决的问题，分析其相关的重要因素，选择视角，设计视点(支架)进行临床视导。首先，聚焦需要研究的问题，分析其相关因素，选择视角，设计视点；其次，所提供的视点(支架)的设计要突出重点，注意科学性；最后，要有较强的问题分析能力和合作能力。

(3)依据价值评判标准的临床视导

依据价值评判标准的临床视导，是指带着课堂教学评价量规进行带有评判意义的观察。这种临床视导既可能是一种鉴定或评价，最后形成对该课堂教学水平与效果的评价结论；也可以是一种引导和培训，在临床视导中理解和内化课堂评价的标准。

要做到以下两点：①依据所观察课程的主题制定有效评判标准。制定标准的关键在于保证有效性评判标准的质量，制定出的标准要具有科学性、准确性和包容性。②依据学科特点制定价值评判标准。关键在于评判标准的制定要符合学科特点，要科学、全面、合理，在观评课时注意避免程序化，要根据教学目标、课型类别、教师个人风格的不同灵活运用。

（4）现场情境描述性观察

现场情境描述性观察是一种定性观察方法，要求观察者围绕特定主题，设计观察视角和视点，对结果进行除数字外的各种形式的描述，具有灵活性、情境性、开放性特点，适合对主题作深入、全面、动态的分析，特别对主题的生成、拓展过程的观察有一定作用。但这种观察方法需要观察者有较强的理论功底和分析能力，同时观察过程中观察者的主观意识对结果会产生一定的影响。

课堂是一个复杂的情境，教学是一个复杂的过程，课堂教学中的许多东西是无法用具体的数据来说明的，需要观察者根据观察目的和粗线条的观察提纲，在课堂现场对观察对象的某些行为做详尽的多方面的观察描述，并可以在课后根据观察回忆加以补充、完善，以便较为完整地反映教学的真实情况。

（5）典型个体追踪观察

为了深入了解某些学生的学习情况或通过了解有代表意义的学生个体的学习情况，验证或研究某一教育措施的实施、某一教育教学新方法对教学对象产生的效果，而有意识地选择一个或几个目标学生进行课前、课中、课后跟踪观察的方法，我们称此为"典型个体追踪观察"。关键在于选准观察对象，观察对象必须具有该研究主题的代表性，同时观察时要尽量避免主观因素的过度干扰，以保证观察结果的有效性。

3. 临床视导方法的分类

临床视导兴起于西方的科学主义思潮。按照不同的分类标准，可以将临床视导方法分为实验观察与自然观察，参与观察和非参与观察，直接观察和非直接观察，结构观察、准结构观察和非结构观察，开放式观察、聚焦式观察与系统观察，以及定量观察和定性观察等。

其中，定量观察是以结构化的方式收集资料，并且以数字化的方式呈现资料的临床视导。主要有三种记录方式：编码体系、记号体系（或项目清单）、等级量表；以及两种抽样方法：时间抽样和事件行为抽样。1950年，美国社会心理学家贝尔思提出了"互动过程分析"理论，1960年，美国学者弗兰德斯建立"互动分类系统"。

在对课堂教学进行量化研究的过程中，临床视导表、学生座次表、行动路线图、行为统计表、活动时间表、问题分类表、前后教学环节板块图等各种各样的量表被开发出来，并投入到临床视导的实践应用之中。

定性观察是以质化的方式收集资料，并且资料以非数字化的形式（比如文字等）呈现的临床视导。依据粗线条的观察提纲，对观察对象做详尽的多方面的记录，呈现形式是非数字化的，分析手段是质化的。主要有四种记录方式：描述体系、叙述体系、图式记录、工艺学记录。从20世纪70年代开始，课堂语言实录、课堂音频实录、课堂视频实录、教学情景描述、教学语言分析等定性临床视导的方法开始应运而生，原本被剥离割裂的教学行为或事件开始回归到当时产生时的情形，于是还原数据原本的情境意义。

完整情境的音视频资料富含海量的信息，有待于选取恰当的角度解读；定性观察到的信息质量与观察者的语言记录水平、个人经验、语言描述能力，以及相关理论水平都有关系，因此主观性、个性化色彩比较强。

定量观察是在观察前提出问题，然后具体设计指标系统来分析，而定性观察则只有在搜集了大量客观资料后，才提出问题。研究问题常在研究过程中不断被重构，时间较长。

观察记录方法的选择要适合观察的目的要求；观察记录方法的选择要适合观察者的习惯和观察记录能力；观察量表要根据观察对象的不同进行修改。

4. 临床视导与诊断的程序

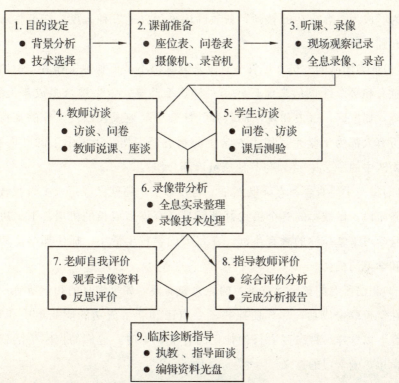

二、专业发展活动

许多新教师入职教育项目都有整体规划，为第一年的新教师系统地安排专门的专业发展活动，如定向会议，向新教师介绍学校、学区及其政策、资源、活动程序等；研讨会，就课堂管理、教学策略、压力处理、积极态度等新教师最经常遇到的问题与学校管理者、有经验的教师、新教师、专业的教师教育者研讨；工作坊，主要帮助新教师解决一些相对具体的可操作的问题，如在某项比较专门的技术或策略上为新教师提供帮助。

1.5 个培养新教师成功的前摄性态度

虽然刚入职的新教师在教学生涯中有很多无法驾驭的方面，但新教师还是有能力去把握成功最重要的秘诀，那就是态度。把它看作推动新教师成为优秀教师的手段。

为了成为一名成功的教师，新教师应采用以下五种态度，它们将对教学成功起到积极的作用。

(1)成为团队的一员。尽管一直以来教师都不是孤独地工作着，但团队工作的意义和必要性也从未像近些年一样这么凸显。学生被众多成年人服侍、照顾着，如家庭、过去和现在的教师、社会中其他成人以及学校的支持性教员，所有人都为了学生，代表着学生的利益而工作。为了学生的共同利益，身为团队中的一员，必须与其他成员展开合作。

(2)做一个终身学习者。既然是一名教师了，那就已经迈入了自我教育的一个新阶段。做教师的一个最大好处就是会有许多成长的机遇。下定决心通过终身学习来掌控你的教育生涯。在每天的学校生活中，抓住那些能使自己成长和学习的机会。

(3)相信所有的孩子都有学习的能力和需要。如果你真的相信所有的孩子都能在学校取得成功，那你便抓住了令自己和学生成功的职业本质和精髓。当教育者以这样一种态度去行使他们的专业职责时，他们的校园生活就充满了让学生热爱学习的意义。

(4)为班里发生的事情负责。如果你浪费时间去责备学生、媒体、其他教师以及社会，并把你和学生经历的问题归咎在这些因素上面，那你必然不会着眼于怎样解决问题。对你班上所发生的事情负起一定的责任，你的学生将发展得更好。

(5)教好每一天。忘掉那些过去你经历的消极体验，并且不要为将来出现的问题所困扰，致力于提高目前的技能水平。

2. 形成良好的工作习惯

生活经验教会了人们如何以最少的困扰完成复杂艰深的任务。新教师面对的教学任务同样需要那些好的习惯，这些习惯曾经在大学阶段的教育以及生活中的其他领域都起着重要的作用。就像过去为考试而学习、撰写论文或准时完成长期项目的时候一样，新教师需要在专业工作中做到自发、准确和全面。

很可能由于新教师处理那些任务时缺乏经验，致使在工作习惯上遇到一些问题。其实，只要做出一点点努力就能克服这些问题。

在教师职业经验的增长过程中，他们会形成一些关键的工作习惯，服务于他们的整个职业生涯。下面是部分成功的教师所具备的一些工作习惯，养成这些好习惯，会让你的职业生活变得更轻松自如。

- 对学校和其他任务做出敏捷的反应。
- 在日历上标出重要的信息。
- 按优先顺序排列好需要完成的任务。
- 早点到学校，确保班级做好了一整天工作的准备。
- 每天结束时，记得带走桌上的东西。
- 把一些要批阅的作业本带到班上，空闲时可以改一些。
- 把还没有批改的作业用彩色文件夹放好。
- 至少要提前一周复印好相关的材料，留出额外的备份材料，确保够用。
- 避免堆积高高的一摞作业本等待批阅，在收到作业的当天就将所有的改完。
- 将出勤率、成绩单信息、评分标准以及其他相关信息记在年级手册上，便于参考。
- 第一次花较多的时间正确完成一项任务，再次面对的时候就不用浪费太多时间。
- 在备课的时候，把需要的材料和任务列在日历和"待做事项"清单上，这样就能顺利准备好上课所需的东西。
- 每周将文件夹中难懂的材料打印出来放在桌上，可以促使自己经常性地在空白处做笔记。

3. 记教学日志，提升专业水平

教育是一个充满矛盾的职业。教师的周围是那些充满活力的年轻人，需要教师充分显露自己的专业水平和对他们的关心，而为了成功地做到这一点，教师又要时常反省并总结自己，这是实现教育者自身成长的一个重要内容。

如果教师只做一点儿笔记，比如说随随便便记在临时的碎纸片上、自制的便笺本上、会议分发的材料上、课本的空白处，特别是将课程计划画得到处都是，那么将会一无所获。把写作视为有条不紊生活的必备工具（指精神、情感和机体上的有机统一），这是所有教师应当具备的一种重要技能。正如学生从反馈中学习一样，教师也可以这样在反思中成长。为了塑造自己成为理想中的教师，应该养成记教学日志的习惯，对每一天进行反思和总结。

在经历促进专业成长的时候，教师的教学日志的目的在于记录下自己的所思所想。一本教师的教学日志是思考、处理和计划的工具。它可以把每天发生的事情如实地展现在面前。

要让日志对自己有用，它所记录的项目无须拖沓冗长、正确拼写，或者甚至事无巨细。应该每天坚持记录。当日志日渐积累，并且可以从中窥见自己这一学年所取得的进步时，这个记录的习惯就让整个过程变得十分有意义、有价值了。

每天要腾出写的时间，许多专业教师使用的一个明智方法就是，在一天快结束时留出不超过十到十五分钟的时间。许多有经验的老师都在床边记日志，这样他们可以在准备就寝的时候迅速写完。

教学日志里应该包含什么内容呢？当然应该记下日期，然后有很多话题都可以记在日志本上。日志主题要涵盖教育教学各方面的主题，其中很多都是由教师在校所发生的特殊事件引发出来的。

下面有一些日志项目，可以为老师在从教的第一年中提供帮助。

- 所接受的一些建议
- 所遇到的问题的解决办法
- 一天的简洁回顾
- 一个教授新单元的方法
- 听到、看到的趣事
- 进展顺利的一项活动或事件
- 体验到的情绪情感
- 进展不顺的一项活动或事件
- 新想法、新观念
- 当遇到不能独立解决的问题时求助
- 将不再重犯的错误
- 关于即将到来的日子或星期的计划

这里有三篇摘自于第一年从教老师的教学日志里的范文，新教师可以从中学习怎样记录属于自己的内容。

9月9日

今天我们进入了数学学习的新章节。我很吃惊地发现班里大多数学生都能理解第一页的内容甚至问题。我有一个小举动，那就是下发一些小纸条并让学生浏览本章内容，告诉我他们已经掌握了什么。这是我上周本应做的事情。在备课期间，我花了一些时间思考如何让每一个人都能跟上我的进度。

1月30日

今天午饭之前开始下雪了。这让我想起了自己读书时有多么喜爱下雪天。我对自己的功课做了点小变动，加入了一些有关雪的内容，我们在一起边玩雪边学习。下次下雪时我将毫无疑问地这么做。我已经设计了一系列有关"雪"的活动并将之归档了，等到下雪的时候我们就可以开展了。

3月30日

今天他们太疯狂了！每个人似乎都很激动，对学习任何东西根本不感兴趣。我还要在寒假之前的一周里，努力地去教那些严肃的课程，我无法想象将会有多困难。我努力地控制、驾驭事情，但此时此刻我仍需要重新思索。明天我打算让学生完成试卷，这应该能够集中他们的注意力。

第四节　其他支持策略

其他支持策略通常不直接指向于专业支持，而指向于新教师提供情绪上的支持，从而为新教师的专业发展创造良好的条件。

一、改善新教师的工作条件

许多入职教育项目规定适当减轻新教师的教学工作负担，如新西兰只要求第一年新教师承担80％的教学工作，尽量安排比较容易的任务，如减少新教师课堂中的学生数，不让他们承担有特别要求或麻烦的学生的班级的教学。同时将新教师的非教学责任减至最低程度，而且在实施专业发展活动时，通常组织主题相对单一的活动，保证不给新教师太多太高的要求。

所有的新教师都希望能在入校后尽早了解并掌握学校政策和程序，因此，在学年之初学校可以下发印刷品、备忘录、教师手册等，在第一次教工大会上，可以发布一些与教师日常管理密切相关的信息。比如：学生伤害事故的处理、考勤管理办法、公共场所的行为准则、课程计划与评价、家长会程序、工作人员支持程序、教师的任务及职责……新教师也要通过各种信息途径对学校政策及程序学习了解，已尽快进入教师角色，融入学校环境。

二、为新教师提供同伴互动的机会

与有经验的教师广泛的交流互动，寻找一位工作上的导师。每所学校都有成功且平易近人的教师，他们能够发挥导师的作用，并且你能找到一位适合你的导师。

找导师首先要找那些对自己要求严格，并能从容应对其他教师观摩的优秀教师。一位有能力的导师会对你学习付出的努力充满耐心，会渴望与你分享观点，而且还会是一位和蔼可亲、机智谨慎、满腹经纶的人。简言之，找导师要选那种热衷教学、热爱学生、乐意帮助你不断成长的教师。

你应该向导师请教什么呢？虽然新老师明显有不同的需要，但仍有一些问题是所有教师共同关心的。与你的导师讨论的问题通常分为两个阶段。

第一阶段是有关日常事务，如：计划程序、学期或学年目标、课程问题、时间管理、哪里找资料、如何做家长工作、怎样成功将学生分组、学校对教师的期望是什么……

第二阶段集中在复杂问题上。在教师进入新学期且已经掌握了管理班级所需的一般信息后，就可以将自己的关注点拓展到教学艺术上。如：教学风格、教室管理、学生评价、与学生建立最佳关系……

总之，每所学校都是一个不断变化的混合体，年轻和年长的、能干和勤奋的个体并存。教师工作在一个庞大的工作团队中，在许多学校不仅有教师、学生以及他们的家庭，还有管理员、学校医务人员、后勤人员等，在这样的团队中新教师应该注意讲究自己的礼节，保持开明的思想，确保教师语言适当，友好地对待每一个人，对其他老师的行为表现出真诚和尊重。

　　教师必须学习与很多人建立良好的工作关系，而其中最大的一个群体就是自己的同事，他们包括了教学楼里所有的教职工。与别人和谐共事的一个最好的方法就是做一个别人信赖并向你寻求帮助的人。应该尽快建立起你的专业声誉，而专业声誉的一个重要方面就是你是一个值得信任的教师。优秀的教师被认为是那种无论大事小事都能让其他工作人员信赖的人。

附：给新教师的 101 条提示

一、开学前的 5 条提示

1. 如果你是第一次承担本学段的教学任务，请通读一遍本学期的教材，了解教材编写的整体结构和教学意图；如果你不是首次承担本学段的教学任务，则回顾过去经历中的得和失，想想在教材处理和教学过程中需要做哪些改进。

2. 至少要提前备出一周的教案初稿，包括选择合适的课程资源。

3. 对于新组建的班级，要通过查阅档案了解你所任教班级学生的基本学习情况、特长、性格特征；如果是非新组建班级，则要同时了解该班级的班风、班训、班约等。

4. 制订好一学期的教学计划，其中包括确定本学期进行教学改革的目标与措施。

5. 对于青年教师，要针对本学期的教学任务，向有经验的教师咨询和请教，以便少走教学中的弯路。

二、备课时的 10 条提示

6. 头脑中要时刻装有一条"警示"：教学过程的所有设计都是为了促进学生进行有效学习，教只是手段，而学生的学才是目标。所以，备学生是关键环节。备学生的内涵包括：了解学生对相关内容的前期学习储备，学生对相关知识具备哪些生活体验（这是重要的课程资源之一），因此可以确定本节课学生的学习难点，同时确定学生学习新知识与原有知识的链接点和生长点。方法可以采用调查方式，比如提前邀几位学生谈谈，约请前任教师交流，或围绕教学内容编制一份简单的问卷或试题，进行抽样分析。

7. 认真琢磨课程标准的要求。根据教学内容对照课程标准，确定每个知识点所要求达到的学习目标层次，如认知性目标是了解、理解还是应用，技能性目标是初步学会，还是熟练掌握，有哪些体验性目标。整个方案的设计要紧紧围绕教学目标推进。

8. 与教材编写者或文本作者"对话"。大脑中要想着几个问题：为什么要把这篇文章编入教材或为什么要这样编排教材？作者想要表达什么思想或这个定理、定律是如何发现的？

9. 分析：将教学内容如何进行处理更加符合我所教学生的认知特点？学生学习过程中可能提出哪些问题？这是教师教学的个性化准备阶段。

10. 不要按照 45 分钟设计教学方案。教学过程中常常会出现预想不到的情况，因此要留有处理"意外"的余地。比如，预计的探究时间与实际不符，学生提出一个"突发性问题"等。

11. 复习课的教案要有学生前期学习存在的问题分析与课堂解决策略，要特别注意引导学生感悟相应的解题规律。

12. 课堂练习的设计一定要具有明确的针对性，即每一道题要考查什么，解决什么问题，培养什么能力，面向哪类学生。

13. 书写教案前最好与同备课组的教师进行一番交流，在吸收他人意见的基础上写出成形教案。

14. 对于从事教学工作不足两年的青年教师要备出详案，具备一定教学经验的教师可以准备简案。

15. 教学内容中如果包含实验项目，教师一定要提前到实验室进行充分准备，以保证演示实验的成功。此外，还要考虑实验仪器规格的大小，保证课堂实验最佳可视度。

三、上课前的 6 条提示

16. 应当在上课铃声响前站到教室门口，不要在铃声已响时急匆匆走向教室，防止出现慌张局面。

17. 登上讲台学生起立后，应当先扫视一下学生的状态，再向学生问好，学生回应后，说"请坐"。现在较为普遍的是先学生问好，教师才回应，严肃性受到影响。

18. 当学生坐下后，教师应首先与全体学生进行一次目光交流，即观察一下所有学生是否达到"严阵以待"状态。不要在学生还没有做好充分准备时便开讲。

19. 教师着装要庄重，不要敞胸露臂，或穿运动衣在教室上课。

20. 不论课前有什么不愉快的事，都不要把情绪带进课堂，教师进入教室应当是面带微笑的。

21. 当学生上节课是体育或音乐等活动性科目时，要在学生兴奋状态稍微平静下来再开始新的教学活动，或以课堂活动方式开始实现注意力转换。

四、组织课堂教学活动的 15 条提示

22. 教师在讲课过程中，要解放自己的双手，克服两手支撑在讲桌上，袖手或手插裤兜的现象。

23. 要控制语速，说过一句话后，要有适当停顿时间，使学生能够有时间将教师说的内容在大脑中"回旋"一下。因为一个班级内学生反应程度差别很大，应当关注到那些具有"慢思维"特征的学生。

24. 组织学生进行讨论的过程中，教师不作旁观者，要走到学生中间，作为其中一员去参与，进行适时引导，同时发现学生思维活动的亮点或障碍，并合理掌控时间。

25. 学生进行实验探究前，应当首先完成探究方案的交流过程，以取得一定的共识，保证探究活动的时效。要防止未进行方案交流，便一股脑儿交由学生去进行实验操作，出现时间失控现象。

26. 学生进行实验探究前，要对操作中可能出现的意外和关键性操作进行提示，防止出现安全问题或实验失败现象。

27. 学生发言过程中，教师要耐心倾听，即使学生的回答不正确，也要善于从中汲取出对其他学生有益的因素，千万不要轻易打断学生的话，那样会使学生无形中产生一种失败感，打击学生的积极性，或者给学生造成在同学中抬不起头的阴影。

28. 提问学生时，要关注坐在教室靠后面的学生，尽可能少提问前排的学生，因为教师在讲台前能够听到后面学生的回答时，说明全班同学都能够听得清。

29. 选择提问对象时，要较多地考虑学习水平处于中等状态的学生；要善于根据问题的难易等级，选择相应学习水平层次的学生来回答，以使所有学生都有获取成就感的机会。

30. 教师的板书要显示要点，对于教材上已经印好的内容，比如概念、定义等，没有必要照抄在黑板上。板书设计时，主体内容占据中心位置，黑板两侧尽可能留与学生展示演练成果。板书字体大小一定要保证坐在教室后面的学生也能看得清。

31. 教学课件要做得少而精。非下述情况下尽可能不用课件：一是教学内容比较抽象，需要以动态或形象直观方式化解难点；二是需要补充一些教材外的学习资源(含练习题)；三是学生纸面练习成果以实物投影方式进行展示。教师一定要从电脑旁边解放出来。

32. 每节课结束前，教师都应当留出大约 5 分钟的时间，引导学生反思本节课所学知识，同时提出自己思考的问题或学习困惑，这是教师获取即时反馈的宝贵机会。

33. 教师讲述过程中需要观察学生的表情，如果部分学生出现左顾右盼、频繁眨眼等现象，表明已经开始走神，再要继续讲述效果会受到影响，需要改变方式。教师的讲述要有激情，表现出教师自己对学科的感情。

34. 尽可能在上课开始 5 分钟内进入本节课的重点教学内容，以保证在一节课的最佳时间(30 分钟内)完成主要内容的学习。

35. 一种教学方式（比如讲述法）不能在课堂上连续时间过长，否则学生容易产生精神疲劳，转移注意力。

36. 如果上课时间是下午第一节，除体育、艺术等活动性科目外，其他学科都要比较多地安排课堂交流活动，避免过多讲述，出现无效教学状态。

五、作业设计的 5 条提示

37. 让学生课后阅读教材或一些参考资料（包括书籍），分析知识之间的前后联系，也是一种必不可少的作业。

38. 课后练习应当分为必做和选做部分，以针对不同层次的学生。

39. 练习量要控制在学生可接受范围内，因为学生面对的是多个科目。

40. 引导学生进行课后交流，提示交流内容也是作业的一个重要部分。

41. 结合学习内容布置一些实践性或活动性作业，属于一种长效作业，不可忽视。

六、批改作业的 5 条提示

42. 收看学生的作业时，要合理"搭配"，即学习水平较高的、中等水平的、较低水平的都要考虑到，一般情况按照 3∶5∶2 比例收取作业比较合适。目的是获得较为全面的反馈信息。

43. 作业批改是与学生进行交流的绝好机会，要对每位学生的作业加写针对性批语，或关键性点拨，或肯定性表扬，或努力方向提示。

44. 要做好批改记录，即将作业中出现的亮点或问题记下来，作为教学补救或改进的依据。

45. 尽可能不要在作业上给学生打"叉"，发现问题时，最好在出现问题的地方画出标记或写出提示。

46. 要有计划地对学生实施作业面批，这对学生的学习会产生重要影响。

七、自习辅导 5 条提示

47. 自习辅导是实施个别指导的很好机会，要利用这个时间了解并及时帮助学生解决课堂学习中遗留的问题。

48. 对学生能够提出问题，要给予赞赏，因为能够提出问题，首先说明他（她）是爱思考的学生，而且学生提出问题也是在帮助教师提高自己的教学水平。

49. 自习时间学生选择做哪个科目的作业，教师不要干预。因为学生是针对自身情况作出的选择。

50. 不得把自习时间作为课堂教学的延长。利用自习时间讲述课堂教学内容，说明课堂教学效率的低下。

51. 在自习辅导过程中如果发现教学漏洞，需要作为备课内容，在下一节课及时弥补。

八、进行教学反思时的 5 条提示

52. 教学反思是教师成长的阶梯。及时反思并记录反思结果是有效反思的要素之一。

53. 建立自己的教学反思档案，为以后相关内容的教学提供可资借鉴的资料。

54. 教学反思内容包括：教学过程中发现的问题以及做出改进的基本思路；处理教学难点时突然产生的某种教学"灵感"。

55. 教学反思中发现有影响学生后续学习的漏洞，一定要采取及时且有效的补救措施。

56. 对教学过程中学生反映出的思维亮点和思维障碍都要记录下来，这些不仅是丰富教学经验的资源，也是书写教学案例的宝贵素材。

九、书写教学案例的 5 条提示

57. 教案不能等同于教学案例。前者是一种预案，后者是实践成果的记载。

58. 教案案例应当具备可借鉴性、典型性、启迪性等特征，内容可以包括对某一教学重点或难点的处理，某一教学事件的发生、处理过程与结果、某种教学方式的试验以及引发的反思等。

59. 多留意、多思考、勤记载是写好教学案例的基础。

60. 教学案例并非写得越长越好，最好是一事一议，关键是要有亮点。

61. 教学案例要能够做到通过一个故事或一件事，揭示一个规律。

十、 组织和参加教研活动的 5 条提示

62. 组织教研活动前要预先告知组内教师研究主题，以使每位参加教师做好思考准备。

63. 教研活动的主题应当选择具有代表性、典型性特征，且每次活动要力求解决一个或一个方面的问题。

64. 共同备课也是教研活动的一项内容。共同备课的目的是在各抒己见的基础上取得某种共识，为每位教师提供实践参考。

65. 听课基础上进行的议课活动也是教研活动的一项内容。议课时应当重点关注教师体现的教学思想、贯彻的教学原则、重点和难点的处理艺术、知识把握的准确性，以及通过学生的课堂反应发现的教学问题等。

66. 每次教研活动后，最好通过征集组内教师的教学困惑的方式，确定下一次教研活动的主题。

十一、 参与听课活动时的 5 条提示

67. 听课不仅仅是"听"，重要的是"观"。既要看教师的活动，更要关注学生的活动。

68. 在听和观的基础上要及时记录下自己的思考：教师这样处理教学内容有什么值得借鉴的优点？暴露出什么需要改进的问题？

69. 听课基础上进行的独立设计要避免机械模仿，要善于吸收他人所长，发挥自身的优势，选择适合自己教学班级的学生学习状况的方法。

70. 听课过程中要关注课堂上学生的参与度、兴奋度、主动性表现。

71. 对讲课教师进行评价，要侧重教学过程中体现的教学思想、教学方法和学生学习质量三个方面。

十二、说课的 5 条提示

72. 说课的目的是要展示自己的教学思路。内容包括教学目标及制定依据、教材分析(位置、重点、难点、特点)、学情分析(学生前期经验、生理与学习心理基础)、教学设计思路(含过程设计及其与目标的联系、练习题选择的依据与目标等)、所要贯彻的教学思想与教学原则等。

73. 教学设计要着重展示自己的特色或"亮点",如实验的改进、难点的处理、教材处理的突破点或创新点等。

74. 说课包括课前说课和课后说课两种。其中课后说课因为是在实践基础上进行,所以还应包括实践反思内容。

75. 说课时,语言要体现"说"的特征,即平和、自然、流畅,不要把说变为"讲"。

76. 听取他人的说课时,要特别关注其教学思想、教学设计亮点与创新点。

十三、班主任工作 10 条提示

77. "身教者从,言教者讼"。班主任的形象是班级管理的基础。

78. 平等看待班级内每一个学生是班主任实施有效管理的基础。

79. 组织和培养一支优秀的班级干部队伍是班级稳定的基础。善于发现学生的某种才干,是班主任建立班级干部队伍的前提。

80. 在新建班级阶段班主任可以采用组建临时干部队伍的方法作为过渡,当一个学期过后,即学生彼此熟悉后,则应当用选举法组建班级干部队伍。

81. 班主任对班级干部的工作起指导与评价作用。具体组织班级活动(如学校比赛活动、班会活动、日常班级管理等),则要尽可能放手锻炼。

82. 班会活动要根据班级特点选择或确定主题。班主任要如同备课一样对班会活动进行设计,设计的基本思想应当体现出引导学生进行自我教育的特点。

83. 要引导学生自己制定"班级公约"。

84. 班主任要做好"班主任工作日记"，对班级发生的事情（学生思想动态、学习动态、心理活动、当前需要特别关注的学生及原因等）要及时记录下来，与学生的个别谈话过程及效果要加以记录。

85. 写好学期和学年度的学生评语是班主任的常规工作。由学生代写学生评语是班主任失职的表现。学生评语要体现人性化、人文性、发展性、指导性的特点，避免使用"该同学"如何如何类生硬语言，避免平淡描述，避免只写成绩不提努力方向。

86. 家访是班主任的常规工作之一。不在家长面前告学生的"状"是家访应遵守的第一原则。家访的重点应当放在详尽了解学生的成长背景方面，为有针对地指导学生健康发展提供帮助。就事论事，不带成见，是家访的另一原则。关键是要和家长一起通过分析发生在学生身上的事件，探讨事件发生的原因及解决办法。千万不要当着家长的面说学生"一贯如何如何"之类的话。约请家长要尽可能尊重家长的意见，地点僻静一些，不可在家长面前责备学生，防止发生冲突。

十四、实施评价 5 条提示

87. 客观、实事求是是实施评价的第一要素。

88. 课堂对学生回答问题的评价，不要简单作"好"、"很好"、"很棒"或者"对"与"错"的评断，要尽可能指出好在什么地方，方可使其他同学从中获益。

89. 要善于发现学生的发展点，并在评语或赋分评价中突出体现出来，提升学生的信心。

90. 谈话也是评价的一种方式，要善于发现学生的进步表现，在评价中加以激励。

91. 要讲究评价的时效性，做到及时鼓励。表扬学生要就事论事，且要公开，防止未受表扬的学生产生误解。

十五、犯错惩戒 5 条提示

92. 对学生的批评要采用封闭式，即一对一进行，非群体性过失不采用公开批评形式。

93. 批评要在对事件调查落实的基础上进行，既要防止猜测，也要防止与以前的类似事件牵连。

94. 就事论事，不得进行人身评论，不要"算旧账"。

95. 要让受批评者感受到教师对他（她）的关心和爱护。

96. 采用科学的惩戒方法，最好是引导犯错者做相关的公益服务，并从服务过程中获得感悟。

十六、组织研究性实践活动的 5 条提示

97. 指导学生选择研究主题要把握贴近学生兴趣与生活实际、知识和能力储备能够实现、预定时间内可以完成等几个原则。

98. 要相信学生能够独立完成自己感兴趣的活动，敢于放手。

99. 活动小组的组建应以兴趣相近为基础，实践活动任务的分解需要教师加以指导。

100. 教师需要就访谈方法、查阅资料方法、统计与整理资料方法等相关技能组织学生进行演练。

101. 对综合实践活动的评价要侧重过程的参与性、学习性、形成性、教育性。

参考文献

1. 潘海燕．新教师应知应会．天津：天津教育出版社，2009

2. 潘海燕．教育科研与教师专业发展．北京：中国轻工业出版社，2006

3. 潘海燕．中国名师成长历程．北京：大众文艺出版社，2010

4. 王文．青年教师专业发展指导．武汉，华中科技大学出版社，2012

5. 王文．教师心理健康读本．北京：中国轻工业出版社，2006

6. 王文，徐学俊．教师心理调适与训练．武汉：武汉出版社，1999

7. 张永华，谌业锋．新教师角色适应与专业发展．天津：天津教育出版社，2010

8. 魏书生．班主任工作漫谈——献给青年班主任．桂林：漓江出版社，1993

9. 刘启珍，明庆华．教师问题心理与行为研究．成都：四川教育出版社，1999

10. 陈永明．现代教师论．上海：上海教育出版社，1999

11. 蔡秀玲，杨智馨．情绪管理．合肥：安徽人民出版社，2001

12. 瞿葆奎主编．教育学文集·教师．北京：人民教育出版社，1991

13. ［美］海穆·基诺特著，许丽玉，许丽美译．师生沟通技巧．广州：世界图书出版公司，2003

14. 程红艳．新教师的专业发展．武汉：华中师范大学出版社，2011

15. 项家庆．新教师上岗 180 招．天津，天津教育出版社，2012

后 记

教师的专业发展是一个长期的过程。新教师的专业发展则是这一过程的奠基阶段，其发展的任务与实施方式是师范教育阶段与职后培训阶段无法关照到的，具有特殊的研究意义，这已引起人们越来越多的关注，新教师的入职教育问题已与职前师范生的培养问题、在职教师的培训问题呈鼎足而立之势。

如何从新教师这一阶段的实际出发，确定符合新教师需要的专业发展的目标、内容和途径，构成有效的新教师专业发展指导策略，是教师专业发展研究的重大问题，也是新教师培训与师范生培养中急需解决的现实问题。本书就是沿着这个思路展开的。

由于本书主要是供新教师与师范生阅读，作者除理清必要的理论概念外，重点突出了对新教师专业发展的实践指导。希望对新教师与师范生的专业成长有所助益。

本书由潘海燕担任主编，王文、何晶、檀世忠任副主编。

衷心感谢本书写作中所引用、参考的研究成果的作者们！不妥之处，欢迎读者批评指正。

编 者
2014 年 7 月 1 日